NCS
핵심영역
최종모의고사 10회분

시대에듀

2025 최신판 시대에듀 NCS 핵심영역
최종모의고사 10회분 + 무료NCS특강

Always with you

사람의 인연은 길에서 우연하게 만나거나 함께 살아가는 것만을 의미하지는 않습니다.
책을 펴내는 출판사와 그 책을 읽는 독자의 만남도 소중한 인연입니다.
시대에듀는 항상 독자의 마음을 헤아리기 위해 노력하고 있습니다. 늘 독자와 함께하겠습니다.

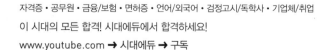

머리말 PREFACE

NCS(국가직무능력표준)는 산업 현장에서 직무를 수행하기 위해 필요한 능력을 국가적 차원에서 표준화한 것이다. 직업인으로서 기본적으로 갖추어야 할 공통된 능력을 평가해야 하기 때문에 NCS 10개 영역을 모두 평가하기보다 핵심영역을 위주로 평가하는 공기업이 많다.

의사소통능력, 수리능력, 문제해결능력, 자원관리능력은 대부분의 공기업에서 출제되는 핵심영역이다. 이는 난이도가 높아 문제를 푸는 데 많은 시간이 소요될 뿐 아니라, 고득점에 대한 압박감 때문에 수험생의 입장에서는 준비하기가 쉽지 않은 영역이다. 따라서 효율적인 학습을 위해 실제 유형과 유사한 문제를 많이 풀어봄으로써 핵심영역에 대한 실전 감각을 높이는 준비가 필요하다.

공기업 필기전형 합격을 위해 시대에듀에서는 NCS 도서 시리즈 판매량 1위의 출간 경험을 토대로 다음과 같은 특징을 가진 도서를 출간하였다.

도서의 특징

❶ **기출복원 모의고사를 통한 출제 유형 파악!**
  • 2024~2023년 주요 공기업 NCS 핵심영역 기출문제를 복원하여 공기업별 출제 유형을 파악할 수 있도록 하였다.

❷ **최종모의고사를 통한 완벽한 실전 대비!**
  • 철저한 분석을 통해 실제 유형과 유사한 영역통합형&영역분리형 최종모의고사를 수록하여 자신의 실력을 점검할 수 있도록 하였다.

❸ **다양한 콘텐츠로 최종 합격까지!**
  • 온라인 모의고사 응시 쿠폰을 무료로 제공하여 필기전형에 대비할 수 있도록 하였다.
  • 모바일 OMR 답안채점/성적분석 서비스를 제공하여 자동으로 점수를 채점하고 확인할 수 있도록 하였다.

끝으로 본 도서를 통해 공기업 채용을 준비하는 모든 수험생 여러분이 합격의 기쁨을 누리기를 진심으로 기원한다.

SDC(Sidae Data Center) 씀

◇ NCS 핵심영역 소개

❶ 의사소통능력

글과 말을 읽고 들음으로써 다른 사람이 뜻한 바를 파악하고, 자신이 뜻한 바를 글과 말을 통해 정확하게 쓰거나 말하는 능력

문서 이해	다른 사람이 작성한 글을 읽고, 그 내용을 이해하는 능력
문서 작성	자기가 뜻한 바를 글로 나타내는 능력
경청	다른 사람의 말을 듣고, 그 내용을 이해하는 능력
의사 표현	자기가 뜻한 바를 말로 나타내는 능력
기초 외국어	외국어로 의사소통할 수 있는 능력

❷ 수리능력

사칙연산, 통계, 확률의 의미를 정확하게 이해하고, 이를 업무에 적용하는 능력

기초 연산	기초적인 사칙연산과 계산을 하는 능력
기초 통계	기초 수준의 백분율, 평균, 확률의 의미를 이해하는 능력
도표 분석	도표(그림, 표, 그래프 등)의 의미를 해석하는 능력
도표 작성	필요한 도표(그림, 표, 그래프 등)를 작성하는 능력

❸ 문제해결능력

문제 상황이 발생하였을 경우, 창조적이고 논리적인 사고를 통해 이를 올바르게 인식하고 적절히 해결하는 능력

사고력	문제를 인식하고 해결함에 있어 창조적, 논리적, 비판적으로 생각하는 능력
문제 처리	문제의 특성을 파악하여 대안을 제시 · 적용하고, 그 결과를 평가하는 능력

❹ 자원관리능력

여러 자원 중 무엇이 얼마나 필요한지를 확인하고, 이용 가능한 자원을 최대한 수집하여 업무에 어떻게 활용할 것인지를 계획하고, 이를 업무에 계획대로 할당하는 능력

시간 관리	시간자원을 확인 · 수집하고, 활용 방안을 계획하고 할당하는 능력
예산 관리	자본자원을 확인 · 수집하고, 활용 방안을 계획하고 할당하는 능력
물적자원 관리	재료 및 시설자원을 확인 · 수집하고, 활용 방안을 계획하고 할당하는 능력
인적자원 관리	인적자원을 확인 · 수집하고, 활용 방안을 계획하고 할당하는 능력

◇ 의사소통능력 · 수리능력 · 문제해결능력 · 자원관리능력이 핵심영역인 이유

문서 내용 이해, 글의 주제 · 제목, 문단 나열, 내용 추론, 빈칸 삽입, 문서 작성 · 수정, 맞춤법, 한자성어, 전개 방식 등 문제 유형이 다양하다. 또한, 다른 영역에 비해 지문의 길이가 길어 내용에 대한 이해가 중요하다.

응용 수리, 수열 규칙, 통계 분석 등 문제 유형이 다양하다. 또한, 난이도가 높은 공기업의 시험에서는 자료 계산, 자료 이해, 자료 변환 등에 대한 문제가 많이 출제된다.

명제 추론, SWOT 분석, 자료 해석, 규칙 적용, 창의적 사고 등 문제 유형이 다양하다. 또한, 문제를 푸는 데 많은 시간과 집중력이 필요하기 때문에 질문의 의도를 파악하고, 중요한 정보를 빠르게 찾아야 한다.

시간 계획, 비용 계산, 품목 확정, 인원 선발 등 대표적인 유형과 비슷한 문제가 반복적으로 출제된다. 또한, 문제를 푸는 데 많은 시간과 집중력이 필요하기 때문에 비슷한 유형의 문제를 많이 풀어보아야 한다.

1 기출복원 모의고사로 출제경향 파악

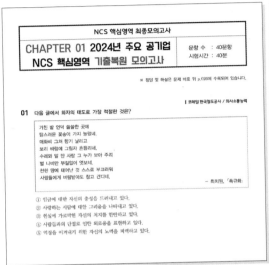

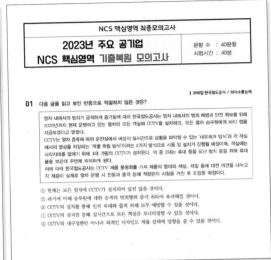

▶ 2024~2023년 주요 공기업 NCS 핵심영역 기출문제를 복원하여 공기업별 출제경향을 파악할 수 있도록 하였다.

2 영역통합형 모의고사 + OMR로 실전 연습

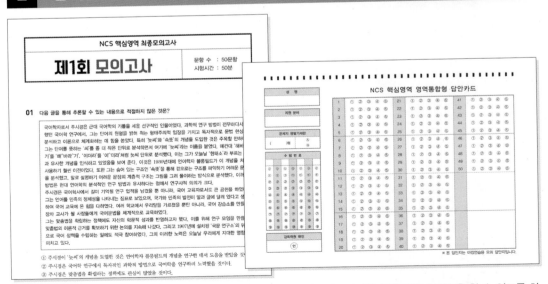

▶ NCS 핵심영역에 대한 통합형 모의고사를 수록하여 실제로 시험을 보는 것처럼 최종 마무리 연습을 할 수 있도록 하였다.

▶ 모바일 OMR 답안채점/성적분석 서비스를 통해 자동으로 점수를 채점하고 확인할 수 있도록 하였다.

3 영역분리형 모의고사 + OMR로 영역별 학습

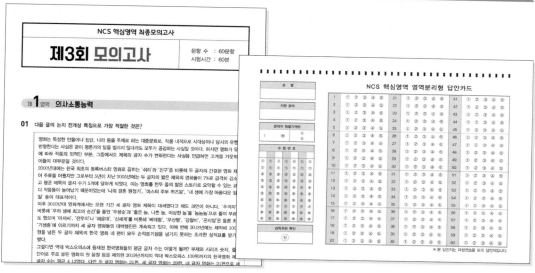

▶ NCS 핵심영역에 대한 분리형 모의고사를 수록하여 영역별로 효과적으로 학습할 수 있도록 하였다.
▶ 모바일 OMR 답안채점/성적분석 서비스를 통해 자동으로 점수를 채점하고 확인할 수 있도록 하였다.

4 상세한 해설로 정답과 오답을 완벽하게 이해

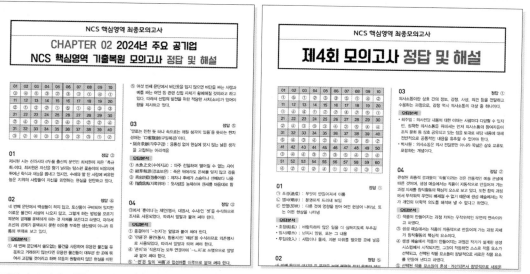

▶ 정답과 오답에 대한 상세한 해설을 수록하여 혼자서도 꼼꼼히 학습할 수 있도록 하였다.

Add
2024년 주요 공기업
NCS 핵심영역

기출복원 모의고사

www.sdedu.co.kr

〈문항 및 시험시간〉

평가영역	문항 수	시험시간	모바일 OMR 답안분석
의사소통능력＋수리능력＋ 문제해결능력＋자원관리능력	40문항	40분	

CHAPTER 01 2024년 주요 공기업 NCS 핵심영역 기출복원 모의고사

| 문항 수 : 40문항 |
| 시험시간 : 40분 |

※ 정답 및 해설은 문제 바로 뒤 p.026에 수록되어 있습니다.

┃ 코레일 한국철도공사 / 의사소통능력

01 다음 글에서 화자의 태도로 가장 적절한 것은?

> 거친 밭 언덕 쓸쓸한 곳에
> 탐스러운 꽃송이 가지 눌렀네.
> 매화비 그쳐 향기 날리고
> 보리 바람에 그림자 흔들리네.
> 수레와 말 탄 사람 그 누가 보아 주리
> 벌 나비만 부질없이 엿보네.
> 천한 땅에 태어난 것 스스로 부끄러워
> 사람들에게 버림받아도 참고 견디네.
>
> — 최치원, 「촉규화」

① 임금에 대한 자신의 충성을 드러내고 있다.
② 사랑하는 사람에 대한 그리움을 나타내고 있다.
③ 현실에 가로막힌 자신의 처지를 한탄하고 있다.
④ 사람들과의 단절로 인한 외로움을 표현하고 있다.
⑤ 역경을 이겨내기 위한 자신의 노력을 피력하고 있다.

02 다음 글에 대한 설명으로 적절하지 않은 것은?

중국 연경(燕京)의 아홉 개 성문 안팎으로 뻗은 수십 리 거리에는 관청과 아주 작은 골목을 제외하고는 대체로 길 양옆으로 모두 상점이 늘어서 휘황찬란하게 빛난다.

우리나라 사람들은 중국 시장의 번성한 모습을 처음 보고서는 "오로지 말단의 이익만을 숭상하고 있군."이라고 말하였다. 이것은 하나만 알고 둘은 모르는 소리이다. 대저 상인은 사농공상(士農工商) 사민(四民)의 하나에 속하지만, 이 하나가 나머지 세 부류의 백성을 소통시키기 때문에 열에 셋의 비중을 차지하지 않으면 안 된다.

사람들은 쌀밥을 먹고 비단옷을 입고 있으면 그 나머지 물건은 모두 쓸모없는 줄 안다. 그러나 무용지물을 사용하여 유용한 물건을 유통하고 거래하지 않는다면, 이른바 유용하다는 물건은 거의 대부분이 한 곳에 묶여서 유통되지 않거나 그것만이 홀로 돌아다니다 쉽게 고갈될 것이다. 따라서 옛날의 성인과 제왕께서는 이를 위하여 주옥(珠玉)과 화폐 등의 물건을 조성하여 가벼운 물건으로 무거운 물건을 교환할 수 있도록 하셨고, 무용한 물건으로 유용한 물건을 살 수 있도록 하셨다.

지금 우리나라는 지방이 수천 리이므로 백성들이 적지 않고, 토산품이 구비되어 있다. 그럼에도 산이나 물에서 생산되는 이로운 물건이 전부 세상에 나오지 않고, 경제를 윤택하게 하는 방법도 잘 모르며, 날마다 쓰는 것을 팽개친 채 그것에 대해 연구하지 않고 있다. 그러면서 중국의 거마, 주택, 단청, 비단이 화려한 것을 보고서는 대뜸 "사치가 너무 심하다."라고 말해 버린다.

그렇지만 중국이 사치로 망한다고 할 것 같으면, 우리나라는 반드시 검소함으로 인해 쇠퇴할 것이다. 왜 그러한가? 검소함이란 물건이 있음에도 불구하고 쓰지 않는 것이지, 자기에게 없는 물건을 스스로 끊어 버리는 것을 일컫지는 않는다. 현재 우리나라에는 진주를 캐는 집이 없고 시장에는 산호 같은 물건의 값이 정해져 있지 않다. 금이나 은을 가지고 점포에 들어가서는 떡과 엿을 사 먹을 수가 없다. 이런 현실이 정말 우리의 검소한 풍속 때문이겠는가? 이것은 그 재물을 사용할 줄 모르기 때문이다. 재물을 사용할 방법을 알지 못하므로 재물을 만들어 낼 방법을 알지 못하고, 재물을 만들어 낼 방법을 알지 못하므로 백성들의 생활은 날이 갈수록 궁핍해진다.

재물이란 우물에 비유할 수가 있다. 물을 퍼내면 우물에는 늘 물이 가득하지만, 물을 길어내지 않으면 우물은 말라 버린다. 이와 같은 이치로 화려한 비단옷을 입지 않으므로 나라에는 비단을 짜는 사람이 없고, 그로 인해 여인이 베를 짜는 모습을 볼 수 없게 되었다. 그릇이 찌그러져도 이를 개의치 않으며, 기교를 부려 물건을 만들려고 하지도 않아 나라에는 공장(工匠)과 목축과 도공이 없어져 기술이 전해지지 않는다. 더 나아가 농업도 황폐해져 농사짓는 방법이 형편없고, 상업을 박대하므로 상업 자체가 실종되었다. 사농공상 네 부류의 백성이 누구나 할 것 없이 다 가난하게 살기 때문에 서로를 구제할 길이 없다.

지금 종각이 있는 종로 네거리에는 시장 점포가 연이어 있다고 하지만 그것은 1리도 채 안 된다. 중국에서 내가 지나갔던 시골 마을은 거의 몇 리에 걸쳐 점포로 뒤덮여 있었다. 그곳으로 운반되는 물건의 양이 우리나라 곳곳에서 유통되는 것보다 많았는데, 이는 그곳 가게가 우리나라보다 더 부유해서 그러한 것이 아니고 재물이 유통되느냐 유통되지 못하느냐에 따른 결과인 것이다.

— 박제가, 『시장과 우물』

① 재물이 적절하게 유통되지 않는 현실을 비판하고 있다.
② 재물을 유통하기 위한 성현들의 노력을 근거로 제시하고 있다.
③ 경제의 규모를 늘리기 위한 소비의 중요성을 강조하고 있다.
④ 조선의 경제가 윤택하지 못한 이유를 부족한 생산량으로 보고 있다.
⑤ 산업의 발전을 위해 적당한 사치가 있어야 함을 제시하고 있다.

03 다음 중 한자성어의 뜻이 바르게 연결되지 않은 것은?

① 水魚之交 : 아주 친밀하여 떨어질 수 없는 사이
② 結草報恩 : 죽은 뒤에라도 은혜를 잊지 않고 갚음
③ 靑出於藍 : 제자나 후배가 스승이나 선배보다 나음
④ 指鹿爲馬 : 윗사람을 농락하여 권세를 마음대로 함
⑤ 刻舟求劍 : 말로는 친한 듯 하나 속으로는 해칠 생각이 있음

04 다음 중 밑줄 친 부분의 띄어쓰기가 옳지 않은 것은?

① 운전을 어떻게 해야 <u>하는지</u> 알려 주었다.
② 오랫동안 <u>애쓴 만큼</u> 좋은 결과가 나왔다.
③ 모두가 떠나가고 남은 사람은 고작 <u>셋 뿐이다</u>.
④ 참가한 사람들은 누구의 키가 <u>큰지 작은지</u> 비교해 보았다.
⑤ 민족의 큰 명절에는 온 나라 방방곡곡에서 <u>씨름판이</u> 열렸다.

05 다음 중 밑줄 친 부분의 표기가 옳지 않은 것은?

① 늦게 온다던 친구가 <u>금세</u> 도착했다.
② 변명할 틈도 없이 그에게 일방적으로 <u>채였다</u>.
③ 못 본 사이에 그의 얼굴은 <u>핼쑥하게</u> 변했다.
④ 빠르게 변해버린 고향이 <u>낯설게</u> 느껴졌다.
⑤ 문제의 정답을 찾기 위해 <u>곰곰이</u> 생각해 보았다.

06 다음 중 단어와 그 발음법이 바르게 연결되지 않은 것은?

① 결단력 – [결딴녁]

② 옷맵시 – [온맵씨]

③ 몰상식 – [몰상씩]

④ 물난리 – [물랄리]

⑤ 땀받이 – [땀바지]

07 다음은 연령대별로 도시와 농촌에서의 여가생활 만족도 평가 점수를 조사한 자료이다. 〈조건〉에 따라 빈칸 ㄱ ~ ㄹ에 들어갈 수를 순서대로 바르게 나열한 것은?

〈연령대별 도시·농촌 여가생활 만족도 평가〉

(단위 : 점)

구분	10대 미만	10대	20대	30대	40대	50대	60대	70대 이상
도시	1.6	ㄱ	3.5	ㄴ	3.9	3.8	3.3	1.7
농촌	1.3	1.8	2.2	2.1	2.1	ㄷ	2.1	ㄹ

※ 매우 만족 : 5점, 만족 : 4점, 보통 : 3점, 불만 : 2점, 매우 불만 : 1점

〈조건〉

• 도시에서 여가생활 만족도는 모든 연령대에서 같은 연령대의 농촌보다 높았다.
• 도시에서 10대의 여가생활 만족도는 농촌에서 10대의 2배보다 높았다.
• 도시에서 여가생활 만족도가 가장 높은 연령대는 40대였다.
• 농촌에서 여가생활 만족도가 가장 높은 연령대는 50대지만, 3점을 넘기지 못했다.

	ㄱ	ㄴ	ㄷ	ㄹ
①	3.8	3.3	2.8	3.5
②	3.5	3.3	3.2	3.5
③	3.8	3.3	2.8	1.5
④	3.5	4.0	3.2	1.5
⑤	3.8	4.0	2.8	1.5

08 다음은 전자제품 판매업체 3사를 다섯 가지 항목으로 나누어 평가한 자료이다. 이를 토대로 3사의 항목별 비교 및 균형을 쉽게 파악할 수 있도록 나타낸 그래프로 옳은 것은?

〈전자제품 판매업체 3사 평가표〉

(단위 : 점)

구분	디자인	가격	광고 노출도	브랜드 선호도	성능
A사	4.1	4.0	2.5	2.1	4.6
B사	4.5	1.5	4.9	4.0	2.0
C사	2.5	4.5	0.6	1.5	4.0

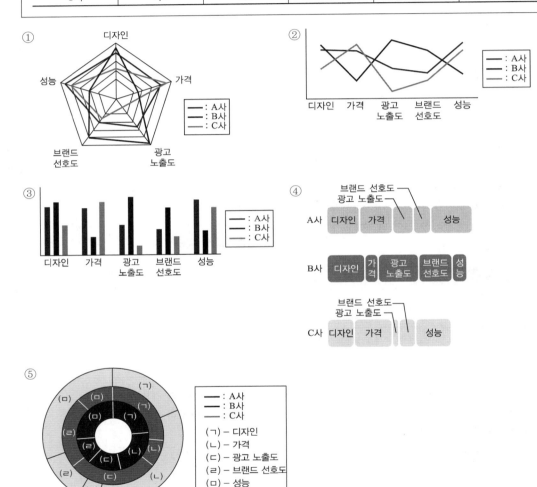

09 다음은 2023년 K톨게이트를 통과한 차량에 대한 자료이다. 이에 대한 설명으로 옳지 않은 것은?

〈2023년 K톨게이트 통과 차량〉

(단위 : 천 대)

구분	승용차			승합차			대형차		
	영업용	비영업용	합계	영업용	비영업용	합계	영업용	비영업용	합계
1월	152	3,655	3,807	244	2,881	3,125	95	574	669
2월	174	3,381	3,555	222	2,486	2,708	101	657	758
3월	154	3,909	4,063	229	2,744	2,973	139	837	976
4월	165	3,852	4,017	265	3,043	3,308	113	705	818
5월	135	4,093	4,228	211	2,459	2,670	113	709	822
6월	142	3,911	4,053	231	2,662	2,893	107	731	838
7월	164	3,744	3,908	237	2,721	2,958	117	745	862
8월	218	3,975	4,193	256	2,867	3,123	115	741	856
9월	140	4,105	4,245	257	2,913	3,170	106	703	809
10월	135	3,842	3,977	261	2,812	3,073	107	695	802
11월	170	3,783	3,953	227	2,766	2,993	117	761	878
12월	147	3,730	3,877	243	2,797	3,040	114	697	811

① 전체 승용차 수와 전체 승합차 수의 합이 가장 많은 달은 9월이고, 가장 적은 달은 2월이었다.

② 4월을 제외하고 K톨게이트를 통과한 비영업용 승합차 수는 월별 300만 대 미만이었다.

③ 전체 대형차 수 중 영업용 대형차 수의 비율은 모든 달에서 10% 이상이었다.

④ 영업용 승합차 수는 모든 달에서 영업용 대형차 수의 2배 이상이었다.

⑤ 승용차가 가장 많이 통과한 달의 전체 승용차 수에 대한 영업용 승용차 수의 비율은 3% 이상이었다.

10 다음 식을 계산하여 나온 수의 백의 자리, 십의 자리, 일의 자리를 순서대로 바르게 나열한 것은?

$$865 \times 865 + 865 \times 270 + 135 \times 138 - 405$$

① 0, 0, 0
② 0, 2, 0
③ 2, 5, 0
④ 5, 5, 0
⑤ 8, 8, 0

11 K중학교 2학년 A ~ F 6개의 학급이 체육대회에서 줄다리기 경기를 다음과 같은 토너먼트로 진행하려고 한다. 이때, A반과 B반이 모두 두 번의 경기를 거쳐 결승에서 만나게 되는 경우의 수는?

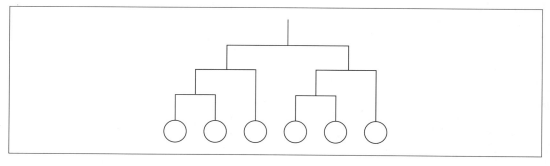

① 6가지
② 24가지
③ 120가지
④ 180가지
⑤ 720가지

12 면접 참가자 A ~ E 5명은 〈조건〉과 같이 면접장에 도착했다. 동시에 도착한 사람은 없다고 할 때, 다음 중 항상 참인 것은?

─〈조건〉─
- B는 A 바로 다음에 도착했다.
- D는 E보다 늦게 도착했다.
- C보다 먼저 도착한 사람이 1명 있다.

① E는 가장 먼저 도착했다.
② B는 가장 늦게 도착했다.
③ A는 네 번째로 도착했다.
④ D는 가장 먼저 도착했다.
⑤ D는 A보다 먼저 도착했다.

13 다음 논리에서 나타난 형식적 오류로 옳은 것은?

- 전제 1 : TV를 오래 보면 눈이 나빠진다.
- 전제 2 : 철수는 TV를 오래 보지 않는다.
- 결론 : 그러므로 철수는 눈이 나빠지지 않는다.

① 사개명사의 오류
② 전건 부정의 오류
③ 후건 긍정의 오류
④ 선언지 긍정의 오류
⑤ 매개념 부주연의 오류

※ 서울역 근처 K공사에 근무하는 A과장은 1월 10일에 팀원 4명과 함께 부산에 있는 출장지에 열차를 타고 가려고 한다. 다음 자료를 보고 이어지는 질문에 답하시오. **[14~15]**

〈서울역 → 부산역 열차 시간표〉

구분	출발시각	정차역	다음 정차역까지 소요시간	총주행시간	성인 1인당 요금
KTX	8:00	–	–	2시간 30분	59,800원
ITX-청춘	7:20	대전	40분	3시간 30분	48,800원
ITX-마음	6:40	대전, 울산	40분	3시간 50분	42,600원
새마을호	6:30	대전, 울산, 동대구	60분	4시간 30분	40,600원
무궁화호	5:30	대전, 울산, 동대구	80분	5시간 40분	28,600원

※ 위의 열차 시간표는 1월 10일 운행하는 열차 종류별로 승차권 구입이 가능한 가장 빠른 시간표이다.
※ 총주행시간은 정차·대기시간을 제외한 열차가 실제로 달리는 시간이다.

〈운행 조건〉

• 정차역에 도착할 때마다 대기시간 15분을 소요한다.
• 정차역에 먼저 도착한 열차가 출발하기 전까지 뒤에 도착한 열차는 정차역에 들어오지 않고 대기한다.
• 정차역에 먼저 도착한 열차가 정차역을 출발한 후, 5분 뒤에 대기 중인 열차가 정차역에 들어온다.
• 정차역에 2종류 이상의 열차가 동시에 도착하였다면, ITX-청춘 → ITX-마음 → 새마을호 → 무궁화호 순으로 정차역에 들어온다.
• 목적지인 부산역은 먼저 도착한 열차로 인한 대기 없이 바로 역에 들어온다.

| 코레일 한국철도공사 / 문제해결능력

14 다음 중 자료에 대한 설명으로 옳지 않은 것은?

① ITX-청춘보다 ITX-마음이 목적지에 더 빨리 도착한다.
② 부산역에 가장 늦게 도착하는 열차는 12시에 도착한다.
③ ITX-마음은 먼저 도착한 열차로 인한 대기시간이 없다.
④ 부산역에 가장 빨리 도착하는 열차는 10시 30분에 도착한다.
⑤ 무궁화호는 울산역, 동대구역에서 다른 열차로 인해 대기한다.

15 다음 〈조건〉에 따라 승차권을 구입할 때, A과장과 팀원 4명의 총요금은?

〈조건〉

- A과장과 팀원 1명은 7시 30분까지 K공사에서 사전 회의를 가진 후 출발하며, 출장 인원 모두 같이 이동할 필요는 없다.
- 목적지인 부산역에는 11시 30분까지 도착해야 한다.
- 열차 요금은 가능한 한 저렴하게 한다.

① 247,400원
② 281,800원
③ 312,800원
④ 326,400원
⑤ 347,200원

16 다음 글에서 알 수 있는 논리적 사고의 구성요소로 가장 적절한 것은?

A는 동업자 B와 함께 신규 사업을 시작하기 위해 기획안을 작성하여 논의하였다. 그러나 B는 신규 기획안을 읽고 시기나 적절성에 대해 부정적인 입장을 보였다. A가 B를 설득하기 위해 B의 의견들을 정리하여 생각해 보니 B는 신규 사업을 시작하는 데 있어 다른 경쟁사보다 늦게 출발하여 경쟁력이 부족하다는 점 때문에 신규 사업에 부정적이라는 것을 알게 되었다. 이에 A는 경쟁력을 높이기 위한 다양한 아이디어를 추가로 제시하여 B를 다시 설득하였다.

① 설득
② 구체적인 생각
③ 생각하는 습관
④ 타인에 대한 이해
⑤ 상대 논리의 구조화

17 다음 글의 내용으로 적절하지 않은 것은?

> K공단은 의사와 약사가 협력하여 지역주민의 안전한 약물 사용을 돕는 의·약사 협업 다제약물 관리사업을 6월 26일부터 서울 도봉구에서 시작했다고 밝혔다.
>
> 지난 2018년부터 K공단이 진행 중인 다제약물 관리사업은 10종 이상의 약을 복용하는 만성질환자를 대상으로 약물의 중복 복용과 부작용 등을 예방하기 위해 의약전문가가 약물관리 서비스를 제공하는 사업이다. 지역사회에서는 K공단에서 위촉한 자문 약사가 가정을 방문하여 대상자가 먹고 있는 일반 약을 포함한 전체 약을 대상으로 약물의 복용상태, 부작용, 중복 등을 종합적으로 검토하고 그 결과를 바탕으로 상담, 교육 및 처방조정 안내를 실시함으로써 약물관리가 이루어지고, 병원에서는 입원 및 외래환자를 대상으로 의사, 약사 등으로 구성된 다학제팀(전인적인 돌봄을 위해 의사, 간호사, 약사, 사회복지사 등 다양한 전문가들로 이루어진 팀)이 약물관리 서비스를 제공한다.
>
> 다제약물 관리사업 효과를 평가한 결과 약물관리를 받은 사람의 복약순응도가 56.3% 개선되었고, 효능이 유사한 약물을 중복해서 복용하는 환자가 40.2% 감소되었다. 또한, 병원에서 제공된 다제약물 관리사업으로 응급실 방문 위험이 47%, 재입원 위험이 18% 감소되는 등의 효과를 확인하였다.
>
> 다만, 지역사회에서는 약사의 약물 상담결과가 의사의 처방조정에까지 반영되는 다학제 협업 시스템이 미흡하다는 의견이 제기되었다. 이러한 문제점의 개선을 위해 K공단은 도봉구 의사회와 약사회, 전문가로 구성된 지역협의체를 구성하고, 지난 4월부터 3회에 걸친 논의를 통해 의·약사 협업 모형을 개발하고, 사업 참여 의·약사 선정, 서비스 제공 대상자 모집 및 정보공유 방법 등의 현장 적용방안을 마련했다. 의사나 K공단이 선정한 약물관리 대상자는 자문 약사의 약물점검(필요시 의사 동행)을 받게 되며, 그 결과가 K공단의 정보시스템을 통해 대상자의 단골 병원 의사에게 전달되어 처방 시 반영될 수 있도록 하는 것이 주요 골자이다.
>
> 지역 의·약사 협업 모형은 2023년 12월까지 도봉구지역의 일차의료 만성질환관리 시범사업에 참여하는 의원과 자문약사를 중심으로 우선 실시한다. 이후 사업의 효과성을 평가하고 부족한 점은 보완하여 다른 지역에도 확대 적용할 예정이다.

① K공단에서 위촉한 자문 약사는 환자가 먹는 약물을 조사하여 직접 처방할 수 있다.
② 다제약물 관리사업으로 인해 환자는 복용하는 약물의 수를 줄일 수 있다.
③ 다제약물 관리사업의 주요 대상자는 10종 이상의 약을 복용하는 만성질환자이다.
④ 다제약물 관리사업은 지역사회보다 병원에서 보다 활발히 이루어지고 있다.

18 다음 문단 뒤에 이어질 내용을 논리적 순서대로 바르게 나열한 것은?

> 아토피 피부염은 만성적으로 재발하는 양상을 보이며 심한 가려움증을 동반하는 염증성 피부 질환으로, 연령에 따라 특징적인 병변의 분포와 양상을 보인다.
>
> (가) 이와 같이 아토피 피부염은 원인을 정확히 파악할 수 없기 때문에 아토피 피부염의 진단을 위한 특이한 검사소견은 없으며, 임상 증상을 종합하여 진단한다. 기존에 몇 가지 국외의 진단기준이 있었으며, 2005년 대한아토피피부염학회에서는 한국인 아토피 피부염에서 특징적으로 관찰되는 세 가지 주진단 기준과 14가지 보조진단 기준으로 구성된 한국인 아토피 피부염 진단 기준을 정하였다.
>
> (나) 아토피 피부염 환자는 정상 피부에 비해 민감한 피부를 가지고 있으며 다양한 자극원에 의해 악화될 수 있으므로 앞의 약물치료와 더불어 일상생활에서도 이를 피할 수 있도록 노력해야 한다. 비누와 세제, 화학약품, 모직과 나일론 의류, 비정상적인 기온이나 습도에 대한 노출 등이 대표적인 피부 자극 요인들이다. 면제품 속옷을 입도록 하고, 세탁 후 세제가 남지 않도록 물로 여러 번 헹구도록 한다. 또한 평소 실내 온도, 습도를 쾌적하게 유지하는 것도 중요하다. 땀이나 자극성 물질을 제거하는 목적으로 미지근한 물에 샤워를 하는 것이 좋으며, 샤워 후에는 3분 이내에 보습제를 바르는 것이 좋다.
>
> (다) 아토피 피부염을 진단받아 치료하기 위해서는 보습이 가장 중요하고, 피부 증상을 악화시킬 수 있는 자극원, 알레르겐 등을 피하는 것이 필요하다. 국소 치료제로는 국소 스테로이드제가 가장 기본적이다. 국소 칼시뉴린 억제제도 효과적으로 사용되는 약제이며, 국소 스테로이드제 사용으로 발생 가능한 피부 위축 등의 부작용이 없다. 아직 국내에 들어오지는 않았으나 국소 포스포디에스테라제 억제제도 있다. 이 외에는 전신치료로 가려움증 완화를 위해 사용할 수 있는 항히스타민제가 있고, 필요시 경구 스테로이드제를 사용할 수 있다. 심한 아토피 피부염 환자에서는 면역 억제제가 사용된다. 광선치료(자외선치료)도 아토피 피부염 치료로 이용된다. 최근에는 아토피 피부염을 유발하는 특정한 사이토카인 신호 전달을 차단할 수 있는 생물학적제제인 두필루맙(Dupilumab)이 만성 중증 아토피 피부염 환자를 대상으로 사용되고 있으며, 치료 효과가 뛰어나다고 알려져 있다.
>
> (라) 많은 연구에도 불구하고 아토피 피부염의 정확한 원인은 아직 밝혀지지 않았다. 현재까지는 피부 보호막 역할을 하는 피부장벽 기능의 이상, 면역체계의 이상, 유전적 및 환경적 요인 등이 복합적으로 상호작용한 결과 발생하는 것으로 보고 있다.

① (다) - (가) - (라) - (나)
② (다) - (나) - (라) - (가)
③ (라) - (가) - (나) - (다)
④ (라) - (가) - (다) - (나)

19 다음 글의 주제로 가장 적절한 것은?

> 한국인의 주요 사망 원인 중 하나인 뇌경색은 뇌혈관이 갑자기 폐쇄됨으로써 뇌가 손상되어 신경학적 이상이 발생하는 질병이다.
>
> 뇌경색의 발생 원인은 크게 분류하면 2가지가 있는데, 그중 첫 번째는 동맥경화증이다. 동맥경화증은 혈관의 중간층에 퇴행성 변화가 일어나서 섬유화가 진행되고 혈관의 탄성이 줄어드는 노화현상의 일종으로, 뇌로 혈류를 공급하는 큰 혈관이 폐쇄되거나 뇌 안의 작은 혈관이 폐쇄되어 발생하는 것이다. 두 번째는 심인성 색전으로, 심장에서 형성된 혈전이 혈관을 타고 흐르다 갑자기 뇌혈관을 폐쇄시켜 발생하는 것이다.
>
> 뇌경색이 발생하여 환자가 응급실에 내원한 경우, 폐쇄된 뇌혈관을 확인하기 위한 뇌혈관 조영 CT를 촬영하거나 손상된 뇌경색 부위를 좀 더 정확하게 확인해야 하는 경우에는 뇌 자기공명 영상(Brain MRI) 검사를 한다. 이렇게 시행한 검사에서 큰 혈관의 폐쇄가 확인되면 정맥 내에 혈전용해제를 투여하거나 동맥 내부의 혈전제거술을 시행하게 된다. 시술이 필요하지 않은 경우라면, 뇌경색의 악화를 방지하기 위하여 뇌경색 기전에 따라 항혈소판제나 항응고제 약물 치료를 하게 된다.
>
> 뇌경색의 원인 중 동맥경화증의 경우 여러 가지 위험 요인에 의하여 장시간 동안 서서히 진행된다. 고혈압, 당뇨, 이상지질혈증, 흡연, 과도한 음주, 비만 등이 위험 요인이며, 평소 이러한 원인이 있는 사람은 약물 치료 및 생활 습관 개선으로 위험 요인을 줄여야 한다. 특히 뇌경색이 한번 발병했던 사람은 재발 방지를 위한 약물을 지속적으로 복용하는 것이 필요하다.

① 뇌경색의 주요 증상

② 뇌경색 환자의 약물치료 방법

③ 뇌경색의 발병 원인과 치료 방법

④ 뇌경색이 발생했을 때의 조치사항

20 다음은 2019 ~ 2023년 건강보험료 부과 금액 및 1인당 건강보험 급여비에 대한 자료이다. 이에 대한 설명으로 옳지 않은 것은?

〈건강보험료 부과 금액 및 1인당 건강보험 급여비〉

구분	2019년	2020년	2021년	2022년	2023년
건강보험료 부과 금액 (십억 원)	59,130	63,120	69,480	76,775	82,840
1인당 건강보험 급여비(원)	1,300,000	1,400,000	1,550,000	1,700,000	1,900,000

① 건강보험료 부과 금액과 1인당 건강보험 급여비는 모두 매년 증가하였다.

② 2020 ~ 2023년 동안 전년 대비 1인당 건강보험 급여비가 가장 크게 증가한 해는 2023년이다.

③ 2020 ~ 2023년 동안 전년 대비 건강보험료 부과 금액의 증가율은 항상 10% 미만이었다.

④ 2019년 대비 2023년의 1인당 건강보험 급여비는 40% 이상 증가하였다.

※ 다음 명제가 모두 참일 때, 빈칸에 들어갈 명제로 가장 적절한 것을 고르시오. [21~23]

21

- 잎이 넓은 나무는 키가 크다.
- 잎이 넓지 않은 나무는 덥지 않은 지방에서 자란다.
- _____
- 따라서 더운 지방에서 자라는 나무는 열매가 많이 맺힌다.

① 잎이 넓지 않은 나무는 열매가 많이 맺힌다.
② 열매가 많이 맺히지 않는 나무는 키가 작다.
③ 벌레가 많은 지역은 열매가 많이 맺히지 않는다.
④ 키가 작은 나무는 덥지 않은 지방에서 자란다.

22

- 풀을 먹는 동물은 몸집이 크다.
- 사막에서 사는 동물은 물속에서 살지 않는다.
- _____
- 따라서 물속에서 사는 동물은 몸집이 크다.

① 몸집이 큰 동물은 물속에서 산다.
② 물이 있으면 사막이 아니다.
③ 사막에 사는 동물은 몸집이 크다.
④ 풀을 먹지 않는 동물은 사막에 산다.

23

- 모든 1과 사원은 가장 실적이 많은 2과 사원보다 실적이 많다.
- 가장 실적이 많은 4과 사원은 모든 3과 사원보다 실적이 적다.
- 3과 사원 중 일부는 가장 실적이 많은 2과 사원보다 실적이 적다.
- 따라서 _____

① 모든 2과 사원은 4과 사원 중 일부보다 실적이 적다.
② 어떤 1과 사원은 가장 실적이 많은 3과 사원보다 실적이 적다.
③ 어떤 3과 사원은 가장 실적이 적은 1과 사원보다 실적이 적다.
④ 1과 사원 중 가장 적은 실적을 올린 사원과 같은 실적을 올린 사원이 4과에 있다.

24 다음은 대한민국 입국 목적별 비자 종류의 일부이다. 외국인 A ~ D씨가 피초청자로서 입국할 때, 발급받아야 하는 비자의 종류를 바르게 짝지은 것은?(단, 비자면제 협정은 없는 것으로 가정한다)

〈대한민국 입국 목적별 비자 종류〉

- 외교·공무
  - 외교(A-1) : 대한민국 정부가 접수한 외국 정부의 외교사절단이나 영사기관의 구성원, 조약 또는 국제관행에 따라 외교사절과 동등한 특권과 면제를 받는 사람과 그 가족
  - 공무(A-2) : 대한민국 정부가 승인한 외국 정부 또는 국제기구의 공무를 수행하는 사람과 그 가족
- 유학·어학연수
  - 학사유학(D-2-2) : (전문)대학, 대학원 또는 특별법의 규정에 의하여 설립된 전문대학 이상의 학술기관에서 정규과정(학사)의 교육을 받고자 하는 자
  - 교환학생(D-2-6) : 대학 간 학사교류 협정에 의해 정규과정 중 일정 기간 동안 교육을 받고자 하는 교환학생
- 비전문직 취업
  - 제조업(E-9-1) : 외국인근로자의 고용에 관한 법률의 규정에 의한 국내 취업요건을 갖추어 제조업체에 취업하고자 하는 자
  - 농업(E-9-3) : 외국인근로자의 고용에 관한 법률의 규정에 의한 국내 취업요건을 갖추어 농업, 축산업 등에 취업하고자 하는 자
- 결혼이민
  - 결혼이민(F-6-1) : 한국에서 혼인이 유효하게 성립되어 있고, 우리 국민과 결혼생활을 지속하기 위해 국내 체류를 하고자 하는 외국인
  - 자녀양육(F-6-2) : 국민의 배우자(F-6-1) 자격에 해당하지 않으나 출생한 미성년 자녀(사실혼 관계 포함)를 국내에서 양육하거나 양육하려는 부 또는 모
- 치료 요양
  - 의료관광(C-3-3) : 국내 의료기관에서 진료 또는 요양할 목적으로 입국하는 외국인 환자와 간병 등을 위해 동반입국이 필요한 동반가족 및 간병인(90일 이내)
  - 치료요양(G-1-10) : 국내 의료기관에서 진료 또는 요양할 목적으로 입국하는 외국인 환자와 간병 등을 위해 동반입국이 필요한 동반가족 및 간병인(1년 이내)

〈피초청자 초청 목적〉

피초청자	국적	초청 목적
A	말레이시아	부산에서 6개월가량 입원 치료가 필요한 아들의 간병(아들의 국적 또한 같음)
B	베트남	경기도 소재 O제조공장 취업(국내 취업 요건을 모두 갖춤)
C	사우디아라비아	서울 소재 K대학교 교환학생
D	인도네시아	대한민국 개최 APEC 국제기구 정상회의 참석

	A	B	C	D
①	C-3-3	D-2-2	F-6-1	A-2
②	G-1-10	E-9-1	D-2-6	A-2
③	G-1-10	D-2-2	F-6-1	A-1
④	C-3-3	E-9-1	D-2-6	A-1

※ 다음 글을 읽고 이어지는 질문에 답하시오. [25~26]

통계청이 발표한 출생·사망통계에 따르면 국내 합계출산율(가임여성 1명이 평생 낳을 것으로 기대되는 평균 출생아 수)은 2015년 1.24명에서 2023년 0.72명으로 급격하게 감소했다. 이 수치는 OECD 38개국 중 꼴찌일 뿐 아니라 바로 앞 순위인 스페인의 1.19명과도 상당한 차이를 보인다.

실제로 2020년부터 사망자 수가 출생아 수를 넘어서면서 이른 바 데드크로스 현상이 나타나고 있으며, 이 사태가 지속된다면 머지않아 경제, 사회, 안보 등 모든 분야가 순차적으로 직격탄을 맞게 될 것이다.

이에 정부는 현 상황을 해결하고자 3대 핵심부분인 일가정 양립, 양육, 주거를 중심으로 지원하겠다고 밝혔다. 특히 소득 차이를 줄이기 위한 방안으로 현행 월 150만 원인 육아휴직 월 급여 상한을 최초 3개월 동안 250만 원으로 증액시키고, 연 1회 2주 단위의 단기휴직을 도입하겠다고 밝혔다.

이 외에도 경력단절 문제를 해결하기 위한 방안으로 육아기 단축근로제도를 수정하였는데, 이는 기존 제도에서 _____ 또 육아휴직과 출산휴가를 통합신청을 가능하게 하고 이에 대해 14일 이내 사업주가 서면으로 허용하지 않으면 자동 승인되도록 하여 눈치 보지 않고 육아휴직 및 출산휴가를 사용할 수 있도록 개선하였다.

다만 제도가 변경되어도 현실적으로 육아휴직 사용이 어려운 소규모 사업장에서의 사용률을 높일 수 있는 법적 강제화 방안은 제외되었으며, 배달라이더 등 특수고용노동자나 자영업자는 전과 같이 적용대상에서 제외되었다.

25 다음 중 윗글에 대한 설명으로 적절하지 않은 것은?

① 2020년 이후 우리나라 전체 인구수는 감소하고 있다.

② 2023년 OECD 38개국 중 유일하게 우리나라만 인구감소 현상이 나타났다.

③ 정부는 저출생의 가장 큰 원인을 일가정 양립, 양육, 주거로 보고 있다.

④ 육아 휴직 및 출산 휴가 제도가 개선되었더라도 수혜 대상은 이전과 유사하다.

26 다음 중 윗글의 빈칸에 들어갈 내용으로 가장 적절한 것은?

① 자녀의 대상연령은 축소하고, 제도의 이용기간은 줄였다.

② 자녀의 대상연령은 축소하고, 제도의 이용기간은 늘렸다.

③ 자녀의 대상연령은 확대하고, 제도의 이용기간은 줄였다.

④ 자녀의 대상연령은 확대하고, 제도의 이용기간은 늘렸다.

※ 다음 글을 읽고 이어지는 질문에 답하시오. [27~28]

헤겔의 정반합 이론은 변증법이라고도 하며, '정', '반', '합'의 3단계 과정으로 이루어진다. 먼저 '정'이라는 하나의 명제가 존재하고 여기에 반대되는 주장인 '반'이 등장해 둘 사이는 갈등을 통해 통합된 하나의 주장인 '합'을 도출해 낸다. 이 이론의 각 단계를 살펴보면 다음과 같다.

먼저 '정'이라는 하나의 추상적인 또는 객관적인 명제로부터 이 이론은 시작된다. '정' 단계에서는 그 명제 자체만으로도 독립적인 의미를 가지고 있는 상태로, 어떠한 갈등이나 대립도 없어 다음 단계로 발전하지 못하는 잠재적인 무의식의 단계이다.

그 다음 단계인 '반'은 앞선 단계인 '정'의 명제에 대해 반대되거나 모순되어 갈등 상황을 일으키는 명제이다. 비록 부정적이지만 이성에 근거한 이 명제는 '정'으로 하여금 이미 자신이 내포하고 있었던 내재적 모순을 표면적으로 드러나게 하여 스스로를 객관적으로 바라보고 이를 반성할 수 있도록 이끈다. 따라서 이 단계는 직접적인 갈등 과정이 표면으로 드러나면서 이를 자각하고 이전보다 한걸음 발전했기 때문에 의식적 단계라고 볼 수 있다.

마지막 단계인 '합'은 '정'과 '반' 두 명제를 통합하는 과정으로, 두 명제 사이의 갈등을 해결해 마침내 이성적이고 긍정적인 판단을 이끌어내는 것이다. 이로써 '합'은 두 명제의 모순을 해결해 하나로 합쳐 스스로를 인식하는 진정한 의식적 단계에 다다른 것이다.

하지만 헤겔의 변증법적인 발전은 '합' 단계에서 그치는 것이 아니다. '합'은 다시 '정'이 되어 스스로가 내재적으로 가지고 있는 모순을 다시금 꺼내어 정반합의 단계를 되풀이하면서 계속하여 발전해 간다. 즉, 이 이론의 핵심은 _____이다.

▎건강보험심사평가원 / 의사소통능력

27 다음 중 윗글에 대한 설명으로 적절하지 않은 것을 〈보기〉에서 모두 고르면?

─〈보기〉─
ㄱ. '정'과 '반'의 명제가 무조건적으로 대립되는 관계는 아니다.
ㄴ. 헤겔의 정반합 이론에서 '합'은 '정'과 '반'보다 더 발전된 명제이다.
ㄷ. '정'과 '반'의 명제의 우위를 가려 더 발전적 결과인 '합'을 도출하여야 한다.
ㄹ. '정'과 '반'이 하나의 의견으로 도출해내지 못한다면, 이는 헤겔의 정반합 이론이 적용되었다고 보기 어렵다.

① ㄱ, ㄴ   ② ㄱ, ㄷ
③ ㄴ, ㄷ   ④ ㄷ, ㄹ

▎건강보험심사평가원 / 의사소통능력

28 다음 중 윗글의 빈칸에 들어갈 내용으로 가장 적절한 것은?

① 개인과 사회는 정반합의 과정처럼 계속하여 갈등상황에 놓이게 된다는 것
② 개인과 사회는 정반합의 과정을 계속하면서 이전보다 더 발전하게 된다는 것
③ 개인과 사회는 발전하기 위해 끊임없이 '반'에 해당하는 명제를 제시해야 한다는 것
④ 개인과 사회는 발전하기 위해 서로 상반된 주장도 통합할 수 있는 판단을 이끌어내야 한다는 것

29 다음과 같이 일정한 규칙으로 수를 나열할 때 빈칸에 들어갈 수는?

• 6	13	8	8	144
• 7	11	7	4	122
• 8	9	6	2	100
• 9	7	5	1	( )

① 75   ② 79

③ 83   ④ 87

30 다음과 같이 둘레의 길이가 2,000m인 원형 산책로에서 오후 5시 정각에 A씨가 3km/h의 속력으로 산책로를 따라 걷기 시작했다. 30분 후 B씨는 A씨가 걸어간 반대 방향으로 7km/h의 속력으로 같은 산책로를 따라 달리기 시작했을 때, A씨와 B씨가 두 번째로 만나게 되는 시각은?

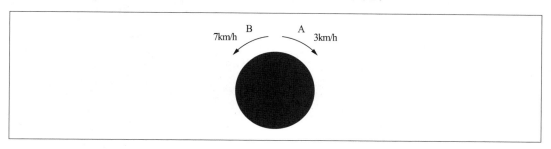

① 오후 6시 30분   ② 오후 6시 15분

③ 오후 6시   ④ 오후 5시 45분

31 다음 중 제시된 명제가 모두 참일 때, 빈칸에 들어갈 명제로 가장 적절한 것은?

- 전제 1 : 아파트에 사는 어떤 사람은 강아지를 키운다.
- 전제 2 : _____
- 전제 3 : 아파트에 사는 강아지를 키우거나 식물을 키우는 사람은 빨간색 옷을 입는다.
- 결론 : 그러므로 아파트에 사는 모든 사람은 빨간색 옷을 입는다.

---

① 아파트에 사는 모든 사람은 식물을 키우지 않는다.

② 아파트에 사는 어떤 사람은 식물을 키운다.

③ 아파트에 사는 강아지를 키우지 않는 모든 사람은 식물을 키운다.

④ 아파트에 사는 어떤 사람은 강아지를 키우지 않는다.

32 신입사원 A ~ G 7명이 다음 〈조건〉에 따라 5층까지 있는 사택에서 살 때, 각 층에 사는 사원을 바르게 연결한 것은?

〈조건〉

- 한 층에 최대 2명까지 들어갈 수 있다.
- A, B는 같은 층에 산다.
- C는 A보다 아래에 산다.
- D, E는 서로 다른 층에 산다.
- F는 E의 바로 위에 산다.
- G와 같은 층에 사는 신입사원은 없다.
- 3층은 사택 복지 공간이므로 사람이 살 수 없다.

---

① 1층 - G

② 2층 - D, F

③ 4층 - E

④ 5층 - B, C

※ 다음은 2023년 7 ~ 12월 경상수지에 대한 자료이다. 이어지는 질문에 답하시오. **[33~34]**

〈2023년 7 ~ 12월 경상수지〉

(단위 : 백만 달러)

구분		2023년 7월	2023년 8월	2023년 9월	2023년 10월	2023년 11월	2023년 12월
경상수지(계)		4,113.9	5,412.7	6,072.7	7,437.8	3,890.7	7,414.6
상품수지		4,427.5	5,201.4	7,486.3	5,433.3	6,878.2	8,037.4
	수출	50,247.2	53,668.9	56,102.5	57,779.9	56,398.4	ㄴ
	수입	45,819.7	ㄱ	48,616.2	52,346.6	49,520.2	50,966.5
서비스수지		−2,572.1	−1,549.5	−3,209.9	−1,279.8	−2,210.9	−2,535.4
본원소득수지		3,356.3	1,879	2,180.4	3,358.5	−116.6	2,459.5
이전소득수지		−1,097.8	−118.2	−384.1	−74.2	−660	−546.9

※ (경상수지)=(상품수지)+(서비스수지)+(본원소득수지)+(이전소득수지)
※ (상품수지)=(수출)−(수입)
※ 수지가 양수일 경우 흑자, 음수일 경우 적자이다.

33 다음 중 자료에 대한 설명으로 옳은 것은?

① 본원소득수지는 항상 흑자를 기록하였다.
② 경상수지는 2023년 11월에 적자를 기록하였다.
③ 상품수지가 가장 높은 달의 경상수지가 가장 높았다.
④ 2023년 8월 이후 서비스수지가 가장 큰 적자를 기록한 달의 상품수지 증가폭이 가장 크다.
⑤ 2023년 8월 이후 전월 대비 경상수지 증가폭이 가장 작은 달의 상품수지 증가폭이 가장 낮다.

34 다음 중 빈칸에 들어갈 수로 옳은 것은?

	ㄱ	ㄴ
①	48,256.2	59,003.9
②	48,256.2	58,381.1
③	48,467.5	59,003.9
④	48,467.5	58,381.1
⑤	47,685.7	59,003.9

35 K공사에 근무하는 임직원은 1월 19일부터 21일까지 2박 3일간 워크숍을 가려고 한다. 워크숍 장소 예약을 담당하게 된 S대리는 〈조건〉에 따라 호텔을 예약하려고 한다. 다음 중 S대리가 예약할 호텔로 가장 적절한 것은?

〈워크숍 장소 현황〉

(단위 : 실, 명, 개)

구분	총 객실 수	객실 예약완료 현황			세미나룸 현황			
		1월 19일	1월 20일	1월 21일	최대수용인원	빔프로젝터	4인용 테이블	의자
A호텔	88	20	26	38	70	O	26	74
B호텔	70	11	27	32	70	×	22	92
C호텔	76	10	18	49	100	O	30	86
D호텔	84	18	23	19	90	O	15	70

〈K공사 임직원 현황〉

(단위 : 명)

구분	신사업기획처	신사업추진처	기술기획처	ICT융합기획처
차장	1	1	1	1
부장	3	4	2	3
과장	5	6	4	3
대리	6	6	5	4
주임	2	2	3	6
사원	3	4	3	2

―――――〈조건〉―――――

• 워크숍은 한 호텔에서 실시하며, 워크숍에 참여하는 모든 직원은 해당 호텔에서 숙박한다.
• 부장급 이상은 1인 1실을 이용하며, 나머지 임직원은 2인 1실을 이용한다.
• 워크숍에서는 빔프로젝터가 있어야 하며, 4인용 테이블과 의자는 참여하는 인원수만큼 필요하다.

① A호텔   ② B호텔
③ C호텔   ④ D호텔

36 K기업은 W마트와 함께 1월 한 달간 이웃사랑 나눔 행사를 개최하고자 한다. 한 달 동안 W마트에서 상품을 구매한 모든 고객에게 경품 응모권을 증정한 후 추첨을 통해 고객들에게 소정의 사은품을 나누어 주는 행사이다. 행사에 필요한 예산을 요청하기 위해 다음과 같이 기획안을 작성하였다면, 필요한 예산은 총 얼마인가?(단, 행사에 꽝은 없으며 참여한 모든 고객은 경품에 당첨된다)

〈행사 기획안〉

- 행사제목 : K기업·W마트 1월 이웃사랑 나눔 행사
- 행사기간 : 2024년 1월 1일(월) ~ 31일(수)
- 참여대상 : W마트에서 상품을 구매한 모든 고객
- 추첨방법 : 경품 응모권 추첨
  ※ 2월 2일(금) 당첨자 W마트 게시판 안내
- 예상 참여인원 : 200명(전년도 동월 방문고객 수 참고)
- 경품내역

구분	경품내역
1등(2명)	W마트 상품권(10만 원)
2등(5명)	쌀(20kg)
3등(10명)	김치(5kg)
4등(15명)	라면(1Box)
5등(26명)	김(묶음)
6등(42명)	밀폐용기(세트)
7등(100명)	주방세제(세트)

- 구매상품별 단가

(단위 : 원)

구분	상품권 (1장)	쌀 (20kg)	김치 (5kg)	라면 (1Box)	김 (묶음)	밀폐용기 (세트)	주방세제 (세트)
단가	100,000	30,000	20,000	20,000	15,000	10,000	10,000

---

① 2,250,000원　　　　　　　② 2,300,000원

③ 2,660,000원　　　　　　　④ 3,200,000원

37 S편의점을 운영하는 P씨는 개인사정으로 이번 주 토요일 하루만 오전 10시부터 오후 8시까지 직원들을 대타로 고용할 예정이다. 직원 A ~ D의 시급과 근무 가능 시간이 다음과 같을 때, 가장 적은 인건비는 얼마인가?

<table>
<caption>〈S편의점 직원 시급 및 근무 가능 시간〉</caption>
<tr><th>직원</th><th>시급</th><th>근무 가능 시간</th></tr>
<tr><td>A</td><td>10,000원</td><td>오후 12:00 ~ 오후 5:00</td></tr>
<tr><td>B</td><td>10,500원</td><td>오전 10:00 ~ 오후 3:00</td></tr>
<tr><td>C</td><td>10,500원</td><td>오후 12:00 ~ 오후 6:00</td></tr>
<tr><td>D</td><td>11,000원</td><td>오후 12:00 ~ 오후 8:00</td></tr>
</table>

※ 추가 수당으로 시급의 1.5배를 지급한다.
※ 직원 1명당 근무시간은 최소 2시간 이상이어야 한다.

① 153,750원   ② 155,250원
③ 156,000원   ④ 157,500원
⑤ 159,000원

38 다음 10개의 수의 중앙값이 8일 때, 빈칸에 들어갈 수로 옳은 것은?

10	( )	6	9	9	7	8	7	10	7

① 6   ② 7
③ 8   ④ 9

39 어떤 원형 시계가 4시 30분을 가리키고 있다. 이 시계의 시침과 분침이 만드는 작은 부채꼴의 넓이와 전체 원의 넓이의 비는 얼마인가?

① $\dfrac{1}{8}$ 　　　　　　② $\dfrac{1}{6}$

③ $\dfrac{1}{4}$ 　　　　　　④ $\dfrac{1}{2}$

40 다음 그림과 같은 길의 A지점에서 출발하여 최단거리로 이동하여 B지점에 도착하는 경우의 수는?

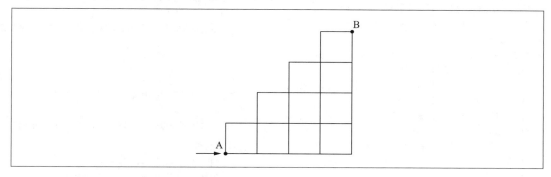

① 36가지 　　　　　　② 42가지
③ 48가지 　　　　　　④ 54가지

CHAPTER 02 2024년 주요 공기업
NCS 핵심영역 기출복원 모의고사 정답 및 해설

01	02	03	04	05	06	07	08	09	10
③	④	⑤	③	②	③	③	①	④	①
11	12	13	14	15	16	17	18	19	20
②	①	②	②	①	⑤	①	④	③	③
21	22	23	24	25	26	27	28	29	30
②	④	③	②	④	②	②	②	②	④
31	32	33	34	35	36	37	38	39	40
③	②	④	③	③	③	③	③	①	②

01
정답 ③

제시된 시는 신라시대 6두품 출신의 문인인 최치원이 지은 「촉규화」이다. 최치원은 자신을 향기 날리는 탐스런 꽃송이에 비유하여 뛰어난 학식과 재능을 뽐내고 있지만, 수레와 말 탄 사람에 비유한 높은 지위의 사람들이 자신을 외면하는 현실을 한탄하고 있다.

02
정답 ④

네 번째 문단에서 백성들이 적지 않고, 토산품이 구비되어 있지만 이로운 물건이 세상에 나오지 않고, 그렇게 하는 방법을 모르기 때문에 경제를 윤택하게 하는 것 자체를 모른다고 하였다. 따라서 조선의 경제가 윤택하지 못한 이유를 부족한 생산량이 아니라 유통의 부재로 보고 있다.

오답분석
① 세 번째 문단에서 쓸모없는 물건을 사용하여 유용한 물건을 유통하고 거래하지 않는다면 유용한 물건들이 대부분 한 곳에 묶여서 고갈될 것이라고 하며 유통이 원활하지 않은 현실을 비판하고 있다.
② 세 번째 문단에서 옛날의 성인과 제왕은 유통의 중요성을 알고 있었기 때문에 주옥과 화폐 등의 물건을 조성하여 재물이 원활하게 유통될 수 있도록 노력했다고 하며 재물 유통을 위한 성현들의 노력을 제시하고 있다.
③ 여섯 번째 문단에서 재물을 우물에 비유하여 설명하고 있다. 재물의 소비를 하지 않으면 물을 길어내지 않는 우물처럼 말라버릴 것이며, 소비를 한다면 물을 퍼내는 우물처럼 물이 가득할 것이라며 재물에 대한 소비가 경제의 규모를 늘릴 것이라고 강조하고 있다.

⑤ 여섯 번째 문단에서 비단옷을 입지 않으면 비단을 짜는 사람과 베를 짜는 여인 등 관련 산업 자체가 황폐해질 것이라고 하고 있다. 따라서 산업의 발전을 위한 적당한 사치(소비)가 있어야 함을 제시하고 있다.

03
정답 ⑤

'말로는 친한 듯 하나 속으로는 해칠 생각이 있음'을 뜻하는 한자성어는 '口蜜腹劍(구밀복검)'이다.
• 刻舟求劍(각주구검) : 융통성 없이 현실에 맞지 않는 낡은 생각을 고집하는 어리석음

오답분석
① 水魚之交(수어지교) : 아주 친밀하여 떨어질 수 없는 사이
② 結草報恩(결초보은) : 죽은 뒤에라도 은혜를 잊지 않고 갚음
③ 靑出於藍(청출어람) : 제자나 후배가 스승이나 선배보다 나음
④ 指鹿爲馬(지록위마) : 윗사람을 농락하여 권세를 마음대로 함

04
정답 ③

③에서 '뿐이다'는 체언(명사, 대명사, 수사)인 '셋'을 수식하므로 조사로 사용되었다. 따라서 앞말과 붙여 써야 한다.

오답분석
① 종결어미 '-는지'는 앞말과 붙여 써야 한다.
② '만큼'은 용언(동사, 형용사)인 '애쓴'을 수식하므로 의존명사로 사용되었다. 따라서 앞말과 띄어 써야 한다.
④ '큰지'와 '작은지'는 모두 연결어미 '-ㄴ지'로 쓰였으므로 앞말과 붙여 써야 한다.
⑤ '-판'은 앞의 '씨름'과 합성어를 이루므로 붙여 써야 한다.

05
정답 ②

'채이다'는 '차이다'의 잘못된 표기이다. 따라서 '차였다'로 표기해야 한다.
• 차이다 : 주로 남녀 관계에서 일방적으로 관계가 끊기다.

오답분석
① 금세 : 지금 바로. '금시에'의 준말
③ 핼쑥하다 : 얼굴에 핏기가 없고 파리하다.
④ 낯설다 : 전에 본 기억이 없어 익숙하지 아니하다.
⑤ 곰곰이 : 여러모로 깊이 생각하는 모양

06

정답 ③

한자어에서 'ㄹ' 받침 뒤에 연결되는 'ㄷ, ㅅ, ㅈ'은 된소리로 발음되므로 [몰쌍식]으로 발음해야 한다.

오답분석

① · ④ 받침 'ㄴ'은 'ㄹ'의 앞이나 뒤에서 [ㄹ]로 발음하지만, 결단력, 공권력, 상견례 등에서는 [ㄴ]으로 발음한다.
② 받침 'ㄱ(ㄲ, ㅋ, ㄳ, ㄺ), ㄷ(ㅅ, ㅆ, ㅈ, ㅊ, ㅌ, ㅎ), ㅂ(ㅍ, ㄼ, ㄿ, ㅄ)'은 'ㄴ, ㅁ' 앞에서 [ㅇ, ㄴ, ㅁ]으로 발음한다.
⑤ 받침 'ㄷ, ㅌ(ㄾ)'이 조사나 접미사의 모음 'ㅣ'와 결합되는 경우에는 [ㅈ, ㅊ]으로 바꾸어서 뒤 음절 첫소리로 옮겨 발음한다.

07

정답 ③

첫 번째 조건에 따라 ①, ②는 70대 이상에서 도시의 여가생활 만족도(1.7점)가 같은 연령대의 농촌(ㄹ) 만족도(3.5점)보다 낮으므로 제외되고, 두 번째 조건에 따라 도시에서 10대의 여가생활 만족도는 농촌에서 10대(1.8점)의 2배보다 높으므로 1.8×2=3.6점을 초과해야 하나 ④는 도시에서 10대(ㄱ)의 여가생활 만족도가 3.5점이므로 제외된다. 또한, 세 번째 조건에 따라 ⑤는 도시에서 여가생활 만족도가 가장 높은 연령대인 40대(3.9점)보다 30대(ㄴ)가 4.0점으로 높으므로 제외된다.
따라서 마지막 조건까지 만족하는 것은 ③이다.

08

정답 ①

방사형 그래프는 여러 평가 항목에 대하여 중심이 같고 크기가 다양한 원 또는 다각형을 도입하여 구역을 나누고, 각 항목에 대한 도수 등을 부여하여 점을 찍은 후 그 점끼리 이어 생성된 다각형으로 자료를 분석할 수 있다. 따라서 방사형 그래프인 ①을 사용하면 항목별 균형을 쉽게 파악할 수 있다.

09

정답 ④

3월의 경우 K톨게이트를 통과한 영업용 승합차 수는 229천 대이고, 영업용 대형차 수는 139천 대이다.
139×2=278>229이므로 3월의 영업용 승합차 수는 영업용 대형차 수의 2배 미만이다.
따라서 모든 달에서 영업용 승합차 수는 영업용 대형차 수의 2배 이상이 아니므로 옳지 않은 설명이다.

오답분석

① 월별 전체 승용차 수와 전체 승합차 수의 합은 다음과 같다.
• 1월 : 3,807+3,125=6,932천 대
• 2월 : 3,555+2,708=6,263천 대
• 3월 : 4,063+2,973=7,036천 대
• 4월 : 4,017+3,308=7,325천 대
• 5월 : 4,228+2,670=6,898천 대
• 6월 : 4,053+2,893=6,946천 대
• 7월 : 3,908+2,958=6,866천 대
• 8월 : 4,193+3,123=7,316천 대
• 9월 : 4,245+3,170=7,415천 대
• 10월 : 3,977+3,073=7,050천 대
• 11월 : 3,953+2,993=6,946천 대
• 12월 : 3,877+3,040=6,917천 대

따라서 전체 승용차 수와 승합차 수의 합이 가장 많은 달은 9월이고, 가장 적은 달은 2월이다.
② 4월을 제외하고 K톨게이트를 통과한 비영업용 승합차 수는 월별 3,000천 대(=300만 대)를 넘지 않는다.
③ 모든 달에서 (영업용 대형차 수)×10 ≥ (전체 대형차 수)이므로 영업용 대형차 수의 비율은 모든 달에서 전체 대형차 수의 10% 이상이다.
⑤ 승용차가 가장 많이 통과한 달은 9월이고, 이때 영업용 승용차 수의 비율은 9월 전체 승용차 수의 $\frac{140}{4,245} \times 100 ≒ 3.3\%$로 3% 이상이다.

10

정답 ①

$865 \times 865 + 865 \times 270 + 135 \times 138 - 405$
$= 865 \times 865 + 865 \times 270 + 135 \times 138 - 135 \times 3$
$= 865 \times (865 + 270) + 135 \times (138 - 3)$
$= 865 \times 1,135 + 135 \times 135$
$= 865 \times (1,000 + 135) + 135 \times 135$
$= 865 \times 1,000 + (865 + 135) \times 135$
$= 865,000 + 135,000$
$= 1,000,000$

따라서 식을 계산하여 나온 수의 백의 자리는 0, 십의 자리는 0, 일의 자리는 0이다.

11

정답 ②

A반과 B반 모두 2번의 경기를 거쳐 결승에 만나는 경우는 다음과 같다.

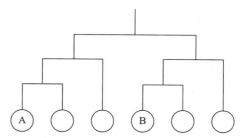

이때 남은 네 반을 배치할 때마다 모두 다른 경기가 진행되므로 구하고자 하는 경우의 수는 4!=24가지이다.

12

마지막 조건에 따라 C는 항상 두 번째에 도착하게 되고, 첫 번째 조건에 따라 A - B가 순서대로 도착했으므로 A, B는 첫 번째로 도착할 수 없다. 또한 두 번째 조건에 따라 D는 E보다 늦으므로 가능한 경우를 정리하면 다음과 같다.

구분	첫 번째	두 번째	세 번째	네 번째	다섯 번째
경우 1	E	C	A	B	D
경우 2	E	C	D	A	B

따라서 E는 항상 가장 먼저 도착한다.

13

정답 ②

전제 1의 전건(P)인 'TV를 오래 보면'은 후건(Q)인 '눈이 나빠진다.'가 성립하는 충분조건이며, 후건은 전건의 필요조건이 된다(P → Q). 그러나 삼단논법에서 단순히 전건을 부정한다고 해서 후건 또한 부정되지는 않는다(~ P → ~ Q, 역의 오류). 철수가 TV를 오래 보지 않아도 눈이 나빠질 수 있는 가능성은 얼마든지 있기 때문이다. 이러한 형식적 오류를 '전건 부정의 오류'라고 한다.

오답분석
① 사개명사의 오류 : 삼단논법에서 개념이 4개일 때 성립하는 오류이다(A는 B이고, A와 C는 모두 D이다. 따라서 B는 C이다).
③ 후건 긍정의 오류 : 후건을 긍정한다고 전건 또한 긍정이라고 하는 오류이다(P → Q이므로 Q → P이다. 이의 오류).
④ 선언지 긍정의 오류 : 어느 한 명제를 긍정하는 것이 필연적으로 다른 명제의 부정을 도출한다고 여기는 오류이다(A는 B와 C이므로 A가 B라면 반드시 C는 아니다. ∵ B와 C 둘 다 해당할 가능성이 있음).
⑤ 매개념 부주연의 오류 : 매개념(A)이 외연 전부(B)에 대하여 성립되지 않을 때 발생하는 오류이다(A는 B이고 C는 B이므로 A는 C이다).

14

정답 ②

제시된 열차의 부산역 도착시간을 계산하면 다음과 같다.
• KTX
  8:00(서울역 출발) → 10:30(부산역 도착)
• ITX-청춘
  7:20(서울역 출발) → 8:00(대전역 도착) → 8:15(대전역 출발) → 11:05(부산역 도착)
• ITX-마음
  6:40(서울역 출발) → 7:20(대전역 도착) → 7:35(대전역 출발) → 8:15(울산역 도착) → 8:30(울산역 출발) → 11:00(부산역 도착)
• 새마을호
  6:30(서울역 출발) → 7:30(대전역 도착) → 7:40(ITX-마음 출발 대기) → 7:55(대전역 출발) → 8:55(울산역 도착) → 9:10(울산역 출발) → 10:10(동대구역 도착) → 10:25(동대구역 출발) → 11:55(부산역 도착)

• 무궁화호
  5:30(서울역 출발) → 6:50(대전역 도착) → 7:05(대전역 출발) → 8:25(울산역 도착) → 8:35(ITX-마음 출발 대기) → 8:50(울산역 출발) → 10:10(동대구역 도착) → 10:30(새마을호 출발 대기) → 10:45(동대구역 출발) → 12:25(부산역 도착)

따라서 가장 늦게 도착하는 열차는 무궁화호로, 12시 25분에 부산역에 도착한다.

오답분석
① ITX-청춘은 11시 5분에 부산역에 도착하고, ITX-마음은 11시에 부산역에 도착한다.
③ ITX-마음은 정차역인 대전역과 울산역에서 다른 열차와 시간이 겹치지 않는다.
④ 부산역에 가장 빨리 도착하는 열차는 KTX로, 10시 30분에 도착한다.
⑤ 무궁화호는 울산역에서 8시 15분에 도착한 ITX-마음으로 인해 8시 35분까지 대기하며, 동대구역에서 10시 10분에 도착한 새마을호로 인해 10시 30분까지 대기한다.

15

정답 ①

A과장과 팀원 1명은 7시 30분까지 사전 회의를 가져야 하므로 8시에 출발하는 KTX만 이용할 수 있다. 남은 팀원 3명은 11시 30분까지 부산역에 도착해야 하므로 10시 30분에 도착하는 KTX, 11시 5분에 도착하는 ITX-청춘, 11시에 도착하는 ITX-마음을 이용할 수 있는데 이 중 가장 저렴한 열차를 이용해야 하므로 ITX-마음을 이용한다. 따라서 KTX 2인, ITX-마음 3인의 요금을 계산하면 $(59,800×2)+(42,600×3)=119,600+127,800=247,400$원이다.

16

정답 ⑤

A는 B의 부정적인 의견들을 구조화하여 B가 그러한 논리를 가지게 된 궁극적 원인인 경쟁력 부족을 찾아내었고, 이러한 원인을 해소할 수 있는 방법을 찾아 자신의 계획을 재구축하여 B에게 설명하였다. 따라서 제시문에서 나타난 논리적 사고의 구성요소는 '상대 논리의 구조화'이다.

오답분석
① 설득 : 논증을 통해 나의 생각을 다른 사람에게 이해・공감시키고, 타인이 내가 원하는 행동을 하도록 하는 것이다.
② 구체적인 생각 : 상대가 말하는 것을 잘 알 수 없을 때, 이미지를 떠올리거나 숫자를 활용하는 등 구체적인 방법을 활용하여 생각하는 것이다.
③ 생각하는 습관 : 논리적 사고를 개발하기 위해 일상적인 모든 것에서 의문점을 가지고 그 원인을 생각해 보는 습관이다.
④ 타인에 대한 이해 : 나와 상대의 주장이 서로 반대될 때, 상대의 주장 전부를 부정하지 않고 상대의 인격을 존중하는 것이다.

17
정답 ①

K공단에서 위촉한 자문 약사는 다제약물 관리사업 대상자가 먹고 있는 약물의 복용상태, 부작용, 중복 등을 종합적으로 검토하고 그 결과를 바탕으로 상담, 교육 및 처방조정 안내를 실시한다. 또한 우리나라는 2000년에 시행된 의약 분업의 결과, 일부 예외사항을 제외하면 약사는 환자에게 약물의 처방을 할 수 없다. 따라서 약사는 환자의 약물점검 결과를 의사에게 전달하여 처방에 반영될 수 있도록 할 뿐 직접적인 처방을 할 수는 없다.

오답분석

② 다제약물 관리사업으로 인해 중복되는 약물을 파악하고 조치할 수 있다. 실제로 세 번째 문단의 다제약물 관리사업 평가에서 효능이 유사한 약물을 중복해서 복용하는 환자가 40.2% 감소되는 등의 효과가 확인되었다.

③ 다제약물 관리사업은 10종 이상의 약을 복용하는 만성질환자를 대상으로 약물관리 서비스를 제공하는 사업이다.

④ 병원의 경우 입원 및 외래환자를 대상으로 의사, 약사 등으로 구성된 다학제팀이 약물관리 서비스를 제공하는 반면, 지역사회에서는 다학제 협업 시스템이 미흡하다는 의견이 나오고 있다. 이에 K공단은 도봉구 의사회와 약사회, 전문가로 구성된 지역협의체를 구성하여 의·약사 협업 모형을 개발하였다.

18
정답 ④

제시문의 첫 번째 문단은 아토피 피부염의 정의를 나타내므로 이어서 연결될 수 있는 문단은 아토피 피부염의 원인을 설명하는 (라) 문단이다. 또한, (가) 문단의 앞부분 내용이 (라) 문단의 뒷부분과 연계되므로 (가) 문단이 다음에 오는 것이 적절하다. 그리고 (나) 문단의 첫 번째 문장에서 앞의 약물치료와 더불어 일상생활에서의 예방법을 말하고 있으므로 (나) 문단의 앞에는 아토피 피부염의 약물치료 방법인 (다) 문단이 오는 것이 가장 자연스럽다. 따라서 (라) – (가) – (다) – (나)의 순서로 나열해야 한다.

19
정답 ③

제시문은 뇌경색이 발생하는 원인과 발생했을 때 치료 방법을 소개하고 있다. 따라서 글의 주제로 가장 적절한 것은 '뇌경색의 발병 원인과 치료 방법'이다.

오답분석

① 뇌경색의 주요 증상에 대해서는 제시문에서 언급하고 있지 않다.

② 뇌경색 환자는 기전에 따라 항혈소판제나 항응고제 약물 치료를 한다고 하였지만, 글의 전체 내용을 담는 주제는 아니다.

④ 뇌경색이 발생했을 때의 조치사항은 제시문에서 언급하고 있지 않다.

20
정답 ③

2021년의 건강보험료 부과 금액은 전년 대비 $69,480-63,120=6,360$십억 원 증가하였다. 이는 2020년 건강보험료 부과 금액의 10%인 $63,120\times0.1=6,312$십억 원보다 크므로 2021년의 건강보험료 부과 금액은 전년 대비 10% 이상 증가하였음을 알 수 있다. 2022년 또한 $76,775-69,480=7,295$십억 $>69,480\times0.1=6,948$십억 원이므로 건강보험료 부과 금액은 전년 대비 10% 이상 증가하였다.

오답분석

① 제시된 자료를 통해 확인할 수 있다.

② 연도별 전년 대비 1인당 건강보험 급여비 증가액을 구하면 다음과 같다.
- 2020년 : $1,400,000-1,300,000=100,000$원
- 2021년 : $1,550,000-1,400,000=150,000$원
- 2022년 : $1,700,000-1,550,000=150,000$원
- 2023년 : $1,900,000-1,700,000=200,000$원

따라서 1인당 건강보험 급여비가 전년 대비 가장 크게 증가한 해는 2023년이다.

④ 2019년 대비 2023년의 1인당 건강보험 급여비 증가율은 $\dfrac{1,900,000-1,300,000}{1,300,000}\times100 \fallingdotseq 46\%$이므로 40% 이상 증가하였다.

21
정답 ②

'잎이 넓다.'를 P, '키가 크다.'를 Q, '더운 지방에서 자란다.'를 R, '열매가 많이 맺힌다.'를 S라 하면, 첫 번째 명제는 P → Q, 두 번째 명제는 ~P → ~R, 네 번째 명제는 R → S이다. 두 번째 명제의 대우인 R → P와 첫 번째 명제인 P → Q에 따라 R → P → Q이므로 네 번째 명제가 참이 되려면 Q → S인 명제 또는 이와 대우 관계인 ~S → ~Q인 명제가 필요하다.

오답분석

① ~P → S이므로 네 번째 명제가 참임을 판단할 수 없다.

③ '벌레가 많은 지역'은 네 번째 명제와 관련이 없다.

④ R → Q와 대우 관계인 명제로, 네 번째 명제가 참임을 판단할 수 없다.

22
정답 ④

'풀을 먹는 동물'을 P, '몸집이 크다.'를 Q, '사막에서 산다.'를 R, '물속에서 산다.'를 S라 하면, 첫 번째 명제는 P → Q, 두 번째 명제는 R → ~S, 네 번째 명제는 S → Q이다. 네 번째 명제가 참이 되려면 두 번째 명제와 대우 관계인 S → ~R에 의해 ~R → P인 명제 또는 이와 대우 관계인 ~P → R인 명제가 필요하다.

오답분석

① Q → S로 네 번째 명제의 역이지만, 어떤 명제가 참이라고 해서 그 역이 반드시 참이 될 수는 없다.

② 제시된 모든 명제와 관련이 없는 명제이다.

③ R → Q이므로 네 번째 명제가 참임을 판단할 수 없다.

23 정답 ③

모든 1과 사원은 가장 실적이 많은 2과 사원보다 실적이 많고, 3과 사원 중 일부는 가장 실적이 많은 2과 사원보다 실적이 적다. 따라서 3과 사원 중 일부는 모든 1과 사원보다 실적이 적다.

24 정답 ②

- A : 초청 목적이 6개월가량의 외국인 환자의 간병이므로 G-1-10 비자를 발급받아야 한다.
- B : 초청 목적이 국내 취업조건을 모두 갖춘 자의 제조업체 취업이므로 E-9-1 비자를 발급받아야 한다.
- C : 초청 목적이 K대학교 교환학생이므로 D-2-6 비자를 발급받아야 한다.
- D : 초청 목적이 국제기구 정상회의 참석이므로 A-2 비자를 발급받아야 한다.

25 정답 ②

2023년 국내 합계출산율은 0.72명으로, 이는 한 부부 사이에서 태어나는 아이의 수가 평균 1명이 되지 않는다는 것을 뜻한다. 또한 앞 순위인 스페인은 1.19명으로, 한 부부 사이에서 태어난 아이의 수가 2명이 되지 않아 스페인 역시 인구감소 현상이 나타남을 예측할 수 있다.

오답분석

① 두 번째 문단에서 2020년부터 사망자 수가 출생아 수보다 많다고 했으므로 전체 인구수는 감소하고 있음을 알 수 있다.
③ 세 번째 문단에서 정부가 현 상황, 즉 저출산 문제를 해결하고자 일 가정 양립, 양육, 주거를 중심으로 지원하겠다고 한 내용을 통해 알 수 있다.
④ 마지막 문단에서 제도는 변경되었지만, 이에 대한 법적 강제화는 없고 일부 직종에 대해서는 이전과 같이 배제된다고 하였으므로 수혜 대상은 이전과 유사할 것임을 알 수 있다.

26 정답 ④

육아기 단축근로제도는 일과 가정의 양립을 지원하기 위한 제도로, 해당 제도의 적용을 받을 수 있는 기간이 늘어나면 일과 가정 모두를 유지하기 수월해질 것이다. 따라서 자녀의 대상연령은 확대하고, 제도의 이용기간을 늘렸다는 내용이 빈칸에 들어가기에 가장 적절하다.

27 정답 ②

ㄱ. 헤겔의 정반합 이론상 '정'에 대립되는 주장을 '반'이라고 했으므로 '정'과 '반'은 항상 대립하는 관계이다.
ㄷ. '정'과 '반'의 우위를 가리는 것이 아닌 두 명제 사이의 모순을 해결하면서 더 발전적인 결과인 '합'을 도출해내야 한다.

오답분석

ㄴ. 마지막 문단에서 정반합의 단계를 되풀이하면서 계속하여 발전해 간다고 하였으므로 '합'이 더 발전된 개념임을 알 수 있다.
ㄹ. 헤겔의 정반합 이론이란 정, 반, 합 3단계 과정 전체를 말하는 것이므로 적절한 내용이다.

28 정답 ②

제시문에서 헤겔은 정, 반, 합의 3단계 과정을 거치면서 발전한다고 하였으며, '합'에서 끝나는 것이 아니라 '합'은 다시 '정'이 되어 다시금 정, 반, 합 3단계 과정을 되풀이하며 발전해 간다고 하였다. 따라서 개인과 사회는 정반합의 과정을 계속하면서 이전보다 더 발전하게 된다는 내용이 빈칸에 들어가기에 가장 적절하다.

29 정답 ②

나열된 수의 규칙은 [(첫 번째 수)+(두 번째 수)]×(세 번째 수)−(네 번째 수)=(다섯 번째 수)이다.
따라서 빈칸에 들어갈 수는 $(9+7)×5-1=79$이다.

30 정답 ④

A씨와 B씨가 만날 때 A씨의 이동거리와 B씨의 이동거리의 합은 산책로의 둘레 길이와 같으며, 두 번째 만났을 때 A씨의 이동거리와 B씨의 이동거리의 합은 산책로의 둘레 길이의 2배이다.
이때 A씨가 출발 후 x시간이 지났다면 다음 식이 성립한다.

$$3x+7\left(x-\frac{1}{2}\right)=4$$
$$\rightarrow 3x+7x-\frac{7}{2}=4$$
$$\therefore x=\frac{15}{20}$$

따라서 A씨와 B씨가 두 번째로 만나게 되는 시각은 오후 5시 45분이다.

31 정답 ③

아파트에 사는 사람을 A, 강아지를 키우는 어떤 사람을 B라고 하면 전제 1에 의해 다음과 같은 관계가 있다.

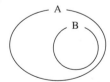

식물을 키우는 사람을 C, 빨간색 옷을 입는 사람을 D라고 할 때, 전제 3에 의해 B → D, C → D이고, 결론에 의해 A → D이므로 ~B → C이어야 한다. 따라서 빈칸에 들어갈 명제는 '아파트에 사는 강아지를 키우지 않는 모든 사람은 식물을 키운다.'이다.

32
정답 ②

마지막 조건에 따라 3층에 사는 신입사원은 없다. A, B는 같은 층에 산다는 두 번째 조건과 C는 A보다 아래층에 산다는 세 번째 조건을 바탕으로 A, B가 2, 4, 5층에 살 경우를 판단하면 다음과 같다.

- A, B가 2층에 살 경우 : 세 번째 조건에 따라 C는 1층에 살고, 다섯 번째 조건에 따라 E는 4층, F는 5층에 살지만, G가 홀로 살 수 있는 층이 없으므로 여섯 번째 조건에 위배된다.
- A, B가 4층에 살 경우 : 다섯 번째 조건에 따라 E는 1층, F는 2층에 살고, 여섯 번째 조건에 따라 G는 5층에 산다. C는 세 번째 조건에 따라 1층 또는 2층 살지만 네 번째 조건에 따라 D, E는 서로 다른 층에 살아야 하므로 C는 1층, D는 2층에 산다.
- A, B가 5층에 살 경우 : 다섯 번째 조건에 따라 E는 1층, F는 2층에 살고, 여섯 번째 조건에 따라 G는 4층에 살 수 있다. C는 세 번째 조건에 따라 1층 또는 2층에 살지만 네 번째 조건에 따라 D, E는 서로 다른 층에 살아야 하므로 C는 1층, D는 2층에 산다.

이를 정리하면 다음과 같다.

5층	G
4층	A, B
3층	(복지 공간)
2층	D, F
1층	C, E

5층	A, B
4층	G
3층	(복지 공간)
2층	D, F
1층	C, E

따라서 바르게 연결한 것은 ②이다.

오답분석
① 1층에 사는 신입사원은 C, E이다.
③ 4층에 사는 신입사원은 A, B 또는 G이다.
④ 5층에 사는 신입사원은 G 또는 A, B이다.

33
정답 ④

2023년 8 ~ 12월의 전월 대비 상품수지 증가폭은 다음과 같다.
- 2023년 8월 : $5,201.4-4,427.5=773.9$백만 달러
- 2023년 9월 : $7,486.3-5,201.4=2,284.9$백만 달러
- 2023년 10월 : $5,433.3-7,486.3=-2,053$백만 달러
- 2023년 11월 : $6,878.2-5,433.3=1,444.9$백만 달러
- 2023년 12월 : $8,037.4-6,878.2=1,159.2$백만 달러

따라서 서비스수지가 가장 큰 적자를 기록한 2023년 9월의 상품수지 증가폭이 가장 크다.

오답분석
① 2023년 11월의 본원소득수지는 음수이므로 적자를 기록하였다.
② 2023년 11월의 경상수지는 가장 낮았지만, 양수이므로 흑자를 기록하였다.
③ 상품수지가 가장 높은 달은 2023년 12월이지만, 경상수지가 가장 높은 달은 2023년 10월이다.
⑤ 2023년 8 ~ 12월의 전월 대비 경상수지 증가폭은 다음과 같다.
- 2023년 8월 : $5,412.7-4,113.9=1,298.8$백만 달러
- 2023년 9월 : $6,072.7-5,412.7=660$백만 달러
- 2023년 10월 : $7,437.8-6,072.7=1,365.1$백만 달러
- 2023년 11월 : $3,890.7-7,437.8=-3,547.1$백만 달러
- 2023년 12월 : $7,414.6-3,890.7=3,523.9$백만 달러

따라서 전월 대비 경상수지 증가폭이 가장 작은 달은 2023년 9월이지만, 상품수지 증가폭이 가장 작은 달은 2023년 8월이다.

34
정답 ③

(상품수지)=(수출)-(수입)이므로 2023년 8월의 수입은 $53,668.9-5,201.4=48,467.5$백만 달러이고, 2023년 12월 수출은 $8,037.4+50,966.5=59,003.9$백만 달러이다.

35
정답 ③

- 예약가능 객실 수 파악
  1월 19일부터 2박 3일간 워크숍을 진행한다고 했으므로 19일, 20일에 객실 예약이 가능한지를 확인하여야 한다. 호텔별 잔여 객실 수를 파악하면 다음과 같다.

(단위 : 실)

구분	A호텔	B호텔	C호텔	D호텔
1/19	$88-20=68$	$70-11=59$	$76-10=66$	$84-18=66$
1/20	$88-26=62$	$70-27=43$	$76-18=58$	$84-23=61$

- 필요 객실 수 파악
  K공사의 전체 임직원 수는 총 80명이다. 조건에 따르면 부장급 이상은 1인 1실을 이용하므로 4(차장)+12(부장)=16명, 즉 16실이 필요하고, 나머지 직원 80-16=64명은 2인 1실을 사용하므로 64÷2=32실이 필요하다. 따라서 이틀간 총 48실이 필요하므로, A호텔, C호텔, D호텔이 워크숍 장소로 적합하다.
- 세미나룸 현황 파악
  총 임직원이 80명인 것을 고려할 때, A호텔의 세미나룸은 최대 수용인원이 70명이므로 제외하며, D호텔은 4인용 테이블을 총 15개 보유하고 있어 부족하므로 제외된다.

따라서 모든 조건을 충족하는 C호텔이 가장 적절하다.

36

경품별로 필요한 인원과 단가를 곱하여 경품별 총액을 구한 뒤 더하면 필요한 총예산을 도출할 수 있다.

(단위 : 원)

구분	총액
상품권	100,000×2=200,000
쌀	30,000×5=150,000
김치	20,000×10=200,000
라면	20,000×15=300,000
김	15,000×26=390,000
밀폐용기	10,000×42=420,000
주방세제	10,000×100=1,000,000
합계	2,660,000

따라서 필요한 예산은 총 2,660,000원이다.

37

정답 ③

오전 10시부터 오후 12시까지 근무를 할 수 있는 사람은 B뿐이고, 오후 6시부터 오후 8시까지 근무를 할 수 있는 사람은 D뿐이다. A와 C가 남은 오후 12시부터 오후 6시까지 나누어 근무해야 하지만, A는 오후 5시까지 근무할 수 있고 모든 직원의 최소 근무시간은 2시간이므로 A가 오후 12시부터 4시까지 근무하고, C가 오후 4시부터 오후 6시까지 근무할 때 인건비가 최소이다.
각 직원의 근무시간과 인건비를 정리하면 다음과 같다.

직원	근무시간	인건비
B	오전 10:00 ~ 오후 12:00	10,500×1.5×2 =31,500원
A	오후 12:00 ~ 오후 4:00	10,000×1.5×4 =60,000원
C	오후 4:00 ~ 오후 6:00	10,500×1.5×2 =31,500원
D	오후 6:00 ~ 오후 8:00	11,000×1.5×2 =33,000원

따라서 가장 적은 인건비는 31,500+60,000+31,500+33,000 =156,000원이다.

38

정답 ③

나열된 수는 짝수 개이므로 수를 작은 수부터 순서대로 나열했을 때, 가운데에 있는 두 수의 평균이 중앙값이다.

- 빈칸의 수가 7 이하인 경우 : 가운데에 있는 두 수는 7, 8이므로 중앙값은 $\frac{7+8}{2}=7.5$이다.
- 빈칸의 수가 8인 경우 : 가운데에 있는 두 수는 8, 8이므로 중앙값은 8이다.
- 빈칸의 수가 9 이상인 경우 : 가운데에 있는 두 수는 8, 9이므로 중앙값은 $\frac{8+9}{2}=8.5$이다.

따라서 중앙값이 8일 때 빈칸에 들어갈 수는 8이다.

39

정답 ①

분침은 60분에 1바퀴 회전하므로 1분 지날 때 분침은 $\frac{360}{60}=6°$ 움직이고, 시침은 12시간에 1바퀴 회전하므로 1분 지날 때 시침은 $\frac{360}{12\times60}=0.5°$ 움직인다.

따라서 4시 30분일 때 시침과 분침이 만드는 작은 부채꼴의 각도는 $6\times30-0.5\times(60\times4+30)=180-135=45°$이므로, 부채꼴의 넓이와 전체 원의 넓이의 비는 $\frac{45}{360}=\frac{1}{8}$이다.

40

정답 ②

A지점에서 출발하여 최단거리로 이동하여 B지점에 도착하기까지 가능한 경로의 수를 구하면 다음과 같다.

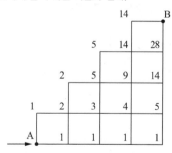

따라서 구하고자 하는 경우의 수는 14+28=42가지이다

Add+
2023년 주요 공기업 NCS 핵심영역

기출복원 모의고사

www.sdedu.co.kr

〈문항 및 시험시간〉

평가영역	문항 수	시험시간	모바일 OMR 답안분석
의사소통능력+수리능력+ 문제해결능력+자원관리능력	40문항	40분	

2023년 주요 공기업 NCS 핵심영역 기출복원 모의고사

문항 수 : 40문항
시험시간 : 40분

▌코레일 한국철도공사 / 의사소통능력

01 다음 글을 읽고 보인 반응으로 적절하지 않은 것은?

> 열차 내에서의 범죄가 급격하게 증가함에 따라 한국철도공사는 열차 내에서의 범죄 예방과 안전 확보를 위해 2023년까지 현재 운행하고 있는 열차의 모든 객실에 CCTV를 설치하고, 모든 열차 승무원에게 바디 캠을 지급하겠다고 밝혔다.
> CCTV는 열차 종류에 따라 운전실에서 비상시 실시간으로 상황을 파악할 수 있는 '네트워크 방식'과 각 객실에서의 영상을 저장하는 '개별 독립 방식'이라는 2가지 방식으로 사용 및 설치가 진행될 예정이며, 객실에는 사각지대를 없애기 위해 4대 가량의 CCTV가 설치된다. 이 중 2대는 휴대 물품 도난 방지 등을 위해 휴대 물품 보관대 주변에 위치하게 된다.
> 이에 따라 한국철도공사는 CCTV 제품 품평회를 가져 제품의 형태와 색상, 재질 등에 대한 의견을 나누고 각 제품이 실제로 열차 운행 시 진동과 충격 등에 적합한지 시험을 거친 후 도입할 예정이다.

① 현재는 모든 열차에 CCTV가 설치되어 있진 않을 것이다.
② 과거에 비해 승무원에 대한 승객의 범죄행위 증거 취득이 유리해질 것이다.
③ CCTV의 설치를 통해 인적 피해와 물적 피해 모두 예방할 수 있을 것이다.
④ CCTV의 설치를 통해 실시간으로 모든 객실을 모니터링할 수 있을 것이다.
⑤ CCTV의 내구성뿐만 아니라 외적인 디자인도 제품 선택에 영향을 줄 수 있을 것이다.

02 다음 중 빈칸 (가) ~ (다)에 들어갈 접속사를 순서대로 바르게 나열한 것은?

무더운 여름 기차나 지하철을 타면 "실내가 춥다는 민원이 있어 냉방을 줄인다."라는 안내방송을 손쉽게 들을 수 있을 정도로 우리는 쾌적한 기차와 지하철을 이용할 수 있는 시대에 살고 있다.

　(가)　 이러한 쾌적한 환경을 누리기 시작한 것은 그리 오래되지 않은 일이다. 1825년에 세계 최초로 영국의 증기기관차가 시속 16km로 첫 주행을 시작하였을 때, 이 당시까지만 해도 열차 내의 유일한 냉방 수단은 창문뿐이었다. 열차에 에어컨이 설치되기 시작된 것은 100년이 더 지난 1930년대 초반 미국에서였고, 우리나라는 이보다 훨씬 후인 1969년에 지금의 새마을호라 불리는 '관광호'에서였다. 이는 국내에 최초로 철도가 개통된 1899년 이후 70년 만으로, '관광호' 이후 국내에 도입된 특급열차들은 대부분 전기 냉난방 시설을 갖추게 되었다.

　(나)　 지하철의 에어컨 도입은 열차보다 훨씬 늦었는데, 이는 우리나라뿐만 아니라 해외도 마찬가지였으며, 실제로 영국의 경우에는 아직도 지하철에 에어컨이 없다.

우리나라는 1974년에 서울에서 지하철이 개통되었는데, 이 당시 객실에는 천장에 달린 선풍기가 전부였기 때문에 한여름에는 땀 냄새가 가득한 찜통 지하철이 되었다. 　(다)　 1983년이 되어서야 에어컨이 설치된 지하철이 등장하기 시작하였고, 기존에 에어컨이 설치되지 않았던 지하철들은 1989년이 되어서야 선풍기를 떼어 내고 에어컨으로 교체하기 시작하였다.

	(가)	(나)	(다)
①	따라서	그래서	마침내
②	하지만	반면	마침내
③	하지만	왜냐하면	그래서
④	왜냐하면	반면	마침내
⑤	반면	왜냐하면	그래서

03 다음 글의 내용으로 가장 적절한 것은?

한국철도공사는 철도시설물 점검 자동화에 '스마트글라스'를 활용하겠다고 밝혔다. 스마트글라스란 안경처럼 착용하는 스마트 기기로 검사와 판독, 데이터 송수신과 보고서 작성까지 모든 동작이 음성인식을 바탕으로 작동한다. 이를 활용하여 작업자는 스마트글라스 액정에 표시된 내용에 따라 철도 시설물을 점검하고, 음성 명령을 통해 시설물의 사진을 촬영한 후 해당 정보와 검사 결과를 전송해 보고서로 작성한다.

작업자들은 스마트글라스의 사용으로 직접 자료를 조사하고 측정한 내용을 바탕으로 시스템 속에서 여러 단계를 거쳐 수기 입력하던 기존 방식으로부터 벗어날 수 있게 되었고, 이 일련의 과정들을 중앙 서버를 통해 한 번에 처리할 수 있게 되었다.

이와 같은 스마트 기기의 도입은 중앙 서버의 효율적 종합 관리를 가능하게 할 뿐만 아니라 작업자의 안전도 향상에도 크게 기여하였다. 이는 작업자들이 음성인식이 가능한 스마트글라스를 사용함으로써 두 손이 자유로워져 추락 사고를 방지할 수 있게 되었기 때문이며, 또 스마트글라스 내부 센서가 충격과 기울기를 감지할 수 있어 작업자에게 위험한 상황이 발생하면 지정된 컴퓨터로 바로 통보되는 시스템을 갖추었기 때문이다.

한국철도공사는 주요 거점 현장을 시작으로 스마트글라스를 보급하여 성과 분석을 거치고 내년부터는 보급 현장을 확대하겠다고 밝혔으며, 국내 철도 환경에 맞춰 스마트글라스 시스템을 개선하기 위해 현장 검증을 진행하고 스마트글라스를 통해 측정된 데이터를 총괄 제어할 수 있도록 안전점검 플랫폼 망도 마련할 예정이다. 더불어 스마트글라스를 통해 기존의 인력 중심 시설점검을 간소화하여 효율성과 안전성을 향상시키고 나아가 철도에 맞춤형 스마트 기술을 도입하여 시설물 점검뿐만 아니라 유지보수 작업도 가능하도록 철도기술 고도화에 힘쓰겠다고 전했다.

① 작업자의 음성인식을 통해 철도시설물의 점검 및 보수 작업이 가능해졌다.
② 스마트글라스의 도입으로 철도시설물 점검의 무인작업이 가능해졌다.
③ 스마트글라스의 도입으로 철도시설물 점검 작업 시 안전사고 발생 횟수가 감소하였다.
④ 스마트글라스의 도입으로 철도시설물 작업 시간 및 인력이 감소하고 있다.
⑤ 스마트글라스의 도입으로 작업자의 안전사고 발생을 바로 파악할 수 있게 되었다.

04 다음 글에 대한 설명으로 적절하지 않은 것은?

2016년 4월 27일 오전 7시 20분경 임실역에서 익산으로 향하던 열차가 전기 공급 중단으로 멈추는 사고가 발생해 약 50여 분간 열차 운행이 중단되었다. 바로 전차선에 지은 까치집 때문이었는데, 까치가 집을 지을 때 사용하는 젖은 나뭇가지나 철사 등이 전선과 닿거나 차로에 떨어져 합선과 단전을 일으킨 것이다.

비록 이번 사고는 단전에서 끝났지만, 고압 전류가 흐르는 전차선인 만큼 철사와 젖은 나뭇가지만으로도 자칫하면 폭발사고로 이어질 우려가 있다. 지난 5년간 까치집으로 인한 단전사고는 한 해 평균 3 ~ 4건이 발생하고 있으며, 한국철도공사는 사고방지를 위해 까치집 방지 설비를 설치하고 설비가 없는 구간은 작업자가 육안으로 까치집 생성 여부를 확인해 제거하고 있는데, 이렇게 제거해 온 까치집 수가 연평균 8,000개에 달하고 있다. 하지만 까치집은 빠르면 불과 4시간 만에 완성되어 작업자들에게 큰 곤욕을 주고 있다.

이에 한국철도공사는 전차선로 주변 까치집 제거의 효율성과 신속성을 높이기 위해 인공지능(AI)과 사물인터넷(IoT) 등 첨단 기술을 활용하기에 이르렀다. 열차 운전실에 영상 장비를 설치해 달리는 열차에서 전차선을 촬영한 화상 정보를 인공지능으로 분석해 까치집 등의 위험 요인을 찾아 해당 위치와 현장 이미지를 작업자에게 실시간으로 전송하는 '실시간 까치집 자동 검출 시스템'을 개발한 것이다. 하지만 시속 150km로 빠르게 달리는 열차에서 까치집 등의 위험 요인을 실시간으로 판단해 전송하는 것이다 보니 그 정확도는 65%에 불과했다.

이에 한국철도공사는 전차선과 까치집을 정확하게 식별하기 위해 인공지능이 스스로 학습하는 '딥러닝' 방식을 도입했고, 전차선을 구성하는 복잡한 구조 및 까치집과 유사한 형태를 빅데이터로 분석해 이미지를 구분하는 학습을 실시한 결과 까치집 검출 정확도는 95%까지 상승했다. 또한 해당 이미지를 실시간 문자메시지로 작업자에게 전송해 위험 요소와 위치를 인지시켜 현장에 적용할 수 있다는 사실도 확인했다. 현재는 이와 더불어 정기열차가 운행하지 않거나 작업자가 접근하기 쉽지 않은 차량 정비 시설 등에 드론을 띄워 전차선의 까치집을 발견 및 제거하는 기술도 시범 운영하고 있다.

① 인공지능도 학습을 통해 그 정확도를 향상시킬 수 있다.
② 빠른 속도에서 인공지능의 사물 식별 정확도는 낮아진다.
③ 사람의 접근이 불가능한 곳에 위치한 까치집의 제거도 가능해졌다.
④ 까치집 자동 검출 시스템을 통해 실시간으로 까치집 제거가 가능해졌다.
⑤ 인공지능 등의 스마트 기술 도입으로 까치집 생성의 감소를 기대할 수 있다.

05 K인터넷카페의 4월 회원 수는 260명 미만이었고, 남녀의 비는 2 : 3이었다. 5월에는 남자 회원보다 여자 회원이 2배 더 가입하여 남녀의 비는 5 : 8이 되었고, 전체 회원 수는 320명을 넘었다. 다음 중 5월 전체 회원 수는?

① 322명
② 323명
③ 324명
④ 325명
⑤ 326명

06 다음 자료에 대한 설명으로 가장 적절한 것은?

- **KTX 마일리지 적립**
  - KTX 이용 시 결제금액의 5%가 기본 마일리지로 적립됩니다.
  - 더블적립(×2) 열차로 지정된 열차는 추가로 5%가 적립(결제금액의 총 10%)됩니다.

    ※ 더블적립 열차는 홈페이지 및 코레일톡 애플리케이션에서만 승차권 구매 가능
  - 선불형 교통카드 Rail+(레일플러스)로 승차권을 결제하는 경우 1% 보너스 적립도 제공되어 최대 11% 적립이 가능합니다.
  - 마일리지를 적립받고자 하는 회원은 승차권을 발급받기 전에 코레일 멤버십카드 제시 또는 회원번호 및 비밀번호 등을 입력해야 합니다.
  - 해당 열차 출발 후에는 마일리지를 적립받을 수 없습니다.

- **회원 등급 구분**

구분	등급 조건	제공 혜택
VVIP	• 반기별 승차권 구입 시 적립하는 마일리지가 8만 점 이상인 고객 또는 기준일부터 1년간 16만 점 이상 고객 중 매년 반기 익월 선정	• 비즈니스 회원 혜택 기본 제공 • KTX 특실 무료 업그레이드 쿠폰 6매 제공 • 승차권 나중에 결제하기 서비스 (열차 출발 3시간 전까지)
VIP	• 반기별 승차권 구입 시 적립하는 마일리지가 4만 점 이상인 고객 또는 기준일부터 1년간 8만 점 이상 고객 중 매년 반기 익월 선정	• 비즈니스 회원 혜택 기본 제공 • KTX 특실 무료 업그레이드 쿠폰 2매 제공
비즈니스	• 철도 회원으로 가입한 고객 중 최근 1년간 온라인에서 로그인한 기록이 있거나, 회원으로 구매 실적이 있는 고객	• 마일리지 적립 및 사용 가능 • 회원 전용 프로모션 참가 가능 • 열차 할인상품 이용 등 기본서비스와 멤버십 제휴서비스 등 부가서비스 이용
패밀리	• 철도 회원으로 가입한 고객 중 최근 1년간 온라인에서 로그인한 기록이 없거나, 회원으로 구매 실적이 없는 고객	• 멤버십 제휴서비스 및 코레일 멤버십 라운지 이용 등의 부가서비스 이용 제한 • 휴면 회원으로 분류 시 별도 관리하며, 본인 인증 절차로 비즈니스 회원으로 전환 가능

  - 마일리지는 열차 승차 다음날 적립되며, 지연료를 마일리지로 적립하신 실적은 등급 산정에 포함되지 않습니다.
  - KTX 특실 무료 업그레이드 쿠폰 유효기간은 6개월이며, 반기별 익월 10일 이내에 지급됩니다.
  - 실적의 연간 적립 기준일은 7월 지급의 경우 전년도 7월 1일부터 당해 연도 6월 30일까지 실적이며, 1월 지급은 전년도 1월 1일부터 전년도 12월 31일까지의 실적입니다.
  - 코레일에서 지정한 추석 및 설 명절 특별수송기간의 승차권은 실적 적립 대상에서 제외됩니다.
  - 회원 등급 기준 및 혜택은 사전 공지 없이 변경될 수 있습니다.
  - 승차권 나중에 결제하기 서비스는 총 편도 2건 이내에서 제공되며, 3회 자동 취소 발생(열차 출발 전 3시간 내 미결재) 시 서비스가 중지됩니다. 리무진+승차권 결합 발권은 2건으로 간주되며, 정기권, 특가상품 등은 나중에 결제하기 서비스 대상에서 제외됩니다.

① 코레일에서 운행하는 모든 열차는 이용 때마다 결제금액의 최소 5%가 KTX 마일리지로 적립된다.

② 회원 등급이 높아져도 열차 탑승 시 적립되는 마일리지는 동일하다.

③ 비즈니스 등급은 기업회원을 구분하는 명칭이다.

④ 6개월간 마일리지 4만 점을 적립하더라도 VIP 등급을 부여받지 못할 수 있다.

⑤ 회원 등급이 높아도 승차권을 정가보다 저렴하게 구매할 수 있는 방법은 없다.

07 다음은 철도운임의 공공할인 제도에 대한 내용이다. 심하지 않은 장애를 가진 A씨가 보호자 1명과 함께 열차를 이용하여 주말여행을 다녀왔다. 두 사람은 왕복 운임의 몇 %를 할인받았는가?(단, 열차의 종류와 노선 길이가 동일한 경우 요일에 따른 요금 차이는 없다고 가정한다)

- A씨와 보호자의 여행 일정
  - 2023년 3월 11일(토) 서울 → 부산 : KTX
  - 2023년 3월 13일(월) 부산 → 서울 : KTX
- 장애인 공공할인 제도(장애의 정도가 심한 장애인은 보호자 포함)

구분	KTX	새마을호	무궁화호 이하
장애의 정도가 심한 장애인	50%	50%	50%
장애의 정도가 심하지 않은 장애인	30% (토·일·공휴일 제외)	30% (토·일·공휴일 제외)	

① 7.5%

② 12.5%

③ 15%

④ 25%

⑤ 30%

※ 다음 자료를 보고 이어지는 질문에 답하시오. [8~10]

〈2023 한국의 국립공원 기념주화 예약 접수〉

- 우리나라 자연환경의 아름다움과 생태 보전의 중요성을 널리 알리기 위해 K은행은 한국의 국립공원 기념주화 3종 (설악산, 치악산, 월출산)을 발행할 예정임
- 예약 접수일 : 3월 2일(목)~3월 17일(금)
- 배부 시기 : 2023년 4월 28일(금)부터 예약자가 신청한 방법으로 배부
- 기념주화 상세

화종	앞면	뒷면
은화Ⅰ - 설악산		
은화Ⅱ - 치악산		
은화Ⅲ - 월출산		

- 발행량 : 화종별 10,000장씩 총 30,000장
- 신청 수량 : 단품 및 3종 세트로 구분되며 단품과 세트에 중복신청 가능
  - 단품 : 1인당 화종별 최대 3장
  - 3종 세트 : 1인당 최대 3세트
- 판매 가격 : 액면금액에 판매 부대비용(케이스, 포장비, 위탁판매수수료 등)을 부가한 가격
  - 단품 : 각 63,000원(액면가 50,000원+케이스 등 부대비용 13,000원)
  - 3종 세트 : 186,000원(액면가 150,000원+케이스 등 부대비용 36,000원)
- 접수 기관 : 우리은행, 농협은행, 한국조폐공사

- 예약 방법 : 창구 및 인터넷 접수
  - 창구 접수
    신분증[주민등록증, 운전면허증, 여권(내국인), 외국인등록증(외국인)]을 지참하고 우리·농협은행 영업점을 방문하여 신청
  - 인터넷 접수
    ① 우리·농협은행의 계좌를 보유한 고객은 개시일 9시부터 마감일 23시까지 홈페이지에서 신청
    ② 한국조폐공사 온라인 쇼핑몰에서는 가상계좌 방식으로 개시일 9시부터 마감일 23시까지 신청
- 구입 시 유의사항
  - 수령자 및 수령지 등 접수 정보가 중복될 경우 단품별 10장, 3종 세트 10세트만 추첨 명단에 등록
  - 비정상적인 경로나 방법으로 접수할 경우 당첨을 취소하거나 배송을 제한

▎코레일 한국철도공사 / 문제해결능력

08 다음 중 한국의 국립공원 기념주화 발행 사업의 내용으로 옳은 것은?

① 국민들을 대상으로 예약 판매를 실시하며, 외국인에게는 판매하지 않는다.

② 1인당 구매 가능한 최대 주화 수는 10장이다.

③ 기념주화를 구입하기 위해서는 우리·농협은행 계좌를 사전에 개설해 두어야 한다.

④ 사전예약을 받은 뒤, 예약 주문량에 맞추어 제한된 수량만 생산한다.

⑤ 한국조폐공사를 통한 예약 접수는 온라인에서만 가능하다.

▎코레일 한국철도공사 / 문제해결능력

09 외국인 A씨는 이번에 발행되는 기념주화를 예약 주문하려고 한다. 다음 상황을 참고하여 A씨가 기념주화 구매 예약을 할 수 있는 방법으로 옳은 것은?

〈외국인 A씨의 상황〉

- A씨는 국내 거주 외국인으로 등록된 사람이다.
- A씨의 명의로 국내은행에 개설된 계좌는 총 2개로, 신한은행, 한국씨티은행에 1개씩이다.
- A씨는 우리은행이나 농협은행과는 거래이력이 없다.

① 여권을 지참하고 우리은행이나 농협은행 지점을 방문한다.

② 한국조폐공사 온라인 쇼핑몰에서 신용카드를 사용한다.

③ 계좌를 보유한 신한은행이나 한국씨티은행의 홈페이지를 통해 신청한다.

④ 외국인등록증을 지참하고 우리은행이나 농협은행 지점을 방문한다.

⑤ 우리은행이나 농협은행의 홈페이지에서 신청한다.

10 다음은 기념주화를 예약한 5명의 신청내역이다. 이 중 가장 많은 금액을 지불한 사람의 구매 금액은?

(단위 : 세트, 장)

구매자	3종 세트	단품		
		은화Ⅰ - 설악산	은화Ⅱ - 치악산	은화Ⅲ - 월출산
A	2	1	-	-
B	-	2	3	3
C	2	1	1	-
D	3	-	-	-
E	1	-	2	2

① 558,000원

② 561,000원

③ 563,000원

④ 564,000원

⑤ 567,000원

11 다음 중 $1^2 - 2^2 + 3^2 - 4^2 + \cdots + 199^2$의 값은?

① 17,500

② 19,900

③ 21,300

④ 23,400

⑤ 25,700

12 어떤 학급에서 이어달리기 대회 대표로 A ~ E학생 5명 중 3명을 순서와 상관없이 뽑을 수 있는 경우의 수는?

① 5가지

② 10가지

③ 20가지

④ 60가지

⑤ 120가지

13 X커피 300g은 A원두와 B원두의 양을 1 : 2 비율로 배합하여 만들고, Y커피 300g은 A원두와 B원두의 양을 2 : 1 비율로 배합하여 만든다. X커피와 Y커피 300g의 판매 가격이 각각 3,000원, 2,850원일 때, B원두의 100g당 원가는?(단, 판매가격은 원가의 합의 1.5배이다)

① 500원

② 600원

③ 700원

④ 800원

⑤ 1,000원

코로나19는 2019년 중국 우한에서 처음 발생한 감염병으로 전 세계적으로 확산되어 대규모의 유행을 일으켰다. 코로나19는 주로 호흡기를 통해 전파되며 기침, 인후통, 발열 등의 경미한 증상에서 심각한 호흡곤란 같이 치명적인 증상을 일으키기도 한다.

코로나19의 유행은 공공의료체계에 큰 영향을 주었다. 대부분의 국가는 코로나19 감염환자의 대량 입원으로 병상부족 문제를 겪었으며 의료진의 업무부담 또한 매우 증가되었다. 또한 예방을 위한 검사 및 검체 채취, 밀접 접촉자 추적, 격리 및 치료 등의 과정에서 많은 인력과 시간이 _____ ㉠ _____ 되었다.

국가 및 지역 사회에서 모든 사람들에게 평등하고 접근 가능한 의료 서비스를 제공하기 위한 공공의료는 전염병의 대유행 상황에서 매우 중요한 역할을 담당한다. 공공의료는 환자의 치료와 예방, 감염병 관리에서 필수적인 역할을 수행하며 코로나19 대유행 당시 검사, 진단, 치료, 백신 접종 등 다양한 서비스를 국민에게 제공하여 사회 전체의 건강보호를 담당하였다.

공공의료는 국가와 지역 단위에서의 재난 대응 체계와 밀접하게 연계되어 있다. 정부는 공공의료 시스템을 효과적으로 운영하여 감염병의 확산을 억제하고, 병원 부족 문제를 해결하며, 의료진의 안전과 보호를 보장해야 한다. 이를 위해 예방 접종 캠페인, 감염병 관리 및 예방 교육, 의료 인력과 시설의 지원 등 다양한 조치를 취하고 있다.

코로나19 대유행은 공공의료의 중요성과 필요성을 다시 한 번 강조하였다. 강력한 공공의료 체계는 전염병과의 싸움에서 핵심적인 역할을 수행하며, 국가와 지역 사회의 건강을 보호하는 데 필수적이다. 이를 위해서는 지속적인 투자와 개선이 이루어져야 하며, 협력과 혁신을 통해 미래의 감염병에 대비할 수 있는 강력한 공공의료 시스템을 구축해야 한다.

▮ 건강보험심사평가원 / 의사소통능력

14 다음 중 윗글에 대한 주제로 가장 적절한 것은?

① 코로나19 유행과 지역사회 전파 방지를 위한 노력
② 감염병과 백신의 중요성
③ 코로나19 격리 과정
④ 코로나19 유행과 공공의료의 중요성
⑤ 코로나19의 대표적 증상

▮ 건강보험심사평가원 / 의사소통능력

15 다음 중 밑줄 친 ㉠에 들어갈 단어로 가장 적절한 것은?

① 대비   ② 대체
③ 제공   ④ 초과
⑤ 소요

16 5개의 임의의 양수 $a \sim e$에 대해 서로 다른 2개를 골라 더한 값 10개가 다음과 같을 때, 5개의 양수 $a \sim e$의 평균과 분산은?

8	10	11	13	12	13	15	15	17	18

① 평균 : 6.6, 분산 : 5.84   ② 평균 : 9.6, 분산 : 5.84

③ 평균 : 6.6, 분산 : 8.84   ④ 평균 : 9.6, 분산 : 8.84

⑤ 평균 : 6.6, 분산 : 12.84

17 어느 날 민수가 사탕 바구니에 있는 사탕의 $\frac{1}{3}$ 을 먹었다. 그다음 날 남은 사탕의 $\frac{1}{2}$ 을 먹고 또 그다음 날 남은 사탕의 $\frac{1}{4}$ 을 먹었다. 현재 남은 사탕의 개수가 18개일 때, 처음 사탕 바구니에 들어있던 사탕의 개수는?

① 48개   ② 60개

③ 72개   ④ 84개

⑤ 96개

18 다음은 K중학교 재학생의 2013년과 2023년의 평균 신장 변화에 대한 자료이다. 2013년 대비 2023년 신장 증가율이 큰 순서대로 바르게 나열한 것은?(단, 소수점 셋째 자리에서 반올림한다)

〈K중학교 재학생 평균 신장 변화〉

(단위 : cm)

구분	2013년	2023년
1학년	160.2	162.5
2학년	163.5	168.7
3학년	168.7	171.5

① 1학년 – 2학년 – 3학년   ② 1학년 – 3학년 – 2학년

③ 2학년 – 1학년 – 3학년   ④ 2학년 – 3학년 – 1학년

⑤ 3학년 – 2학년 – 1학년

19 A는 K공사 사내 여행 동아리의 회원으로 이번 주말에 가는 여행에 반드시 참가할 계획이다. 다음 〈조건〉에 따라 여행에 참가한다고 할 때, 여행에 참가하는 사람을 모두 고르면?

〈조건〉

- C가 여행에 참가하지 않으면, A도 여행에 참가하지 않는다.
- E가 여행에 참가하지 않으면, B는 여행에 참가한다.
- D가 여행에 참가하지 않으면, B도 여행에 참가하지 않는다.
- E가 여행에 참가하면, C는 여행에 참가하지 않는다.

① A, B ② A, B, C

③ A, B, D ④ A, B, C, D

⑤ A, C, D, E

20 다음 그림과 같은 정오각형 모양의 탁자에 남학생 5명과 여학생 5명이 앉고자 한다. 이때, 각 변에 남학생과 여학생이 이웃하여 앉을 확률은?

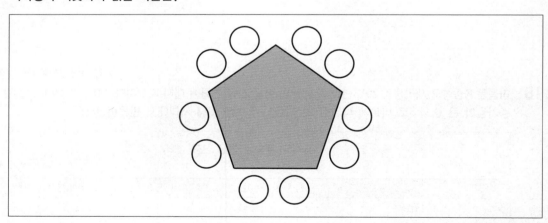

① $\dfrac{1}{63}$ ② $\dfrac{2}{63}$

③ $\dfrac{4}{63}$ ④ $\dfrac{6}{63}$

⑤ $\dfrac{8}{63}$

21 가로가 54m이고 세로가 42m인 직사각형 모양의 밭 둘레에 일정한 간격으로 나무를 최대한 적게 심고자 한다. 이때 필요한 나무의 수는?(단, 네 모퉁이에는 반드시 나무를 심는다)

① 27그루 ② 32그루
③ 41그루 ④ 54그루
⑤ 57그루

22 다음 〈보기〉의 단어들의 관계를 토대로 할 때, 빈칸 ㉠에 들어갈 단어로 옳은 것은?

─────────〈보기〉─────────
• 치르다 – 지불하다   • 연약 – 나약
• 가쁘다 – 벅차다   • 가뭄 – ___㉠___

① 갈근 ② 해수
③ 한발 ④ 안건

※ 다음 글을 읽고 이어지는 질문에 답하시오. [23~24]

(가) 경영학 측면에서도 메기 효과는 한국, 중국 등 고도 경쟁사회인 동아시아 지역에서만 제한적으로 사용되며 영미권에서는 거의 사용되지 않는다. 기획재정부의 조사에 따르면 메기에 해당하는 해외 대형 가구업체인 이케아(IKEA)가 국내에 들어오면서 청어에 해당하는 중소 가구업체의 입지가 더욱 좁아졌다고 한다. 이처럼 경영학 측면에서도 메기 효과는 제한적으로 파악될 뿐 과학적으로는 검증되지 않은 가설이다.

(나) 결국 과학적으로 증명되진 않았지만 메기 효과는 '경쟁'의 양면성을 보여 주는 가설이다. 기업의 경영에서 위협이 발생하였을 때, 위기감에 의한 성장 동력을 발현시킬 수는 있을 것이다. 그러나 무한 경쟁사회에서 규제 등의 방법으로 적정 수준을 유지하지 못한다면 거미의 등장으로 인해 폐사한 메뚜기와 토양처럼, 거대한 위험이 기업과 사회를 항상 좋은 방향으로 이끌어 나가지는 않을 것이다.

(다) 그러나 메기 효과가 전혀 시사점이 없는 것은 아니다. 이케아가 국내에 들어오면서 도산할 것으로 예상되었던 일부 국내 가구 업체들이 오히려 성장하는 현상 또한 관찰되고 있다. 강자의 등장으로 약자의 성장 동력이 어느 정도는 발현되었다는 것을 보여 주는 사례라고 할 수 있다.

(라) 그러나 최근에는 메기 효과가 과학적으로 검증되지 않았고 과장되어 사용되고 있으며 심지어 거짓이라고 주장하는 사람들이 있다. 먼저 메기 효과의 기원부터 의문점이 있다. 메기는 민물고기로 바닷물고기인 청어는 메기와 관련이 없으며, 실제로 북유럽의 어부들이 수조에 메기를 넣었을 때 청어에게 효과가 있었는지 검증되지 않았다. 이와 비슷한 사례인 메뚜기와 거미의 경우는 과학적으로 검증된 바 있다. 2012년 『사이언스』에서 제한된 공간에 메뚜기와 거미를 두었을 때 메뚜기들은 포식자인 거미로 인해 스트레스의 수치가 증가하고 체내 질소 함량이 줄어들었으며, 죽은 메뚜기에 포함된 질소 함량이 줄어들면서 토양 미생물도 줄어들고 토양은 황폐화되었다.

(마) 우리나라에서 '경쟁'과 관련된 이론 중 가장 유명한 것은 영국의 역사가 아놀드 토인비가 주장했다고 하는 '메기 효과(Catfish Effect)'이다. 메기 효과란 냉장시설이 없었던 과거에 북유럽의 어부들이 잡은 청어를 싱싱하게 운반하기 위하여 수조 속에 천적인 메기를 넣어 끊임없이 움직이게 했다는 것이다. 이 가설은 경영학계에서 비유적으로 사용된다. 다시 말해 기업의 경쟁력을 키우기 위해서는 적절한 위협과 자극이 필요하다는 것이다.

▌K-water 한국수자원공사 / 의사소통능력

23 윗글의 문단을 논리적 순서대로 바르게 나열한 것은?

① (가) – (라) – (나) – (다) – (마)   ② (다) – (마) – (가) – (나) – (라)
③ (마) – (가) – (라) – (다) – (나)   ④ (마) – (라) – (가) – (다) – (나)

▌K-water 한국수자원공사 / 의사소통능력

24 다음 중 윗글을 이해한 내용으로 적절하지 않은 것은?

① 거대 기업의 출현은 해당 시장의 생태계를 파괴할 수도 있다.
② 메기 효과는 과학적으로 검증되지 않았으므로 낭설에 불과하다.
③ 발전을 위해서는 기업 간 경쟁을 적정 수준으로 유지해야 한다.
④ 메기 효과는 경쟁을 장려하는 사회에서 널리 사용되고 있다.

25 철호는 50만 원으로 K가구점에서 식탁 1개와 의자 2개를 사고, 남은 돈은 모두 장미꽃을 구매하는 데 쓰려고 한다. 판매하는 가구의 가격이 다음과 같을 때, 구매할 수 있는 장미꽃의 수는?(단, 장미꽃은 한 송이당 6,500원이다)

<K가구점 가격표>

종류	책상	식탁	침대	의자	옷장
가격	25만 원	20만 원	30만 원	10만 원	40만 원

※ 30만 원 이상 구매 시 10% 할인

① 20송이   ② 21송이

③ 22송이   ④ 23송이

26 어느 회사에 입사하는 사원 수를 조사하니 올해 남자 사원 수는 작년에 비하여 8% 증가하고 여자 사원 수는 10% 감소했다. 작년의 전체 사원 수는 820명이고, 올해는 작년에 비하여 10명이 감소하였다고 할 때, 올해 여자 사원 수는?

① 378명   ② 379명

③ 380명   ④ 381명

〈시리얼 넘버 부여 방식〉

시리얼 넘버는 [제품 분류] – [배터리 형태][배터리 용량][최대 출력] – [고속충전 규격] – [생산날짜] 순서로 부여한다.

〈시리얼 넘버 세부사항〉

제품 분류	배터리 형태	배터리 용량	최대 출력
NBP : 일반형 보조배터리 CBP : 케이스 보조배터리 PBP : 설치형 보조배터리	LC : 유선 분리형 LO : 유선 일체형 DK : 도킹형 WL : 무선형 LW : 유선+무선	4 : 40,000mAH 이상 3 : 30,000mAH 이상 2 : 20,000mAH 이상 1 : 10,000mAH 이상	A : 100W 이상 B : 60W 이상 C : 30W 이상 D : 20W 이상 E : 10W 이상

고속충전 규격	생산날짜	
P31 : USB – PD3.1 P30 : USB – PD3.0 P20 : USB – PD2.0	B3 : 2023년 B2 : 2022년 … A1 : 2011년	1 : 1월 2 : 2월 … 0 : 10월 A : 11월 B : 12월
		01 : 1일 02 : 2일 … 30 : 30일 31 : 31일

ǀ K-water 한국수자원공사 / 문제해결능력

27 다음 〈보기〉 중 시리얼 넘버가 잘못 부여된 제품은 모두 몇 개인가?

─〈보기〉─

- NBP – LC4A – P20 – B2102
- CBP – WK4A – P31 – B0803
- NBP – LC3B – P31 – B3230
- CNP – LW4E – P20 – A7A29
- PBP – WL3D – P31 – B0515
- CBP – LO3E – P30 – A9002
- PBP – DK1E – P21 – A8B12
- PBP – DK2D – P30 – B0331
- NBP – LO3B – P31 – B2203
- CBP – LC4A – P31 – B3104

① 2개
② 3개
③ 4개
④ 5개

28 K사 고객지원팀에 재직 중인 S주임은 보조배터리를 구매한 고객으로부터 다음과 같은 전화를 받았다. 해당 제품을 회사 데이터베이스에서 검색하기 위해 시리얼 넘버를 입력할 때, 고객이 보유 중인 제품의 시리얼 넘버로 가장 적절한 것은?

S주임 : 안녕하세요. K사 고객지원팀 S입니다. 무엇을 도와드릴까요?

고객 : 안녕하세요. 지난번에 구매한 보조배터리가 작동을 하지 않아서요.

S주임 : 네, 고객님. 해당 제품 확인을 위해 시리얼 넘버를 알려 주시기 바랍니다.

고객 : 제품을 들고 다니면서 시리얼 넘버가 적혀 있는 부분이 지워졌네요. 어떻게 하면 되죠?

S주임 : 고객님 혹시 구매하셨을때 동봉된 제품설명서를 가지고 계실까요?

고객 : 네, 가지고 있어요.

S주임 : 제품설명서 맨 뒤에 제품 정보가 적혀 있는데요. 순서대로 불러 주시기 바랍니다.

고객 : 설치형 보조배터리에 70W, 24,000mAH의 도킹형 배터리이고, 규격은 USB - PD3.0이고, 생산날짜는 2022년 10월 12일이네요.

S주임 : 확인 감사합니다. 고객님 잠시만 기다려 주세요.

---

① PBP - DK2B - P30 - B1012

② PBP - DK2B - P30 - B2012

③ PBP - DK3B - P30 - B1012

④ PBP - DK3B - P30 - B2012

29 다음 〈보기〉의 전제 1에서 항상 참인 결론을 이끌어 내기 위한 전제 2로 옳은 것은?

〈보기〉
- 전제 1 : 흰색 공을 가지고 있는 사람은 모두 검은색 공을 가지고 있지 않다.
- 전제 2 : _____
- 결론 : 흰색 공을 가지고 있는 사람은 모두 파란색 공을 가지고 있다.

---

① 검은색 공을 가지고 있는 사람은 모두 파란색 공을 가지고 있다.

② 파란색 공을 가지고 있지 않은 사람은 모두 검은색 공도 가지고 있지 않다.

③ 파란색 공을 가지고 있지 않은 사람은 모두 검은색 공을 가지고 있다.

④ 파란색 공을 가지고 있는 사람은 모두 검은색 공을 가지고 있다.

30 K하수처리장은 오수 1탱크를 정수로 정화하는 데 A ~ E 5가지 공정을 거친다고 한다. 공정별 소요시간이 다음과 같을 때 30탱크 분량의 오수를 정화하는 데 소요되는 최소 시간은?(단, 공정별 소요시간에는 정비시간이 포함되어 있다)

<K하수처리장 공정별 소요시간>

공정	A	B	C	D	E
소요시간	4시간	6시간	5시간	4시간	6시간

① 181시간　　　　　　　　　　② 187시간
③ 193시간　　　　　　　　　　④ 199시간

31 다음 중 시간을 관리하는 방법의 성격이 다른 것은?

① 시험시간마다 OMR카드 오기입 등 실수를 자주 하는 현수는 수능 때 검토시간을 만들어 보고자 시험 종료 15분 전까지 모든 문제를 푸는 연습을 하였다.
② 다음 달에 첫 출근을 하는 희수는 회사로부터 45분 거리에 살고 있으나 출근 정시로부터 1시간 20분 전에 출발하기로 하였다.
③ 이마누엘 칸트는 매일 똑같은 시간에 똑같은 장소에서 산책하였다고 한다.
④ 집에서 30분 거리에 있는 곳에서 친구와 만나기로 한 기현이는 약속시간보다 30분 일찍 출발했다.
⑤ S사 고객지원팀에 근무하는 예서는 어제 쌓인 고객 문의를 확인하고자 평소보다 1시간 일찍 도착하였다.

32 다음 중 승진의 기본 원칙과 그 내용이 바르게 짝지어진 것은?

	승진보상의 크기	승진보상의 배분	공헌의 측정 기준
①	적정선의 원칙	합리성의 원칙	공정성의 원칙
②	적정선의 원칙	공정성의 원칙	합리성의 원칙
③	공정성의 원칙	적정선의 원칙	합리성의 원칙
④	공정성의 원칙	합리성의 원칙	적정선의 원칙
⑤	합리성의 원칙	적정선의 원칙	공정성의 원칙

33 다음은 1g당 80원인 A회사 우유와 1g당 50원인 B회사 우유를 100g씩 섭취했을 때 얻을 수 있는 열량과 단백질의 양을 나타낸 표이다. 우유 A, B를 합하여 300g을 만들어 열량 490kcal 이상과 단백질 29g 이상을 얻으면서 우유를 가장 저렴하게 구입했다고 할 때, 그 가격은 얼마인가?

〈A, B회사 우유의 100g당 열량과 단백질의 양〉

식품 \ 성분	열량(kcal)	단백질(g)
A회사 우유	150	12
B회사 우유	200	5

① 20,000원
② 21,000원
③ 22,000원
④ 23,000원
⑤ 24,000원

34 다음은 S헬스클럽의 회원들이 하루 동안 운동하는 시간을 조사하여 나타낸 도수분포표이다. 하루 동안 운동하는 시간이 80분 미만인 회원이 전체의 80%일 때, $A - B$의 값은?

〈S헬스클럽 회원 운동시간 도수분포표〉

시간(분)	회원 수(명)
0 이상 20 미만	1
20 이상 40 미만	3
40 이상 60 미만	8
60 이상 80 미만	A
80 이상 100 미만	B
합계	30

① 2
② 4
③ 6
④ 8
⑤ 10

35 A가게와 B가게에서의 연필 1자루당 가격과 배송비가 다음과 같을 때 연필을 몇 자루 이상 구매해야 B가게에서 주문하는 것이 유리한가?

〈연필 구매정보〉

구분	가격	배송비
A가게	500원/자루	무료
B가게	420원/자루	2,500원/건

① 30자루   ② 32자루

③ 34자루   ④ 36자루

⑤ 38자루

36 S마스크 회사에서는 지난달에 제품 A, B를 합하여 총 6,000개를 생산하였다. 이번 달의 생산량은 지난달에 비하여 제품 A는 6% 증가하고, 제품 B는 4% 감소하여 전체 생산량은 2% 증가하였다고 한다. 이번 달 두 제품 A, B의 생산량의 차이는 얼마인가?

① 1,500개   ② 1,512개

③ 1,524개   ④ 1,536개

⑤ 1,548개

37 다음 글에서 언급되지 않은 내용은?

전 세계적인 과제로 탄소중립이 대두되자 친환경적 운송수단인 철도가 주목받고 있다. 특히 국제에너지기구는 철도를 에너지 효율이 가장 높은 운송 수단으로 꼽으며, 철도 수송을 확대하면 세계 수송 부문에서 온실가스 배출량이 그렇지 않을 때보다 약 6억 톤이 줄어들 수 있다고 하였다.

특히 철도의 에너지 소비량은 도로의 22분의 1이고, 온실가스 배출량은 9분의 1에 불과해, 탄소배출이 높은 도로 운행의 수요를 친환경 수단인 철도로 전환한다면 수송 부문 총 배출량이 획기적으로 감소될 것이라 전망하고 있다.

이와 같은 전망에 발맞춰 S철도공사도 '녹색교통'인 철도 중심 교통체계를 구축하기 위해 박차를 가하고 있으며, 정부 역시 '2050 탄소중립 실현' 목표에 발맞춰 저탄소 철도 인프라 건설·관리로 탄소를 지속적으로 감축하고자 노력하고 있다.

S철도공사는 철도 인프라 생애주기 관점에서 탄소를 감축하기 위해 먼저 철도 건설 단계에서부터 친환경·저탄소 자재를 적용해 탄소 배출을 줄이고 있다. 실제로 중앙선 안동 ~ 영천 간 궤도 설계 당시 철근 대신에 저탄소 자재인 유리섬유 보강근을 콘크리트 궤도에 적용했으며, 이를 통한 탄소 감축효과는 약 6,000톤으로 추정된다. 이 밖에도 저탄소 철도 건축물 구축을 위해 2025년부터 모든 철도건축물을 에너지 자립률 60% 이상(3등급)으로 설계하기로 결정했으며, 도심의 철도 용지는 지자체와 협업을 통해 도심 속 철길 숲 등 탄소 흡수원이자 지역민의 휴식처로 철도부지 특성에 맞게 조성되고 있다.

S철도공사는 이와 같은 철도로의 수송 전환으로 약 20%의 탄소 감축 목표를 내세웠으며, 이를 위해서는 정부의 노력도 필요하다고 강조하였다. 특히 수송 수단 간 공정한 가격 경쟁이 이루어질 수 있도록 도로 차량에 집중된 보조금 제도를 화물차의 탄소배출을 줄이기 위한 철도 전환교통보조금으로 확대하는 등 실질적인 방안의 필요성을 제기하고 있다.

① 녹색교통으로 철도 수송이 대두된 배경
② 철도 수송 확대를 통한 기대할 수 있는 효과
③ 국내의 탄소 감축 방안이 적용된 건축물 사례
④ 정부의 철도 중심 교통체계 구축을 위해 시행된 조치
⑤ S철도공사의 철도 중심 교통체계 구축을 위한 방안

38 다음은 탄소배출을 줄이기 위한 철도 연구 논문의 목차이다. 주어진 목차를 참고할 때, 〈보기〉의 문단을 순서대로 바르게 나열한 것은?

〈목차〉

1. 서론
   (1) 연구배경
   (2) 연구목표
2. 수송시스템
   (1) 도로와 철도의 수송시스템 구성
   (2) 수송부문 온실가스 저감전략
   (3) 수송시스템 온실가스 배출경향
3. Modal Shift(전환교통)
   (1) Modal Shift 정의 및 활성화 방안
4. 사례연구
   (1) 분석방법 및 분석대상
   (2) 단계별 분석
   (3) 전 과정 통합 분석
5. 결론 및 향후 연구방향

〈보기〉

ㄱ. 도로와 철도의 수송시스템은 크게 차량, 노선, 정류장, 운영, 연료사용으로 구분되며, 수송부분의 환경영향을 저감시키는 방법으로는 전체 수송요구량을 줄이는 '회피', 전체수송량은 유지하되 저탄소 수송모드로의 수송수단을 전환시키는 '전환', 수송수단과 시스템의 환경성을 개선하는 '개선'으로 나눌 수 있다.

ㄴ. 2010년 OECD 통계에 따르면 우리나라의 온실가스 배출량은 10위, 증가율은 1위이다. 특히 우리나라 수송부문의 이산화탄소 배출량은 도로부문에서 51%, 철도부문에서 5%, 수상 및 항공 부문에서 22%를 차지하고 있어 도로부문에서의 온실가스 저감노력이 필요할 것으로 판단된다. 이에 본 연구에서는 도로에서 철도로의 교통수요 전환의 따른 온실가스 저감효과를 수송시스템의 제작부터 폐기까지 모든 단계를 고려하여 예측하고자 한다.

ㄷ. 이에 본 연구에서는 Modal Shift의 효과를 예측하기 위해 각 단계로 나누어 연구를 진행하였으며, 특히 운행단계에서 온실가스 저감량을 분석해 본 결과 철도로의 승객이 증가하자 온실가스 저감효과가 나타나는 것이 확인되었으며, 제작단계, 건설단계, 폐기단계의 각 과정에서도 모두 온실가스 저감효과가 확인되었다.

ㄹ. 이때 각 수송시스템의 단계별 온실가스배출 기여도를 살펴보면, 두 시스템 모두 초기건설 단계에서 가장 높았으며, 운영 및 유지보수 단계, 해체폐기 단계 순으로 높았다. 또한 실제 배출량은 여객수송(1인/km당)에서는 도로가 105.6gCO_2e로 철도의 배출량인 29.8gCO_2e보다 약 3.5배 높았으며, 화물수송(톤/km당)에서는 도로가 299.6gCO_2e로 철도의 35.9gCO_2e보다 약 8배 높았다.

ㅁ. 이에 여객 또는 화물의 장거리 운송에 있어 도로에서 철도로의 수송모드로의 전환인 Modal Shift가 환경적인 측면에서 부각되고 있다. 하지만 낮은 접근성과 이동성 등 비효율적인 요소가 많아 쉽지 않은 상황이다. 이에 교통시설을 체계적으로 구축하고 신규노선 및 신규차량을 도입하는 등의 전략적 추진방안이 필요할 것으로 보인다.

① ㄱ－ㄴ－ㄷ－ㄹ－ㅁ   ② ㄱ－ㄴ－ㄹ－ㅁ－ㄷ

③ ㄴ－ㄱ－ㄷ－ㄹ－ㅁ   ④ ㄴ－ㄱ－ㄹ－ㅁ－ㄷ

⑤ ㄴ－ㄷ－ㄱ－ㄹ－ㅁ

39 다음 글에 대한 내용으로 가장 적절한 것은?

도심항공교통 UAM은 'Urban Air Mobility'의 약자로, 전기 수직 이착륙기(eVTOL)를 활용해 지상에서 450m 정도 상공인 저고도 공중에서 사람이나 물건 등을 운송하는 항공 교통 수단 시스템을 지칭하는 용어이다. 이는 기체 개발부터 운항, 인프라 구축, 플랫폼 서비스 그리고 유지보수에 이르기까지 이와 관련된 모든 사업을 통틀어 일컫는다.

도심항공교통은 전 세계적인 인구 증가와 대도시 인구 과밀화로 인해 도심의 지상교통수단이 교통체증 한계에 맞닥뜨리면서 이를 해결하고자 등장한 대안책이다. 특히 이 교통수단은 활주로가 필요한 비행기와 달리 로켓처럼 동체를 세운 상태로 이착륙이 가능한 수직이착륙 기술을 가지고 있고, 배터리와 모터로 운행되는 친환경적인 방식과 저소음 기술로 인해 탄소중립 시대에 새로운 교통수단으로 주목받고 있다.

이 때문에 많은 국가와 기업에서 도심항공교통 상용화 추진에 박차를 가하고 있으며 우리나라 역시 예외는 아니다. 현대자동차 등 국내기업들은 상용화를 목표로 기체 개발 중에 있으며, 또 핵심 인프라 중 하나인 플라잉카 공항 에어원 건설 중에 있다. 공기업 역시 미래모빌리티 토탈솔루션 구축 등의 UAM 생태계 조성 및 활성화를 추진 중에 있다.

실제로 강릉시는 강릉역 '미래형 복합환승센터'에 기차, 버스, 철도, 자율주행차뿐만 아니라 도심항공교통 UAM까지 한곳에서 승하차가 가능하도록 개발사업 기본 계획을 수립해 사업 추진에 나섰으며, 경기 고양시 역시 항공교통 상용화를 위한 UAM 이착륙장을 내년 완공 목표로 진행 중에 있다.

이와 같은 각 단체와 시의 노력으로 도심항공교통이 상용화된다면 많은 기대효과를 가져올 수 있을 것이라 전망되는데, 특히 친환경적인 기술로 탄소배출을 절감에 큰 역할을 할 것으로 판단된다. 이뿐만 아니라 도시 권역 간 이동시간을 단축해 출퇴근 교통체증을 해소할 수 있고, 획기적인 운송 서비스의 제공으로 사회적 비용을 감소시킬 수 있을 것으로 보인다.

① 도심항공교통 UAM은 상공을 통해 사람이나 물품 등의 이동이 가능하게 하는 모든 항공교통수단 시스템을 지칭한다.

② 도심항공교통수단은 지상교통수단의 이용이 불가능해짐에 따라 대체 방안으로 등장한 기술이다.

③ 도심항공교통은 수직이착륙 기술을 가지고 있어 별도의 활주로와 공항 없이도 어디서든 운행이 가능하다.

④ 국내 공기업과 사기업, 그리고 정부와 각 시는 도심항공교통의 상용화를 위해 각 역할을 분담하여 추진 중에 있다.

⑤ 도심항공교통이 상용화된다면, 도심지상교통이 이전보다 원활하게 운행이 가능해질 것으로 예측된다.

40 다음 글의 주제로 가장 적절한 것은?

지난 5월 아이슬란드에 각종 파이프와 열교환기, 화학물질 저장탱크, 압축기로 이루어져 있는 '조지 올라 재생가능 메탄올 공장'이 등장했다. 이곳은 이산화탄소로 메탄올을 만드는 첨단 시설로, 과거 2011년 아이슬란드 기업 '카본리사이클링인터내셔널(CRI)'이 탄소 포집·활용(CCU) 기술의 실험을 위해서 지은 곳이다.

이곳에서는 인근 지열발전소에서 발생하는 적은 양의 이산화탄소(CO_2)를 포집한 뒤 물을 분해해 조달한 수소(H)와 결합시켜 재생 메탄올(CH_3OH)을 제조하였고, 이때 필요한 열과 냉각수 역시 지역발전소의 부산물을 이용했다. 이렇게 만들어진 메탄올은 자동차, 선박, 항공 연료는 물론 플라스틱 제조 원료로 활용하는 등 여러 곳에서 활용이 되었다.

하지만 이렇게 메탄올을 만드는 것이 미래 원료 문제의 근본적인 해결책이 될 수는 없었다. 왜냐하면 메탄올이 만드는 에너지보다 메탄올을 만드는데 들어가는 에너지가 더 필요하다는 문제점과 액화천연가스 LNG를 메탄올로 변환할 경우 이전보다 오히려 탄소 배출량이 증가했고, 탄소배출량을 감소시키기 위해서는 태양광과 에너지 저장장치를 활용해 메탄올 제조에 필요한 에너지를 모두 조달해야만 했기 때문이다.

또한 탄소를 포집해 지하에 영구 저장하는 탄소포집 저장방식과 달리, 탄소를 포집해 만든 연료나 제품은 사용 중에 탄소를 다시 배출할 가능성이 있어 이에 대한 논의가 분분한 상황이다.

① 탄소 재활용의 득과 실
② 재생 에너지 메탄올의 다양한 활용
③ 지열발전소에서 탄생한 재활용 원료
④ 탄소 재활용을 통한 미래 원료의 개발
⑤ 미래의 에너지 원료로 주목받는 재활용 원료, 메탄올

제1회
NCS 핵심영역

영역통합형 모의고사

www.sdedu.co.kr

〈문항 및 시험시간〉

평가영역	문항 수	시험시간	모바일 OMR 답안분석
의사소통능력＋수리능력＋ 문제해결능력＋자원관리능력	50문항	50분	

제1회 모의고사

문항 수 : 50문항
시험시간 : 50분

---

01 다음 글을 통해 추론할 수 있는 내용으로 적절하지 않은 것은?

국어학자로서 주시경은 근대 국어학의 기틀을 세운 선구적인 인물이었다. 과학적 연구 방법이 전무하다시피 했던 국어학 연구에서, 그는 단어의 원형을 밝혀 적는 형태주의적 입장을 가지고 독자적으로 문법 현상을 분석하고 이론으로 체계화하는 데 힘을 쏟았다. 특히 '늣씨'와 '속뜻'의 개념을 도입한 것은 주목할 만하다. 그는 단어를 뜻하는 '씨'를 좀 더 작은 단위로 분석하면서 여기에 '늣씨'라는 이름을 붙였다. 예컨대 '해바라기'를 '해^바라^기', '이더라'를 '이^더라'처럼 늣씨 단위로 분석했다. 이는 그가 오늘날 '형태소'라 부르는 것과 유사한 개념을 인식하고 있었음을 보여 준다. 이것은 1930년대에 언어학자 블룸필드가 이 개념을 처음 사용하기 훨씬 이전이었다. 또한 그는 숨어 있는 구조인 '속뜻'을 통해 겉으로는 구조를 파악하기 어려운 문장을 분석했고, 말로 설명하기 어려운 문장의 계층적 구조는 그림을 그려 풀이하는 방식으로 분석했다. 이러한 방법은 현대 언어학의 분석적인 연구 방법과 유사하다는 점에서 연구사적 의의가 크다.

주시경은 국어학사에서 길이 기억될 연구 업적을 남겼을 뿐 아니라, 국어 교육자로서도 큰 공헌을 하였다. 그는 언어를 민족의 정체성을 나타내는 징표로 보았으며, 국가와 민족의 발전이 말과 글에 달려 있다고 생각하여 국어 교육에 온 힘을 다하였다. 여러 학교에서 우리말을 가르쳤을 뿐만 아니라, 국어 강습소를 만들어 장차 교사가 될 사람들에게 국어문법을 체계적으로 교육하였다.

그는 맞춤법을 확립하는 정책에도 자신의 학문적 성과를 반영하고자 했다. 이를 위해 연구 모임을 만들어 맞춤법의 이론적 근거를 확보하기 위한 논의를 지속해 나갔다. 그리고 1907년에 설치된 '국문 연구소'의 위원으로 국어 정책을 수립하는 일에도 적극 참여하였다. 그의 이러한 노력은 오늘날 우리에게 지대한 영향을 미치고 있다.

① 주시경이 '늣씨'의 개념을 도입한 것은 언어학자 블룸필드의 개념을 연구한 데서 도움을 받았을 것이다.
② 주시경은 국어학 연구에서 독자적인 과학적 방법으로 국어학을 연구하려 노력했을 것이다.
③ 주시경은 맞춤법을 확립하는 정책에도 관심이 많았을 것이다.
④ 주시경이 국어 교육에 온 힘을 다한 이유는 언어를 민족의 정체성을 나타내는 징표로 보았기 때문이다.
⑤ 주시경이 1907년에 설치한 '국문 연구소'는 국어 정책을 수립하는 일을 하였을 것이다.

02 다음 문장을 논리적 순서대로 바르게 나열한 것은?

> (가) 그러나 예가 좋지 못한 암으로 여겨져 왔던 식도암도 정기적 내시경검사로 조기에 발견하여 수술 등 적절한 치료를 받을 경우 치료 성공률을 높일 수 있는 것으로 밝혀졌다.
>
> (나) 이처럼 조기에 발견해 수술을 받을수록 치료 효과가 높음에도 불구하고 실제로 병원에서 식도암 수술을 받은 환자 중 초기에 수술을 받은 환자는 25%에 불과했으며, 어느 정도 식도암이 진행된 경우 60%가 수술을 받은 것으로 조사됐다.
>
> (다) 따라서 식도암을 치료하기 위해서는 50세 이상의 남자라면 매년 정기적으로 내시경검사, 식도조영술, CT 촬영 등 검사를 통해 식도암을 조기에 발견하는 것이 중요하다.
>
> (라) 서구화된 식습관으로 인해 식도암은 남성 중 6번째로 많이 발생하고 있으며, 전체 인구 10만 명당 3명이 사망하는 것으로 나타났다.
>
> (마) K병원 교수팀이 식도암 진단 후 수술을 받은 808명을 대상으로 추적 조사한 결과, 발견 당시 초기에 치료할 경우 생존율이 높았지만, 반대로 말기에 치료할 경우 치료 성공률과 생존율 모두 크게 떨어지는 것으로 나타났다고 밝혔다.

① (다) – (라) – (나) – (마) – (가)

② (다) – (나) – (라) – (마) – (가)

③ (라) – (가) – (마) – (나) – (다)

④ (라) – (다) – (마) – (나) – (가)

⑤ (가) – (나) – (다) – (라) – (마)

03 다음 중 효과적인 경청 방법에 대한 설명으로 적절하지 않은 것은?

① 말하는 사람의 모든 것에 집중해서 적극적으로 들어야 하며, 말하는 사람의 속도와 말을 이해하는 속도 사이에 발생하는 간격을 메우는 방법을 학습해야 한다.

② 대화를 하는 동안 시간 간격이 있으면, 다음에 무엇을 말할 것인가를 추측하려고 노력해야 한다.

③ 상대방이 전달하려는 메시지가 무엇인가를 생각해 보고 자신의 삶, 목적, 경험과 관련지어 본다.

④ 대화 도중에 주기적으로 대화의 내용을 요약하면 상대방이 전달하려는 메시지를 이해하고, 사상과 정보를 예측하는 데 도움이 된다.

⑤ 상대방이 말하는 사이에 질문을 하면 질문에 대한 답이 즉각적으로 이루어질 수 없으므로 되도록 질문하지 않고 상대방의 이야기에 집중한다.

04 다음 대화의 밑줄 친 ⊙에 따라 계획안을 수정한 내용으로 적절하지 않은 것은?

> 갑 : 지금부터 회의를 시작하겠습니다. 이 자리는 '보고서 작성법 특강'의 개최계획 검토를 위한 자리입니다. 특강을 성공적으로 개최하기 위해서 어떻게 해야 하는지 의견을 자유롭게 말씀해 주시기 바랍니다.
>
> 을 : 특강 참석 대상을 명확하게 정하고 그에 따라 개최 일시가 조정되었으면 좋겠습니다. 주중에 계속 근무하는 현직인 경우, 아무래도 주말에는 특강 참석률이 저조합니다. 특강을 평일에 개최하되 참석 시간을 근무시간으로 인정해 준다면 참석률이 높아질 것 같습니다.
>
> 병 : 공기업에 취업하기 위해 준비하고 있는 취업준비생들에게는 서울이 더 낫겠지만, K공기업에 재직중인 직원들에게는 광주광역시가 접근성이 더 좋습니다. 특강 참석 대상이 누구인가에 따라 장소를 조정할 필요가 있습니다.
>
> 정 : 주제가 너무 막연하게 표현되어 있습니다. 보고서의 형식이나 내용은 누구에게 보고하느냐에 따라 크게 달라집니다. 보고 대상이 명시적으로 드러날 수 있도록 주제를 더 구체적으로 표현하면 좋겠습니다.
>
> 무 : 특강과 관련된 정보가 부족합니다. 강의에 관심이 있는 사람이라면 별도 비용이 있는지, 있다면 구체적으로 금액은 어떠한지 등이 궁금할 겁니다.
>
> 갑 : 얼마 전에 비슷한 특강이 서울에서 개최되었으니 이번 특강은 K공기업에 재직중인 직원들을 대상으로 진행하도록 하겠습니다. 참고로 특강 수강 비용은 무료입니다. ⊙ 오늘 회의에서 논의된 내용을 반영하여 특강 계획을 수정하도록 하겠습니다. 감사합니다.

> **〈계획안〉**
>
> 보고서 작성법 특강
> • 주제 : 보고서 작성 기법
> • 일시 : 2023. 11. 11.(토) 10:00 ~ 12:00
> • 장소 : 광주광역시 K공기업 본사 5층 대회의실
> • 대상 : K공기업 직원 및 공기업 취업을 꿈꾸는 누구나

① 주제를 '효율적 정보 제시를 위한 보고서 작성 기법'으로 변경한다.
② 일시를 '2023. 11. 15.(수) 10:00 ~ 12:00(특강 참여 시 근무시간으로 인정)'으로 변경한다.
③ 장소를 'K공기업 본사 6동 대회의실'로 변경한다.
④ 대상을 '보고서 작성 능력을 키우고 싶은 K공기업 직원'으로 변경한다.
⑤ 특강을 듣기 위한 별도 부담 비용이 없다고 안내하는 항목을 추가한다.

05 다음은 2020 ~ 2022년의 행정구역별 인구에 대한 자료이다. 전년 대비 2022년 대구 지역의 인구 증가율을 구하면?(단, 소수점 둘째 자리에서 반올림한다)

〈행정구역별 인구〉

(단위 : 천 명)

구분	2020년	2021년	2022년
전국	20,726	21,012	21,291
서울	4,194	4,190	4,189
부산	1,423	1,438	1,451
대구	971	982	994
인천	1,136	1,154	1,171
광주	573	580	586
대전	592	597	606
울산	442	452	455
세종	63	82	94
경기	4,787	4,885	5,003
강원	674	685	692
충북	656	670	681
충남	871	886	902
전북	775	783	790
전남	824	834	843
경북	1,154	1,170	1,181
경남	1,344	1,367	1,386
제주	247	257	267

① 1.1%p
② 1.2%p
③ 1.3%p
④ 1.4%p
⑤ 1.5%p

06 P씨는 지난 15년간 외식 프랜차이즈를 운영하면서 다수의 가맹점을 관리해 왔으며, 2022년 말 기준으로 총 52개의 점포를 보유하고 있다. 다음의 자료를 참고하였을 때, 가장 많은 가맹점이 있었던 시기는?

〈K프랜차이즈 개업 및 폐업 현황〉

(단위 : 개점)

구분	2016년	2017년	2018년	2019년	2020년	2021년	2022년
개업	5	10	1	5	0	1	11
폐업	3	4	2	0	7	6	5

※ 점포 현황은 매년 초부터 말까지 조사한 내용임

① 2017년 말   ② 2018년 말
③ 2019년 말   ④ 2020년 말
⑤ 2021년 말

---

07 다음 〈조건〉의 내용이 참일 때, 반드시 참인 것을 〈보기〉에서 모두 고르면?

〈조건〉

인접한 지방자치단체인 ○○군을 △△시에 통합하는 안건은 △△시의 5개 구인 A, B, C, D, E 중 3개 구 이상의 찬성으로 승인된다. 안건에 대한 입장은 찬성하거나 찬성하지 않거나 둘 중 하나이다. 각 구의 입장은 다음과 같다.
• A가 찬성한다면 B와 C도 찬성한다.
• C는 찬성하지 않는다.
• D가 찬성한다면 A와 E 중 한 개 이상의 구는 찬성한다.

〈보기〉

ㄱ. B가 찬성하지 않는다면, 안건은 승인되지 않는다.
ㄴ. B가 찬성하는 경우 E도 찬성한다면, 안건은 승인된다.
ㄷ. E가 찬성하지 않는다면, D도 찬성하지 않는다.

① ㄱ   ② ㄴ
③ ㄱ, ㄷ   ④ ㄴ, ㄷ
⑤ ㄱ, ㄴ, ㄷ

08 하경이는 A ~ C 3종류의 과자를 총 15개 구매하였다. 3종류의 과자를 주어진 〈조건〉에 맞게 구입했을 때, 다음 〈보기〉에서 항상 옳은 것을 모두 고르면?

―〈조건〉―

- A, B, C과자는 각각 2개 이상 구매하였다.
- B과자는 A과자 개수의 2배 이상 구입하였다.
- C과자 개수는 B과자 개수보다 같거나 많았다.
- A과자와 B과자 개수의 합은 6개를 넘는다.

―〈보기〉―

ㄱ. B과자를 7개 이상 사지 않았다.
ㄴ. C과자는 7개 이상 구입하였다.
ㄷ. A과자를 2개 샀다.

① ㄱ　　　　　　　　　　　　　② ㄴ
③ ㄱ, ㄴ　　　　　　　　　　　　④ ㄷ
⑤ ㄴ, ㄷ

09 K공사에서는 올해 정규직으로 전환된 신입사원들에게 명함을 배부하였다. 명함은 1인당 국문 130장, 영문 70장씩 지급되었다. 국문 명함 중 50장은 고급 종이로 제작되었고, 나머지는 모두 일반 종이로 제작되었다. 명함을 만드는 데 들어간 총비용이 808,000원이라면, 신입사원은 총 몇 명인가?

〈제작비용〉

- 국문 명함 : 50장당 10,000원 / 10장 단위 추가 시 2,500원
- 영문 명함 : 50장당 15,000원 / 10장 단위 추가 시 3,500원

※ 고급 종이로 만들 경우 정가의 10% 가격이 추가됨

① 14명　　　　　　　　　　　　② 16명
③ 18명　　　　　　　　　　　　④ 20명
⑤ 22명

다음은 K국 국회의원선거의 당선자 수에 대한 자료이다. 다음 중 옳은 것을 〈보기〉에서 모두 고르면?

〈K국 국회의원선거의 당선자 수〉

(단위 : 명)

권역＼정당	A	B	C	D	E	합계
가	48	( )	0	1	7	65
나	2	( )	( )	0	0	( )
기타	55	98	2	1	4	160
전체	105	110	25	2	11	253

※ K국의 정당은 A ~ E만 존재한다.

─〈보기〉─

ㄱ. E정당 전체 당선자 중 가권역 당선자가 차지하는 비중은 60% 이상이다.
ㄴ. 당선자 수의 합은 가권역이 나권역의 3배 이상이다.
ㄷ. C정당 전체 당선자 중 나권역 당선자가 차지하는 비중은 A정당 전체 당선자 중 가권역 당선자가 차지하는 비중의 2배 이상이다.
ㄹ. B정당 당선자 수는 나권역이 가권역보다 많다.

① ㄱ, ㄴ ② ㄱ, ㄷ
③ ㄴ, ㄷ ④ ㄴ, ㄹ
⑤ ㄷ, ㄹ

11 K공사에 근무 중인 직원 A ~ E가 〈조건〉에 따라 이번 주 평일에 당직을 선다고 할 때, 다음 중 반드시 참이 되는 것은?

─〈조건〉─

• A ~ E는 평일 주 1회 이상 3회 미만의 당직을 서야 한다.
• B와 D의 당직일은 겹치지 않는다.
• B와 D의 경우 하루는 혼자 당직을 서고, 다른 하루는 A와 함께 당직을 선다.
• B와 D는 이틀 연속으로 당직을 선다.
• A는 월요일과 금요일에 당직을 선다.
• C는 혼자 당직을 선다.
• E는 이번 주에 한 번 당직을 섰고, 그 날은 최대 인원수가 근무했다.

① B는 월요일에 당직을 섰다. ② B는 금요일에 당직을 섰다.
③ C는 수요일에 당직을 섰다. ④ D는 금요일에 당직을 섰다.
⑤ E는 금요일에 당직을 섰다.

12 다음은 A음식점과 B음식점에 대한 만족도를 5개 부문으로 나누어 평가한 것이다. 이에 대한 설명으로 옳지 않은 것은?

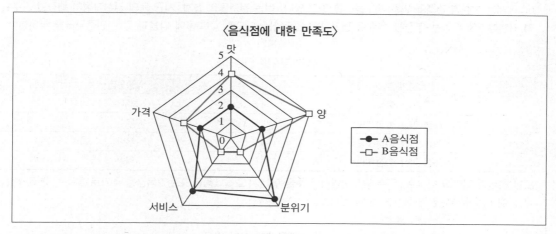

① A음식점은 2개 부문에서 B음식점을 능가한다.
② 맛 부문에서 만족도가 더 높은 음식점은 B음식점이다.
③ A와 B음식점 간 가장 큰 차이를 보이는 부문은 서비스이다.
④ B음식점은 가격보다 맛과 양 부문에서 상대적 만족도가 더 높다.
⑤ B음식점은 3개 부문에서 A음식점을 능가한다.

13 다음은 2023년 10월 첫 주 K편의점의 간편식 A ~ F 총 6개의 판매량에 대한 자료이다. 〈조건〉을 토대로 간편식 B, E의 판매량을 바르게 나열한 것은?

〈간편식 A ~ F의 판매량〉

(단위 : 개)

간편식	A	B	C	D	E	F	평균
판매량	95	( )	( )	( )	( )	43	70

┌─────〈조건〉─────┐

• A와 C의 판매량은 같다.
• B와 D의 판매량은 같다.
• E의 판매량은 D보다 23개 적다.

	B	E
①	70	47
②	70	57
③	83	47
④	83	60
⑤	85	62

※ K건설회사에서는 B시에 건물을 신축하고 있다. 자료를 보고 이어지는 질문에 답하시오. [14~15]

B시에서는 친환경 건축물 인증 제도를 시행하고 있다. 이는 건축물의 설계, 시공 등의 건설과정이 쾌적한 거주환경과 자연환경에 미치는 영향을 점수로 평가하여 인증하는 제도로, 건축물에 다음과 같이 인증등급을 부여한다.

〈평가점수별 인증등급〉

평가점수	인증등급
80점 이상	최우수
70점 이상 80점 미만	우수
60점 이상 70점 미만	우량
50점 이상 60점 미만	일반

또한 친환경 건축물 최우수, 우수 등급이면서 건축물 에너지 효율 1등급 또는 2등급을 추가로 취득한 경우, 다음과 같은 취·등록세액 감면 혜택을 받게 된다.

〈취·등록세액 감면 비율〉

구분	최우수 등급	우수 등급
에너지 효율 1등급	12%	8%
에너지 효율 2등급	8%	4%

14 다음 상황에 근거할 때, 〈보기〉에서 옳은 것을 모두 고르면?

〈상황〉

• K건설회사가 신축하고 있는 건물의 예상되는 친환경 건축물 평가점수는 63점이고, 에너지 효율은 3등급이다.
• 친환경 건축물 평가점수를 1점 높이기 위해서는 1,000만 원, 에너지 효율을 한 등급 높이기 위해서는 2,000만 원의 추가 투자비용이 든다.
• 신축 건물의 감면 전 취·등록세 예상액은 총 20억 원이다.
• K건설회사는 경제적 이익을 극대화하고자 한다.

※ (경제적 이익 또는 손실)=(취·등록세 감면액)−(추가 투자액)
※ 기타 비용과 이익은 고려하지 않는다.

─〈보기〉─

ㄱ. 추가 투자함으로써 경제적 이익을 얻을 수 있는 최소 투자금액은 1억 1,000만 원이다.
ㄴ. 친환경 건축물 우수 등급, 에너지 효율 1등급을 받기 위해 추가 투자할 때의 경제적 이익이 가장 크다.
ㄷ. 에너지 효율 2등급을 받기 위해 추가 투자하는 것이 3등급을 받는 것보다 K건설회사에 경제적으로 더 이익이다.

① ㄱ   ② ㄷ
③ ㄱ, ㄴ   ④ ㄴ, ㄷ
⑤ ㄱ, ㄴ, ㄷ

15 K건설회사의 직원들이 신축 건물에 대해 이야기를 나누고 있다. 다음 중 옳지 않은 말을 하는 사람은?

① 갑 : 현재 우리회사 신축 건물의 등급은 우량 등급이야.

② 을 : 신축 건물 예상 평가 결과 취·등록세액 감면 혜택을 받을 수 있어.

③ 병 : 추가 투자를 해서 에너지 효율을 높일 필요가 있어.

④ 정 : 얼마만큼의 투자가 필요한지 계획하는 것은 예산 관리의 일환이야.

⑤ 무 : 추가 투자에 예산을 배정하기에 앞서 우선순위를 결정해야 해.

16 다음은 세 지역에서 평상시와 황사 발생 시의 미생물 밀도를 미생물 종류별로 조사한 자료이다. 〈보기〉 중 옳은 것을 모두 고르면?

<평상시와 황사 발생 시의 미생물 밀도>

구분		미생물 밀도(개체/mm^3)	
		평상시	황사 발생 시
A지역	미생물 X	270	1,800
	미생물 Y	187	2,720
	미생물 Z	153	2,120
B지역	미생물 X	40	863
	미생물 Y	45	1,188
	미생물 Z	38	1,060
C지역	미생물 X	98	1,340
	미생물 Y	86	1,620
	미생물 Z	77	1,510

─────〈보기〉─────

ㄱ. 미생물 종류에 관계없이 평상시 미생물 밀도가 가장 낮은 지역이 황사 발생 시에도 미생물 밀도가 가장 낮다.

ㄴ. 지역에 관계없이 미생물 X는 다른 미생물에 비해 평상시와 황사 발생 시 밀도 차이가 가장 크다.

ㄷ. 황사 발생 시 미생물 Y의 밀도를 평상시와 비교해 볼 때, 증가율이 가장 큰 곳은 B지역이다.

ㄹ. 황사 발생 시에는 지역과 미생물의 종류에 관계없이 평상시보다 미생물 밀도가 높다.

① ㄱ, ㄴ   ② ㄱ, ㄷ

③ ㄷ, ㄹ   ④ ㄱ, ㄴ, ㄹ

⑤ ㄱ, ㄷ, ㄹ

17 다음은 2022년 A ~ D국의 항목별 웰빙지수에 대한 자료이다. 이에 대한 설명으로 옳지 않은 것은?

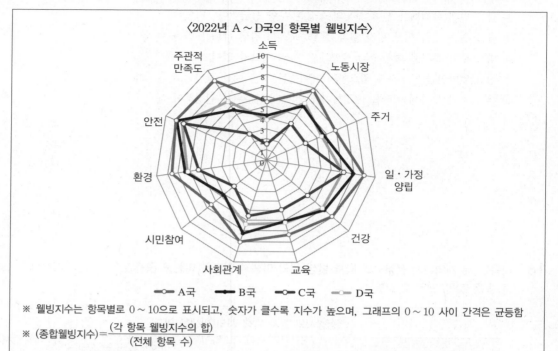

① A국의 종합웰빙지수는 7 이상이다.
② B국과 D국의 종합웰빙지수 차이는 1 미만이다.
③ D국의 웰빙지수가 B국보다 높은 항목의 수는 전체 항목 수의 50% 미만이다.
④ A국과 C국에서 웰빙지수가 가장 낮은 항목은 동일하다.
⑤ A국과 C국의 웰빙지수 차이가 가장 작은 항목과 B국과 D국의 웰빙지수 차이가 가장 작은 항목은 동일하다.

18 K씨는 가방 가게를 운영하고 있다. K씨는 현재 가방 보유량에 매일 일정 수의 가방을 구입하여 60일 동안 매일 일정한 양을 판매할 예정이었다. 그런데 1일 구입량을 20% 감소시켰더니 40일 동안 판매를 할 수 있었다. 이때, K씨가 60일 동안 가방을 판매하기 위해서 1일 판매량을 몇 % 감소해야 하는가?(단, 재고량은 없는 것으로 한다)

① $\dfrac{100}{3}$

② 25

③ $\dfrac{1}{7}$

④ $\dfrac{2}{7}$

⑤ $\dfrac{50}{3}$

19 A ~ E 총 다섯 명이 순서대로 퀴즈게임을 해서 벌칙 받을 사람 1명을 선정하고자 한다. 게임 규칙과 결과에 근거할 때, 항상 옳은 것을 〈보기〉에서 모두 고르면?

- 규칙
  - A → B → C → D → E 순서대로 퀴즈를 1개씩 풀고, 모두 한 번씩 퀴즈를 풀고 나면 한 라운드가 끝난다.
  - 퀴즈 2개를 맞힌 사람은 벌칙에서 제외되고, 다음 라운드부터는 게임에 참여하지 않는다.
  - 라운드를 반복하여 맨 마지막까지 남는 한 사람이 벌칙을 받는다.
  - 벌칙을 받을 사람이 결정되면 라운드 중이라도 더 이상 퀴즈를 출제하지 않는다.
  - 게임 중 동일한 문제는 출제하지 않는다.
- 결과
  3라운드에서 A는 참가자 중 처음으로 벌칙에서 제외되었고, 4라운드에서는 오직 B만 벌칙에서 제외되었으며, 벌칙을 받을 사람은 5라운드에서 결정되었다.

〈보기〉

ㄱ. 5라운드까지 참가자들이 정답을 맞힌 퀴즈는 총 9개이다.

ㄴ. 게임이 종료될 때까지 총 22개의 퀴즈가 출제되었다면, E는 5라운드에서 퀴즈의 정답을 맞혔다.

ㄷ. 게임이 종료될 때까지 총 21개의 퀴즈가 출제되었다면, 퀴즈를 푸는 순서가 벌칙을 받을 사람 선정에 영향을 미친 것으로 볼 수 있다.

---

① ㄱ
② ㄴ
③ ㄱ, ㄷ
④ ㄴ, ㄷ
⑤ ㄱ, ㄴ, ㄷ

---

20 다음 〈보기〉에서 도표의 작성 절차를 순서대로 바르게 나열한 것은?

〈보기〉

㉠ 도표의 제목 및 단위 표시
㉡ 표시된 점에 따라 도표 작성
㉢ 어떠한 도표로 작성할 것인지 결정
㉣ 가로축과 세로축에 나타낼 것을 결정
㉤ 가로축과 세로축의 눈금의 크기를 결정
㉥ 자료를 가로축과 세로축이 만나는 곳에 표시

---

① ㉠-㉢-㉥-㉡-㉣-㉤
② ㉢-㉠-㉤-㉥-㉡-㉣
③ ㉢-㉣-㉠-㉥-㉡-㉤
④ ㉢-㉣-㉤-㉥-㉡-㉠
⑤ ㉣-㉢-㉤-㉥-㉡-㉠

21 다음 자료를 통해 판단할 때, 기초생활수급자로 선정할 수 없는 사람은?

> **가. 기초생활수급자 선정 기준**
> - 부양의무자가 없거나 부양의무자가 있어도 부양능력이 없거나 또는 부양을 받을 수 없는 자로서 소득인정액이 최저생계비 이하인 자
>
> ※ 부양능력 있는 부양의무자가 있어도 부양을 받을 수 없는 경우란 부양의무자가 교도소 등에 수용되거나 병역법에 의해 징집·소집되어 실질적으로 부양을 할 수 없는 경우와 가족관계 단절 등을 이유로 부양을 거부하거나 기피하는 경우 등을 가리킨다.
>
> **나. 매월 소득인정액 기준**
> - (소득인정액)=(소득평가액)+(재산의 소득환산액)
> - (소득평가액)=(실제소득)-(가구특성별 지출비용)
>   1) 실제소득 : 근로소득, 사업소득, 재산소득
>   2) 가구특성별 지출비용 : 경로연금, 장애수당, 양육비, 의료비, 중·고교생 입학금 및 수업료
>
> **다. 가구별 매월 최저생계비**
>
> (단위 : 만 원)
>
> | 1인 | 2인 | 3인 | 4인 | 5인 | 6인 |
> |---|---|---|---|---|---|
> | 42 | 70 | 94 | 117 | 135 | 154 |
>
> **라. 부양의무자의 범위**
> - 수급권자의 배우자, 수급권자의 1촌의 직계혈족 및 그 배우자, 수급권자와 생계를 같이 하는 2촌 이내의 혈족

① 유치원생 아들 둘과 함께 사는 A는 재산의 소득환산액이 12만 원이고, 구멍가게에서 월 100만 원의 수입을 얻고 있으며, 양육비로 월 20만 원씩 지출하고 있다.

② 부양능력이 있는 근로소득 월 60만 원의 조카와 살고 있는 B는 실제소득 없이 재산의 소득환산액이 36만 원이며, 의료비로 월 30만 원을 지출한다.

③ 중학생이 된 두 딸을 혼자 키우고 있는 C는 재산의 소득환산액이 24만 원이며, 근로소득으로 월 80만 원이 있지만, 두 딸의 수업료로 각각 월 11만 원씩 지출하고 있다.

④ 외아들을 잃은 D는 어린 손자 두 명과 부양능력이 있는 며느리와 함께 살고 있다. D는 근로소득이 월 80만 원, 재산의 소득환산액이 48만 원이며, 의료비로 월 15만 원을 지출하고 있다.

⑤ 군대 간 아들 둘과 함께 사는 고등학생 딸을 둔 E는 재산의 소득환산액이 36만 원이며, 월 평균 60만 원의 근로소득을 얻고 있지만, 딸의 수업료로 월 30만 원을 지출하고 있다.

22. 다음은 탄소포인트제 가입자 A ~ D 총 네 명의 에너지 사용량 감축률 현황을 나타낸 자료이다. 다음의 지급 방식에 따라 네 명이 탄소포인트를 지급받을 때, 탄소포인트를 가장 많이 지급받는 가입자와 가장 적게 지급받는 가입자를 바르게 나열한 것은?

〈가입자 A ~ D의 에너지 사용량 감축률 현황〉

(단위 : %)

에너지 사용 유형 ＼ 가입자	A	B	C	D
전기	2.9	15.0	14.3	6.3
수도	16.0	15.0	5.7	21.1
가스	28.6	26.1	11.1	5.9

〈탄소포인트 지급 방식〉

(단위 : 포인트)

에너지 사용 유형 ＼ 에너지 사용량 감축률	5% 미만	5% 이상 10% 미만	10% 이상
전기	0	5,000	10,000
수도	0	1,250	2,500
가스	0	2,500	5,000

• (가입자가 지급받는 탄소포인트)=(전기 탄소포인트)+(수도 탄소포인트)+(가스 탄소포인트)

예 가입자 D가 지급받는 탄소포인트=5,000+2,500+2,500=10,000

	가장 많이 지급받는 가입자	가장 적게 지급받는 가입자
①	B	A
②	B	C
③	B	D
④	C	A
⑤	C	D

23 다음은 2012 ~ 2022년 국내 5급 공무원과 7급 공무원 채용 인원 현황에 대한 자료이다. 이에 대한 설명으로 옳은 것을 〈보기〉에서 모두 고르면?(단, 비율은 소수점 둘째 자리에서 반올림한다)

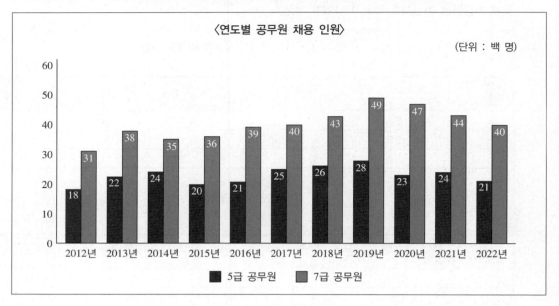

〈연도별 공무원 채용 인원〉

(단위 : 백 명)

■ 5급 공무원 ■ 7급 공무원

〈보기〉

㉠ 2015 ~ 2020년 5급 공무원과 7급 공무원 채용 인원의 증감 추이는 동일하다.
㉡ 2012 ~ 2022년 동안 매년 7급 공무원 채용 인원이 5급 공무원 채용 인원의 2배 미만이다.
㉢ 2013 ~ 2022년 동안 전년 대비 채용 인원의 증감량이 가장 많은 해는 5급 공무원과 7급 공무원 모두 동일하다.
㉣ 2012 ~ 2022년 동안 채용 인원이 가장 적은 해와 가장 많은 해의 인원 차이는 5급 공무원이 7급 공무원보다 크다.

① ㉠

② ㉢

③ ㉠, ㉡

④ ㉠, ㉢

⑤ ㉢, ㉣

24 다음 〈조건〉을 바탕으로 〈보기〉를 바르게 판단한 것은?

┌─────────────────〈조건〉─────────────────┐
- 오리고기는 돼지고기보다 비싸다.
- 소고기는 오리고기보다 비싸다.
- 닭고기는 돼지고기보다 싸다.
└──────────────────────────────────────┘

┌─────────────────〈보기〉─────────────────┐
A : 오리고기는 닭고기보다 비싸다.
B : 돼지고기는 소고기보다 싸다.
└──────────────────────────────────────┘

① A만 옳다.
② B만 옳다.
③ A, B 모두 옳다.
④ A, B 모두 틀리다.
⑤ A, B 모두 옳은지 틀린지 판단할 수 없다.

25 K지역의 사람들 중 폐렴 보균자일 확률은 20%이고, 항생제 내성이 있을 확률은 75%이다. 이 지역에서 항생제 내성이 있는 사람들 중 폐렴 보균자인 사람의 확률은?(단, 두 사건은 독립 사건이다)

① 20%   ② 25%
③ 30%   ④ 35%
⑤ 40%

26 다음 중 적극적 경청의 4가지 구성요소를 바르게 짝지은 것은?

① 몰입, 공감, 입장 전환, 불완전성
② 공감, 입장 전환, 수용, 호응
③ 입장 전환, 수용, 완전성, 몰입
④ 침묵, 입장 전환, 수용, 완전성
⑤ 완전성, 침묵, 수용, 몰입

27 다음 글과 상황을 근거로 판단할 때, 〈보기〉에서 옳은 것을 모두 고르면?

- 지방자치단체는 공립 박물관·미술관을 설립하려는 경우 ㅁㅁ부로부터 설립 타당성에 대한 사전평가(이하 사전평가)를 받아야 한다.
- 사전평가는 연 2회(상반기, 하반기) 진행한다.
  - 신청기한 : 1월 31일(상반기), 7월 31일(하반기)
  - 평가기간 : 2월 1일 ~ 4월 30일(상반기)
             8월 1일 ~ 10월 31일(하반기)
- 사전평가 결과는 '적정' 또는 '부적정'으로 판정한다.
- 지방자치단체가 동일한 공립 박물관·미술관 설립에 대해 3회 연속으로 사전평가를 신청하여 모두 '부적정'으로 판정받았다면, 그 박물관·미술관 설립에 대해서는 향후 1년간 사전평가 신청이 불가능하다.
- 사전평가 결과 '적정'으로 판정되는 경우, 지방자치단체는 부지 매입비를 제외한 건립비의 최대 40%를 국비로 지원받을 수 있다.

〈상황〉

다음은 지방자치단체 A ~ C가 설립하려는 공립 박물관·미술관과 건립비를 나타낸 것이다.

지방자치단체	설립 예정 공립 박물관·미술관	건립비(원)	
		부지 매입비	건물 건축비
A	갑 미술관	30억	70억
B	을 박물관	40억	40억
C	병 박물관	10억	80억

〈보기〉

ㄱ. 갑 미술관을 국비 지원 없이 설립하기로 했다면, A는 사전평가를 거치지 않고도 갑 미술관을 설립할 수 있다.
ㄴ. 을 박물관이 사전평가에서 '적정'으로 판정될 경우, B는 최대 32억 원까지 국비를 지원받을 수 있다.
ㄷ. 병 박물관이 2022년 하반기, 2023년 상반기, 2023년 하반기 사전평가에서 모두 '부적정'으로 판정된 경우, C는 병 박물관에 대한 2024년 상반기 사전평가를 신청할 수 없다.

① ㄱ
② ㄷ
③ ㄱ, ㄴ
④ ㄴ, ㄷ
⑤ ㄱ, ㄴ, ㄷ

28 다음 글을 읽고 인조를 비판할 수 있는 내용으로 적절하지 않은 것은?

1636년(인조 14년) 4월 국세를 확장한 후금의 홍타이지(태종)는 스스로 황제라 칭하고, 국호를 청으로, 수도는 심양에 정하였다. 심양으로의 천도는 명나라를 완전히 압박하여 중원 장악의 기틀을 마련하기 위함이었다. 후금은 명 정벌에 앞서 그 배후가 될 수 있는 조선을 확실히 장악하기 위해 조선에 군신관계를 맺을 것도 요구해 왔다. 이러한 청 태종의 요구는 인조와 조선 조정을 격분시켰다.

결국, 강화회담의 성립으로 전쟁은 종료되었지만, 정묘호란 이후에도 후금에 대한 강경책의 목소리가 높았다. 1627년 정묘호란을 겪으면서 맺은 형제관계조차도 무효로 하고자 하는 상황에서, 청 태종을 황제로 섬길 것을 요구하는 무례에 분노했던 것이다. 이제껏 오랑캐라고 무시했던 후금을 명나라와 동등하게 대우하여야 한다는 조처는 인조와 서인 정권의 생리에 절대 맞지 않았다. 특히 후금이 통사적인 조건의 10배가 넘는 무역을 요구해 오자 인조의 분노는 폭발하였다.

전쟁의 여운이 어느 정도 사라진 1634년 인조는 "이기고 짐은 병가의 상사이다. 금나라 사람이 강하긴 하지만 싸울 때마다 반드시 이기지는 못할 것이며, 아군이 약하지만 싸울 때마다 반드시 패하지도 않을 것이다. 옛말에 '의지가 있는 용사는 목이 떨어질 각오를 한다.'고 하였고, 또 '군사가 교만하면 패한다.'고 하였다. 오늘날 무사들이 만약 자신을 잊고 순국한다면 이 교만한 오랑캐를 무찌르기는 어려운 일이 아니다."라는 하교를 내리면서 전쟁을 결코 피하지 않을 것임을 선언하였다. 조선은 또다시 전시 체제에 돌입했다.

신흥강국 후금에 대한 현실적인 힘을 무시하고 의리와 명분을 고집한 집권층의 닫힌 의식은 스스로 병란을 자초한 꼴이 되었다. 정묘호란 때 그렇게 당했으면서도 내부의 국방력에 대한 철저한 점검이 없이 맞불 작전으로 후금에 맞서는 최악의 길을 택한 것이다.

① 오랑캐의 나라인 후금을 명나라와 동등하게 대우한다는 것은 있을 수 없습니다.
② 감정 따로 현실 따로 인법, 힘과 국력이 문제입니다. 현실을 직시해야 합니다.
③ 그들의 요구를 물리친다면 승산 없는 전쟁으로 결과는 불 보듯 뻔합니다.
④ 명분만 내세워 준비 없이 수행하는 전쟁은 더 큰 피해를 입게 될 것입니다.
⑤ 후금은 전쟁을 피해야 할 북방의 최고 강자로 성장한 나라입니다.

29 다음 기사의 제목으로 가장 적절한 것은?

> 정부는 '미세먼지 저감 및 관리에 관한 특별법(이하 미세먼지 특별법)' 제정·공포안이 의결돼 내년 2월부터 시행된다고 밝혔다. 미세먼지 특별법은 그동안 수도권 공공·행정기관을 대상으로 시범·시행한 '고농도 미세먼지 비상저감조치'의 법적 근거를 마련했다. 이로 인해 미세먼지 관련 정보와 통계의 신뢰도를 높이기 위해 국가미세먼지 정보센터를 설치하게 되고, 이에 따라 시·도지사는 미세먼지 농도가 비상저감조치 요건에 해당하면 자동차 운행을 제한하거나 대기오염물질 배출시설의 가동시간을 변경할 수 있다. 또한 비상저감조치를 시행할 때 관련 기관이나 사업자에 휴업, 탄력적 근무제도 등을 권고할 수 있게 되었다. 이와 함께 환경부 장관은 관계 중앙행정기관이나 지방자치단체의 장, 시설운영자에게 대기오염물질 배출시설의 가동률 조정을 요청할 수도 있다.
>
> 미세먼지 특별법으로 시·도지사, 시장, 군수, 구청장은 어린이나 노인 등이 이용하는 시설이 많은 지역을 '미세먼지 집중관리구역'으로 지정해 미세먼지 저감사업을 확대할 수 있게 되었다. 그리고 집중관리구역 내에서는 대기오염 상시측정망 설치, 어린이 통학차량의 친환경차 전환, 학교 공기정화시설 설치, 수목 식재, 공원 조성 등을 위한 지원이 우선적으로 이뤄지게 된다.
>
> 국무총리 소속의 '미세먼지 특별대책위원회'와 이를 지원하기 위한 '미세먼지 개선기획단'도 설치된다. 국무총리와 대통령이 지명한 민간위원장은 위원회의 공동위원장을 맡는다. 위원회와 기획단의 존속 기간은 5년으로 설정했으며 연장하려면 만료되기 1년 전에 그 실적을 평가해 국회에 보고하게 된다.
>
> 아울러 정부는 5년마다 미세먼지 저감 및 관리를 위한 종합계획을 수립하고 시·도지사는 이에 따른 시행계획을 수립하고 추진실적을 매년 보고하도록 했다. 또한 미세먼지 특별법은 입자의 지름이 $10\mu m$ 이하인 먼지는 '미세먼지', $2.5\mu m$ 이하인 먼지는 '초미세먼지'로 구분하기로 확정했다.

① 미세먼지와 초미세먼지 구분 방법
② 미세먼지 특별대책위원회의 역할
③ 미세먼지 집중관리구역 지정 방안
④ 미세먼지 저감을 위한 대기오염 상시측정망의 효과
⑤ 미세먼지 특별법의 제정과 시행

30 다음 글의 내용으로 적절하지 않은 것은?

저작권은 저자의 권익을 보호함으로써 활발한 저작 활동을 촉진하여 인류의 문화 발전에 기여하기 위한 것이다. 그러나 이렇게 공적 이익을 추구하기 위한 저작권이 현실에서는 일반적으로 지나치게 사적 재산권을 행사하는 도구로 인식되고 있다. 저작물 이용자들의 권리를 보호하기 위해 마련한, 공익적 성격의 법조항도 법적 분쟁에서는 항상 사적 재산권의 논리에 밀려 왔다. 저작권 소유자 중심의 저작권 논리는 실제로 저작권이 담당해야 할 사회적 공유를 통한 문화 발전을 방해한다.

2015년 '애국가 저작권'에 대한 논란은 이러한 문제를 단적으로 보여준다. 저자 사후 50년 동안 적용되는 국내 저작권법에 따라, 애국가가 포함된 〈한국 환상곡〉의 저작권이 작곡가 안익태의 유족들에게 2015년까지 주어진다는 사실이 언론을 통해 알려진 것이다. 누구나 자유롭게 이용할 수 있는 국가(國歌)마저 공공재가 아닌 개인 소유라는 사실에 많은 사람들이 놀랐다. 창작은 백지 상태에서 완전히 새로운 것을 만드는 것이 아니라 저작자와 인류가 쌓은 지식 간의 상호 작용을 통해 이루어진다. '내가 남들보다 조금 더 멀리보고 있다면, 이는 내가 거인의 어깨 위에 올라서 있는 난쟁이이기 때문'이라는 뉴턴의 겸손은 바로 이를 말한다. 이렇듯 창작자의 저작물은 인류의 지적 자원에서 영감을 얻은 결과이다. 그러한 저작물을 다시 인류에게 되돌려 주는 데 저작권의 의의가 있다. 이러한 생각은 이미 1960년대 프랑스 철학자들에 의해 형성되었다. 예컨대 기호학자인 바르트는 '저자의 죽음'을 거론하면서 저자가 만들어 내는 텍스트는 단지 인용의 조합일 뿐 어디에도 '오리지널'은 존재하지 않는다고 단언한다. 전자 복제 기술의 발전과 디지털 혁명은 정보나 자료의 공유가 지니는 의의를 잘 보여주고 있다. 인터넷과 같은 매체 환경의 변화는 원본을 무한히 복제하고 자유롭게 이용함으로써 누구나 창작의 주체로서 새로운 문화 창조에 기여할 수 있도록 돕는다. 인터넷 환경에서 이용자는 저작물을 자유롭게 교환할 뿐 아니라 수많은 사람들과 생각을 나눔으로써 새로운 창작물을 생산하고 있다. 이러한 상황은 저작권을 사적 재산권의 측면에서보다는 공익적 측면에서 바라볼 필요가 있음을 보여준다.

① 저작권 보호기간인 사후 50년이 지난 저작물은 누구나 자유롭게 이용할 수 있다.
② 공적 이익 추구를 위한 저작권이 사적 재산권보호를 위한 도구로 전락하였다.
③ 창작은 이미 존재하는 지적 자원의 영향을 받아 이루어진다.
④ 매체 환경의 변화로 누구나 새로운 문화를 창조할 수 있게 되었다.
⑤ 저작권의 의의는 전혀 새로운 문화를 창작한다는 데 있다.

31 K공사에 근무하는 A대리는 국내 신재생에너지 산업에 대한 SWOT 분석 결과 자료를 토대로, SWOT 분석에 의한 경영전략에 따라 〈보기〉와 같이 판단하였다. 다음 〈보기〉 중 전략에 따른 내용이 잘못 연결된 것은?

〈국내 신재생에너지 산업에 대한 SWOT 분석 결과〉

구분	분석 결과
강점(Strength)	• 해외 기관과의 협업을 통한 풍부한 신재생에너지 개발 경험 • 에너지 분야의 우수한 연구개발 인재 확보
약점(Weakness)	• 아직까지 화석연료 대비 낮은 전력 효율성 • 도입 필요성에 대한 국민적 인식 저조
기회(Opportunity)	• 신재생에너지에 대한 연구가 세계적으로 활발히 추진 • 관련 정부부처로부터 충분한 예산 확보
위협(Threat)	• 신재생에너지 특성상 설비 도입 시의 높은 초기 비용

─────〈보기〉─────

㉠ SO전략 : 개발 경험을 통해 쌓은 기술력을 바탕으로 향후 효과적인 신재생에너지 산업 개발 가능
㉡ ST전략 : 우수한 연구개발 인재들을 활용하여 초기비용 감축방안 연구 추진
㉢ WO전략 : 확보한 예산을 토대로 우수한 연구원 채용
㉣ WT전략 : 세계의 신재생에너지 연구를 활용한 전력 효율성 개선

① ㉠, ㉡   ② ㉠, ㉢
③ ㉡, ㉢   ④ ㉡, ㉣
⑤ ㉢, ㉣

32 다음은 창업보육센터의 현황에 대한 자료이다. 이에 대한 설명으로 옳지 않은 것을 〈보기〉에서 모두 고르면?

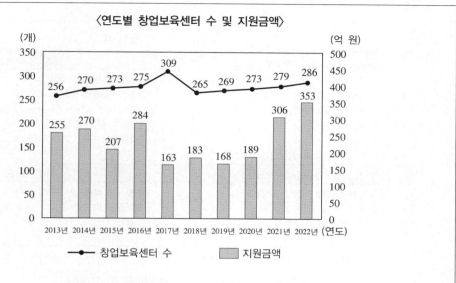

〈연도별 창업보육센터 수 및 지원금액〉

〈연도별 창업보육센터당 입주업체 수 및 매출액〉

(단위 : 개, 억 원)

구분 \ 연도	2020년	2021년	2022년
창업보육센터당 입주업체 수	16.6	17.1	16.8
창업보육센터당 입주업체 매출액	85.0	91.0	86.7

※ 한 업체는 1개의 창업보육센터에만 입주함

─〈보기〉─

ㄱ. 2022년 창업보육센터 지원금액의 전년 대비 증가율은 창업보육 센터 수 증가율의 5배 이상이다.
ㄴ. 2022년 창업보육센터의 전체 입주업체 수는 전년보다 적다.
ㄷ. 창업보육센터당 지원금액이 가장 적은 해는 2017년이며, 가장 많은 해는 2022년이다.
ㄹ. 창업보육센터 입주업체의 전체 매출액은 2020년 이후 매년 증가하였다.

① ㄱ, ㄴ
② ㄱ, ㄷ
③ ㄴ, ㄷ
④ ㄴ, ㄹ
⑤ ㄷ, ㄹ

33 다음은 레저용 차량을 생산하는 K기업에 대한 SWOT 분석 결과이다. 〈보기〉 중 전략에 따른 대응으로 적절한 것을 모두 고르면?

〈K기업의 SWOT 분석 결과〉

강점(Strength)	약점(Weakness)
• 높은 브랜드 이미지 · 평판 • 훌륭한 서비스와 판매 후 보증수리 • 확실한 거래망, 딜러와의 우호적인 관계 • 막대한 R&D 역량 • 자동화된 공장 • 대부분의 차량 부품 자체 생산	• 한 가지 차종에의 집중 • 고도 기술에의 집중 • 생산설비에 막대한 투자 → 차량모델 변경의 어려움 • 한 곳의 생산 공장만 보유 • 전통적인 가족형 기업 운영
기회(Opportunity)	위협(Threat)
• 소형 레저용 차량에 대한 수요 증대 • 새로운 해외시장의 출현 • 저가형 레저용 차량에 대한 선호 급증	• 휘발유의 부족 및 가격의 급등 • 레저용 차량 전반에 대한 수요 침체 • 다른 회사들과의 경쟁 심화 • 차량 안전 기준의 강화

─────〈보기〉─────

ㄱ. ST전략 : 기술 개발을 통하여 연비를 개선한다.
ㄴ. SO전략 : 대형 레저용 차량을 생산한다.
ㄷ. WO전략 : 규제 강화에 대비하여 보다 안전한 레저용 차량을 생산한다.
ㄹ. WT전략 : 생산량 감축을 고려한다.
ㅁ. WO전략 : 국내 다른 지역이나 해외에 공장들을 분산 설립한다.
ㅂ. ST전략 : 경유용 레저 차량 생산을 고려한다.
ㅅ. SO전략 : 해외 시장 진출보다는 내수 확대에 집중한다.

① ㄱ, ㄴ, ㅁ, ㅂ
② ㄱ, ㄹ, ㅁ, ㅂ
③ ㄱ, ㄹ, ㅁ, ㅅ
④ ㄴ, ㄹ, ㅁ, ㅂ
⑤ ㄴ, ㄹ, ㅂ, ㅅ

34 다음 글에서 알 수 있는 내용으로 가장 적절한 것은?

> 유토피아는 우리가 살고 있는 세계와는 다른 '또 다른 세계'이며, 나아가 전적으로 인간의 지혜로 설계된 세계이다. 유토피아를 설계하는 사람은 완전히 뜯어고쳐야 할 만큼 이 세상이 잘못되어 있다고 생각한다. 또한 그는 새 세계를 만들고 관리할 능력이 인간에게 있다고 믿는다. 어떤 사람이 유토피아를 꿈꾸고 설계하는지 설계하지 않는지는 그 사람이 세상을 대하는 태도와 밀접하게 연관되어 있다.
> 인간이 세상을 대하는 태도는 다음 세 가지로 나눌 수 있다. 첫째, 산지기의 태도이다. 산지기의 주요 임무는 인위적인 간섭을 최소화하면서 맡겨진 땅을 지키는 것이다. 이른바 땅의 자연적 균형을 유지하는 것이 그의 목적이다. 신의 설계에 담긴 지혜와 조화, 질서를 인간이 다 이해할 수는 없으나, 삼라만상이 적재적소에 놓여 있는 신성한 존재의 사슬이라는 것이 산지기의 신념이다.
> 둘째, 정원사의 태도이다. 정원사는 자기가 끊임없이 보살피고 노력하지 않으면 이 세상이 무질서해질 것이라고 여긴다. 그는 우선 바람직한 배치도를 머리에 떠올린 후 정원을 그 이미지에 맞추어 개조한다. 그는 적합한 종류의 식물을 키우고 잡초들은 뽑아 버림으로써 자신이 생각해 놓은 대로 대지를 디자인한다.
> 셋째, 사냥꾼의 태도이다. 사냥꾼은 사물의 전체적인 균형에 대해서는 무관심하다. 사냥꾼이 하는 유일한 일은 사냥감으로 자기 자루를 최대한 채우는 것이다. 사냥이 끝난 후에 숲에 동물들이 남아 있도록 할 의무가 자기에게 있다고 생각하지 않는다.

① 유토피아는 인간이 지향하고 신이 완성한다.
② 정원사는 세상에 대한 인간의 적극적 개입을 지양한다.
③ 산지기는 인간과 자연이 조화되는 유토피아를 설계한다.
④ 사냥꾼은 세상을 바꾸는 일보다 이용하는 데 관심이 있다.
⑤ 신이 부여한 정연한 질서가 세계에 있다는 믿음은 세 태도 중 둘에서 나타난다.

35 다음 〈보기〉에서 효율적이고 합리적인 인사관리를 하기 위한 원칙으로 옳은 것을 모두 고르면?

〈보기〉
㉠ 근로자의 인권을 존중하고, 공헌도에 따라 노동의 대가를 지급한다.
㉡ 자신에게 직접적인 도움을 줄 수 있는 사람들로 적재적소에 배치한다.
㉢ 직장에서 신분이 보장되고, 계속해서 근무할 수 있다는 믿음을 갖게 한다.
㉣ 근로자가 창의력을 발휘할 수 있도록 기회를 마련하고 인센티브를 제공한다.
㉤ 직장구성원들이 서로 유대감을 가지고 협동·단결하는 체제를 이루도록 한다.

① ㉠, ㉡, ㉣
② ㉠, ㉢, ㉤
③ ㉡, ㉢, ㉣
④ ㉠, ㉡, ㉣, ㉤
⑤ ㉠, ㉢, ㉣, ㉤

36 다음 글이 비판의 대상으로 삼는 주장으로 가장 적절한 것은?

> 경제 문제는 대개 해결이 가능하다. 대부분의 경제 문제에는 몇 개의 해결책이 있다. 그러나 모든 해결책은 누군가가 상당한 손실을 반드시 감수해야 한다는 특징을 갖고 있다. 하지만 누구도 이 손실을 자발적으로 감수하고자 하지 않으며, 우리의 정치제도는 누구에게도 이 짐을 짊어지라고 강요할 수 없다. 우리의 정치적·경제적 구조로는 실질적으로 제로섬(Zero – sum)적인 요소를 지니는 경제 문제에 전혀 대처할 수 없기 때문이다. 대개의 경제적 해결책은 대규모의 제로섬적인 요소를 갖기 때문에 큰 손실을 수반한다. 모든 제로섬 게임에는 승자가 있다면 반드시 패자가 있으며, 패자가 존재해야만 승자가 존재할 수 있다. 경제적 이득이 경제적 손실을 초과할 수도 있지만, 손실의 주체에게 손실의 의미란 상당한 크기의 경제적 이득을 부정할 수 있을 만큼 매우 중요하다. 어떤 해결책으로 인해 평균적으로 사회는 더 잘살게 될 수도 있지만, 이 평균이 훨씬 더 잘살게 된 수많은 사람과 훨씬 더 못살게 된 수많은 사람을 감춘다. 만약 당신이 더 못살게 된 사람 중 하나라면 내 수입이 줄어든 것보다 다른 누군가의 수입이 더 많이 늘었다고 해서 위안을 얻지는 않을 것이다. 결국 우리는 우리 자신의 수입을 보호하기 위해 경제적 변화가 일어나는 것을 막거나 혹은 사회가 우리에게 손해를 입히는 공공정책이 강제로 시행되는 것을 막기 위해 싸울 것이다.

① 빈부격차를 해소하는 것만큼 중요한 정책은 없다.
② 사회의 총 생산량이 많아지게 하는 정책이 좋은 정책이다.
③ 경제문제에서 모두가 만족하는 해결책은 존재하지 않는다.
④ 경제적 변화에 대응하는 정치제도의 기능에는 한계가 존재한다.
⑤ 경제정책의 효율성을 높이는 방법은 일관성을 유지하는 것이다.

37 기획부 A ~ E 총 다섯 명은 야근을 해야 한다. 〈조건〉에 따라 수요일에 야근하는 사람을 고르면?

─〈조건〉─
• 사장님이 출근할 때는 모든 사람이 야근을 한다.
• A가 야근할 때 C도 반드시 해야 한다.
• 사장님은 월요일과 목요일에 출근을 한다.
• B는 금요일에 야근을 한다.
• E는 화요일에 야근을 한다.
• 수요일에는 한 명만 야근을 한다.
• 월요일부터 금요일까지 한 사람당 3번 야근한다.

① A   ② B
③ C   ④ D
⑤ E

38 문구점에서 필요한 물품을 사고 받은 영수증이 다음과 같을 때, 볼펜 2자루와 형광펜 3set의 합계 금액과 공책 4set의 금액을 차례대로 나열한 것은?

영수증	
작성년월일	금액
23. 10. 20.	9,600원
품목	수량
볼펜	1자루
A4 용지	1Set
공책	1Set

영수증	
작성년월일	금액
23. 10. 23.	5,600원
품목	수량
볼펜	1자루
A4 용지	1Set
형광펜	1Set

영수증	
작성년월일	금액
23. 10. 25.	12,400원
품목	수량
A4 용지	1Set
공책	1Set
형광펜	1Set

영수증	
작성년월일	금액
23. 10. 20.	6,800원
품목	수량
볼펜	1자루
형광펜	2Set

	볼펜 2자루＋형광펜 3set	공책 4set
①	7,200원	14,400원
②	7,200원	28,800원
③	10,000원	14,400원
④	10,400원	14,400원
⑤	10,400원	28,800원

※ 다음 글을 읽고 이어지는 질문에 답하시오. [39~40]

독립운동가 김우전 선생은 일제강점기 광복군으로 활약한 인물로, 광복군의 무전통신을 위한 한글 암호를 만든 것으로 유명하다. 1922년 평안북도 정주 태생인 선생은 일본에서 대학에 다니던 중 재일학생 민족운동 비밀결사단체인 '조선민족 고유문화유지계몽단'에 가입했다. 1944년 1월 일본군에 징병돼 중국으로 파병됐지만 같은 해 5월 말 부대를 탈출해 광복군에 들어갔다.

1945년 3월 미 육군 전략정보처는 일본이 머지않아 패망할 것으로 보아 한반도 진공작전을 계획하고 중국에서 광복군과 함께 특수훈련을 하고 있었다. 이 시기에 선생은 한글 암호인 W−K(우전킴) 암호를 만들었다. W−K 암호는 한글의 자음과 모음, 받침을 구분하여 만들어진 암호체계이다. 자음과 모음을 각각 두 자리 숫자로, 받침은 자음을 나타내는 두 자리 숫자의 앞에 '00'을 붙여 네 자리로 표시한다.

W−K 암호체계에서 자음은 '11~29'에, 모음은 '30~50'에 순서대로 대응된다. 받침은 자음 중 ㄱ~ㅎ을 이용하여 '0011'부터 '0024'에 순서대로 대응된다. 예를 들어 '김'은 W−K 암호로 변환하면 'ㄱ'은 11, 'ㅣ'는 39, 받침 'ㅁ'은 0015이므로 '11390015'가 된다. 같은 방식으로 '1334001114390016'은 '독립'으로, '1340243000121334 00111439001615300012142'는 '대한독립만세'로 해독된다. 모든 숫자를 붙여 쓰기 때문에 상당히 길지만 네 자리씩 끊어 읽으면 된다.

하지만 어렵사리 만든 W−K 암호는 결국 쓰이지 못했다. 작전 준비가 한창이던 1945년 8월 일본이 갑자기 항복했기 때문이다. 이 암호에 대한 기록은 비밀에 부쳐져 미국 국가기록원에 소장되었다가 1988년 비밀이 해제되어 세상에 알려졌다.

※ W−K 암호체계에서 자음의 순서는 ㄱ, ㄴ, ㄷ, ㄹ, ㅁ, ㅂ, ㅅ, ㅇ, ㅈ, ㅊ, ㅋ, ㅌ, ㅍ, ㅎ, ㄲ, ㄸ, ㅃ, ㅆ, ㅉ이고, 모음의 순서는 ㅏ, ㅑ, ㅓ, ㅕ, ㅗ, ㅛ, ㅜ, ㅠ, ㅡ, ㅣ, ㅐ, ㅒ, ㅔ, ㅖ, ㅘ, ㅙ, ㅚ, ㅝ, ㅞ, ㅟ, ㅢ이다.

39 윗글과 다음 〈조건〉을 근거로 판단할 때, '3 · 1운동!'을 바르게 변환한 것은?

─〈조건〉─

숫자와 기호를 표현하기 위하여 W−K 암호체계에 다음의 규칙이 추가되었다.

• 1~9의 숫자는 차례대로 '51~59', 0은 '60'으로 변환하고, 끝에 '00'을 붙여 네 자리로 표시한다.
• 온점(.)은 '70', 가운뎃점(·)은 '80', 느낌표(!)는 '66', 물음표(?)는 '77'로 변환하고, 끝에 '00'을 붙여 네 자리로 표시한다.

① 530080005100183600121334400186600
② 530080005100183600121335500186600
③ 530070005100183600121334400187700
④ 537000511836001213344400176600
⑤ 538000511836001213355500177700

40 윗글을 근거로 판단할 때, 〈보기〉에서 옳은 것을 모두 고르면?

―――――〈보기〉―――――

ㄱ. 김우전 선생은 일본군에 징병되었을 때 무전통신을 위해 W－K 암호를 만들었다.

ㄴ. W－K 암호체계에서 한글 단어를 변환한 암호문의 자릿수는 4의 배수이다.

ㄷ. W－K 암호체계에서 '183000152400'은 한글 단어로 해독될 수 없다.

ㄹ. W－K 암호체계에서 한글 '궤'는 '11363239'로 변환된다.

① ㄱ, ㄴ   ② ㄴ, ㄷ

③ ㄷ, ㄹ   ④ ㄱ, ㄴ, ㄹ

⑤ ㄱ, ㄷ, ㄹ

41 다음 글을 통해 알 수 있는 내용으로 적절하지 않은 것은?

정부는 '12·16 대책'을 통해 기존에 제출하던 자금조달계획서의 항목을 상세하게 나누고, 투기과열지구에서 9억 원을 초과하는 주택을 구매한 경우 증빙서류를 함께 제출하도록 하는 등의 규제를 강화한다는 방침을 밝혔다.

증여나 상속을 받은 경우 기존에는 단순히 증여 금액이나 상속 금액만 밝히도록 했으나, 앞으로는 부부나 직계존비속 등 누구로부터 받았는지도 상세히 밝혀야 한다. 부부나 직계존비속 등의 대상 구분은 납부해야 할 세금에서 상당한 차이로 이어진다. 예를 들어 증여를 받았을 때 부부와 직계존비속 중 누구에게 얼마를 받았는지에 따라 증여세 부과 대상인지, 면제 대상인지의 정도가 계획서상에서 바로 드러난다. 부부간 증여인 경우 6억 원까지는 면제를 받을 수 있으나, 직계존비속의 증여라면 5,000만 원까지만 가능하다.

또 기존에는 주택 구매 자금 중 현금과 그와 비슷한 자산은 '현금 등'으로 뭉뚱그려 기재했으나, 앞으로는 현금과 기타자산을 나누고 기타자산은 무엇인지 구체적으로 밝혀야 한다. 이와 함께 계획서에 조달한 자금을 어떻게 지급할지 구체적인 계획도 계좌이체, 보증금·대출 승계, 현금 지급 등으로 나누어 상세히 밝혀야 한다. 이에 따라 투기과열지구에서 9억 원이 넘는 집을 살 때, 자금조달계획서의 내용을 입증하기 위해 매수자가 제출해야 하는 증빙서류의 종류는 총 15종에 달한다. 보유한 예금과 처분한 주식, 대출, 증여를 통해 집을 산다면 떼야 할 서류는 모두 10개에 육박할 전망이다.

① A가 아들 B에게 6억 원을 증여할 경우 증여세를 모두 면제받을 수 있다.

② C가 부인 D에게 9억 원을 증여할 경우 6억 원까지 증여세를 면제받을 수 있다.

③ E가 투기과열지구에서 10억 원 상당의 주택을 구매할 경우 자금조달계획서와 함께 증빙서류를 제출해야 한다.

④ F가 새로 자금조달계획서를 작성해야 할 경우 계좌이체, 대출 승계, 현금 지급 등 구체적인 지급 계획을 함께 작성해야 한다.

⑤ G가 새로 자금조달계획서를 작성해야 할 경우 기존에 '현금 등'으로 기재한 내역을 현금과 기타자산으로 나누어 구체적으로 작성해야 한다.

42 다음은 지역개발사업에 대한 신문과 방송의 보도내용을 사업 착공 전후로 나누어 분석하고, 이 중 주요 분야 6개를 선택하여 작성한 자료이다. 이에 대한 설명으로 옳은 것을 〈보기〉에서 모두 고르면?

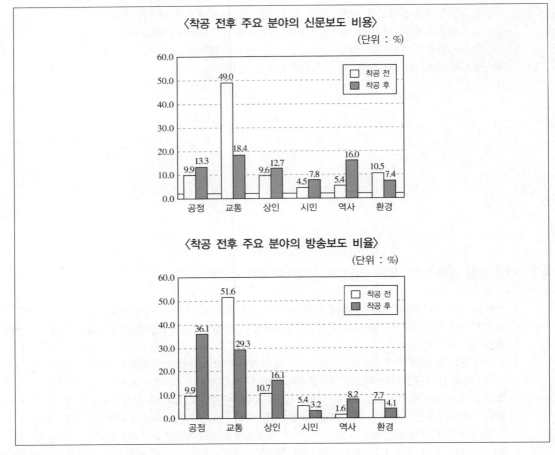

〈착공 전후 주요 분야의 신문보도 비율〉
(단위 : %)

〈착공 전후 주요 분야의 방송보도 비율〉
(단위 : %)

─────〈보기〉─────
ㄱ. 신문보도와 방송보도에서 각각 착공 전에 가장 높은 보도 비율을 보인 두 분야 모두 착공 후 보도 비율이 감소했다.
ㄴ. 교통은 착공 후에도 신문과 방송 모두에서 가장 많이 보도된 분야이다.
ㄷ. 착공 전에 비해 착공 후 교통에 대한 보도 비율의 감소폭은 방송보다 신문에서 더 큰 것으로 나타났다.
ㄹ. 착공 전 대비 착공 후 보도 비율의 증가율이 신문과 방송 모두에서 가장 큰 분야는 역사이다.
ㅁ. 착공 전 교통에 대한 보도 비율은 신문보다는 방송에서 더 높은 것으로 나타났다.

① ㄱ, ㄴ, ㅁ   ② ㄱ, ㄷ, ㄹ
③ ㄴ, ㄷ, ㄹ   ④ ㄱ, ㄹ, ㅁ
⑤ ㄱ, ㄷ, ㄹ, ㅁ

43 육아휴직 급여를 담당하는 인사부 A사원은 최근 신청인원 명단을 받아 휴직기간 동안 지급될 급여를 계산해 보고해야 한다. 육아휴직 급여 지원이 아래와 같을 때 세 사람이 받을 수 있는 급여액을 모두 더한 것은?

〈육아휴직 급여〉

근로자가 만 8세 이하 또는 초등학교 2학년 이하의 자녀를 양육하기 위하여 남녀고용평등과 일·가정 양립 지원에 관한 법률 제19조에 의한 육아휴직을 30일 이상 부여받은 경우 지급되는 급여입니다.

■ 해당조건 및 혜택
  • 육아휴직 기간 : 1년 이내
  • 육아휴직 개시일 이전에 피보험단위기간이 180일 이상
  • 육아휴직 개시일 이후 1월부터 종료일 이후 12월 이내 신청
  • 육아휴직 첫 3개월 동안은 월 통상임금의 100분의 80(상한액 : 월 150만 원, 하한액 : 월 70만 원), 나머지 기간에 대해서는 월 통상임금의 100분의 40(상한액 : 월 100만 원, 하한액 : 월 50만 원)을 지급함
  • 아빠의 달 : 동일한 자녀에 대하여 부모가 순차적으로 휴직할 경우 두 번째 사용자의 첫 3개월 급여는 통상임금의 100%(최대 150만 원, 둘째 아이에 대해서는 200만 원)를 지원

〈신청 인원〉

신청인	성별	자녀	통상임금	육아휴직 기간	비고
A씨	여성	6살(첫째)	220만 원	8개월	–
B씨	남성	3살(둘째)	300만 원	1년	아빠의 달
C씨	남성	8살(첫째)	90만 원	6개월	–

① 2,580만 원
② 2,739만 원
③ 2,756만 원
④ 2,912만 원
⑤ 2,929만 원

44 다음과 같은 상황에서 A과장이 취할 수 있는 가장 좋은 행동(Best)과 가장 좋지 않은 행동(Worst)을 바르게 묶은 것은?

> A과장은 동료 직원과 공동으로 맡은 프로젝트가 있다. 프로젝트의 업무 보고서를 내일까지 E차장에게 작성해서 제출해야 한다. 또한 A과장은 오늘 점심식사 후에 있을 회의 자료도 준비해야 한다. 회의 시작까지 남은 시간은 3시간이고, 프로젝트 업무 보고서 제출기한은 내일 오전 중이다.

번호	행동
1	동료 직원과 업무 보고서에 관해 논의한 뒤 분담해 작성한다.
2	동료 직원의 업무 진행상황을 묻고 우선순위를 논의한 뒤 회의 자료를 준비한다.
3	다른 팀 사원에게 상황을 설명하고 도움을 요청한 뒤 회의 자료를 준비한다.
4	회의 자료를 준비한 후 동료와 업무 진행 상황을 논의해 우선순위를 정하고, 업무 보고서를 작성한다.

	Best	Worst
①	1	3
②	2	4
③	3	1
④	4	1
⑤	3	2

45 다음 중 문장 (가) ~ (다)를 논리적 순서대로 바르게 나열한 것은?

> 어떤 문화의 변동은 결코 외래문화의 압도적 영향이나 이식에 의해 일방적으로 이루어지는 것이 아니라, 수용 주체의 창조적·능동적 측면과 관련되어 이루어지는 매우 복합적인 성격의 것이다.
> (가) 그리하여 외래문화 중에서 이러한 결핍 부분의 충족에 유용한 부분만을 선별해서 선택적으로 수용하게 된다.
> (나) 이러한 수용 주체의 창조적·능동적 측면은 문화 수용과 변동에서 무엇보다도 우선하는 것인데, 이것이 외래문화 요소의 수용을 결정짓는다.
> (다) 즉, 어떤 문화의 내부에 결핍 요인이 있을 때, 그 문화의 창조적·능동적 측면은 이를 자체적으로 극복하려 노력하지만, 이러한 극복이 내부에서 성취될 수 없을 때, 그것은 외래 요소의 수용을 통해 이를 이루고자 한다.
> 다시 말해, 외래문화는 수용 주체의 내부 요인에 따라 수용 또는 거부되는 것이다.

① (가) – (나) – (다)　　　　　② (가) – (다) – (나)
③ (나) – (가) – (다)　　　　　④ (나) – (다) – (가)
⑤ (다) – (나) – (가)

46 귀하는 비품 담당자로서 지폐 계수기 구매 사업을 진행하여야 한다. 구매 가능한 제품은 A ~ E 다섯 가지 제품이고, 회사별 제품의 비교 평가서 및 구매 지침이 다음과 같을 때, 어느 제품을 선택해야 하는가?(단, 구매 지침을 모두 만족하는 다수의 제품 중 가장 저렴한 제품을 선택한다)

〈지폐 계수기 비교 평가 결과〉

구분	위폐감별	분당 계수 속도	투입구 용량	두께 조절 여부	가격	A/S
A제품	UV	1,400장	250장	가능	20만 원	방문
B제품	IR	1,500장	250장	가능	25만 원	1일 소요
C제품	UV / IR 선택 가능	1,500장	250장	불가능	35만 원	방문
D제품	UV	1,500장	250장	가능	22만 원	방문
E제품	IR	1,500장	250장	불가능	30만 원	1일 소요

〈구매 지침〉

• 위폐감별 방식은 UV 방식이나 IR 방식이어야 한다.
• 방문 A/S가 가능하여야 하나 불가한 경우 수리 기일이 3일 이내인 업체를 선정한다.
• 원화와 크기 및 두께가 다른 외화 또한 계수가 가능하여야 한다.
• 계수 속도는 가능한 한 빠른 것이, 투입구 용량은 큰 것이 좋다.

① A제품
② B제품
③ C제품
④ D제품
⑤ E제품

47 다음 중 글의 빈칸 ㉠에 들어갈 용어로 옳은 것은?

과제를 수행하는 데 필요한 활동을 효과적으로 구명하기 위해서는 ＿＿＿＿㉠＿＿＿＿를 활용할 수 있다.
＿＿＿＿㉠＿＿＿＿는 과제 및 활동의 계획을 수립하는 데 있어 가장 기본적인 수단으로 활용되는 그래프로, 필요한 모든 일을 중요한 범주에 따라 체계화하여 구분해 놓은 것을 말한다.
구체성에 따라 2단계, 3단계, 4단계 등으로 구분할 수 있는 ＿＿＿＿㉠＿＿＿＿를 활용함으로써 과제에 필요한 활동이나 과업을 파악할 수 있고, 이를 비용과 매치시켜 놓음으로써 어떤 항목에 얼마만큼의 비용이 소요되는지를 정확하게 파악할 수 있다. 또한 과제 수행에 필요한 예산 항목을 빠뜨리지 않고 확인할 수 있으며, 이러한 항목을 통해 전체 예산을 정확하게 분배할 수 있다는 장점이 있다. 하지만 이러한 과정을 거치더라도 과제를 수행하다 보면 예상 외의 비용이 발생할 수 있다.

① 예정공정표
② 자원배치도
③ 과업세부도
④ 집행관리도
⑤ 과업지시서

48 다음은 윗사람과의 커뮤니케이션 상황에 따른 커뮤니케이션 매체 선택에 대한 설문조사 결과이다. 〈조건〉을 참고하여 A, C, D, F, x에 해당하는 내용을 순서대로 바르게 나열한 것은?

〈커뮤니케이션 상황에 따른 커뮤니케이션 매체 선택〉

(단위 : %, 명)

구분			커뮤니케이션 매체				응답자 수
			A	B	C	기타	
커뮤니케이션 상황	D	1차 선택	4.1	42.1	47.2	6.6	1,011
		2차 선택	14.6	52.0	24.0	9.4	821
	E	1차 선택	3.0	41.2	49.4	6.4	1,011
		2차 선택	17.5	49.0	23.2	10.3	811
	F	1차 선택	4.4	79.6	11.9	4.1	1,011
		2차 선택	42.8	20.7	21.8	14.7	647
	명절 인사	1차 선택	4.5	x	y	3.2	1,011
		2차 선택	14.7	39.8	24.3	21.2	815

※ 커뮤니케이션 매체(A, B, C)의 종류 : 전화, 문자메시지, 면 대 면
※ 커뮤니케이션 상황(D, E, F)의 종류 : 부탁, 사과, 약속 변경

─〈조건〉─

• 부탁할 때 1차 선택에 따르면, 전화나 문자메시지보다 면 대 면을 더 많이 이용한다.
• 약속 변경을 할 때 1차 선택에서는 전화를, 2차 선택에서는 문자메시지를 가장 많이 이용한다.
• 명절 인사를 할 때 B를 1차 선택한 사람은 461명이다.
• 1차 선택에 따르면, 사과할 때 문자메시지의 사용 비율은 모든 매체와 상황의 조합 중에서 가장 낮다.

	A	C	D	F	x
①	면 대 면	문자메시지	약속 변경	사과	44.2
②	문자메시지	면 대 면	부탁	약속 변경	45.6
③	전화	문자메시지	사과	약속 변경	45.6
④	전화	면 대 면	부탁	사과	45.6
⑤	문자메시지	면 대 면	약속 변경	부탁	44.2

49 다음은 트리즈의 3가지 분리 원칙이다. 자료를 참고할 때, 〈보기〉와 같은 원칙을 적용한 것은?

〈트리즈의 3가지 분리 원칙〉

트리즈는 하나의 특성이 서로 상충되는 상태를 요구받는 물리적 모순이 발생할 경우 이를 극복하기 위한 방법으로 다음의 3가지 분리 원칙을 개발하였다.
1. 시간에 의한 분리
2. 공간에 의한 분리
3. 전체와 부분에 의한 분리
즉, 트리즈는 모순되는 요구를 시간, 공간, 전체와 부분에 따라 분리함으로써 상반되는 요구를 모두 만족시키고자 하였다.

〈보기〉

군사용 레이더 장치를 제작하는 K사는 수신전용 안테나를 납품하기 위해 정부의 입찰에 참여했다. 안테나를 설치할 지역은 기온이 영하 20도 이하로 내려가는 추운 지역인 데다가 바람도 거센 곳이었다. 따라서 안테나는 별도의 사후 노력 없이도 강풍과 추위에 견딜 수 있을 만큼 단단해야 했다. 또한, 전략적 요충지에 설치되어야 하기에 도보로 운반할 수 있을 정도의 가벼운 무게를 지녀야 했다.
K사는 정부의 입찰 계약을 따내는 데 성공했고, 이는 회사의 엔지니어들이 기존과 다른 새로운 해결 방법을 고안했기에 가능했다. 이들은 안테나 전체가 아닌 안테나 기둥을 단단하게 만들고자 안테나 기둥의 표면을 거칠게 만들어 눈이 내리면 기둥에 눈이 쉽게 달라붙도록 하였고, 추운 날씨에 눈이 기둥에 얼어붙어 자동적으로 지지대를 보강하게 한 것이다. 이러한 방법은 별도의 장치를 추가할 필요가 없었으므로 안테나의 무게를 늘리지 않고도 지지대를 강화할 수 있었다.

① 튼튼하면서도 유연함을 유지해야 하는 자전거 체인
② 이·착륙 시 사용했다가 이륙 이후 접어 넣는 비행기 바퀴
③ 고층 건물 내 일정한 층을 분리하여 설치한 엘리베이터
④ 배가 지나갈 때, 다리의 한쪽이나 양쪽을 들어 올려 배의 통행을 가능하게 한 다리
⑤ 가까운 거리나 먼 거리에 있는 물체 모두를 잘 볼 수 있는 다초점 안경

50 다음은 자동차 변속기의 부문별 경쟁력 점수를 국가별로 비교한 자료이다. 〈보기〉 중 옳지 않은 것을 모두 고르면?

〈자동차 변속기 경쟁력 점수의 국가별 비교〉

국가 / 부문	A	B	C	D	E
변속감	98	93	102	80	79
내구성	103	109	98	95	93
소음	107	96	106	97	93
경량화	106	94	105	85	95
연비	105	96	103	102	100

※ 각국의 전체 경쟁력 점수는 각 부문 경쟁력 점수의 총합으로 구한다.

─〈보기〉─

ㄱ. 전체 경쟁력 점수는 E국보다 D국이 더 높다.

ㄴ. 경쟁력 점수가 가장 높은 부문과 가장 낮은 부문의 차이가 가장 큰 국가는 D국이고, 가장 작은 국가는 C국이다.

ㄷ. C국을 제외한다면 각 부문에서 경쟁력 점수가 가장 높은 국가와 가장 낮은 국가의 차이가 가장 큰 부문은 내구성이고, 가장 작은 부문은 변속감이다.

ㄹ. 내구성 부문에서 경쟁력 점수가 가장 높은 국가와 경량화 부문에서 경쟁력 점수가 가장 낮은 국가는 동일하다.

ㅁ. 전체 경쟁력 점수는 모든 국가 중에서 A국이 가장 높다.

① ㄱ, ㄴ, ㄷ   ② ㄱ, ㄷ, ㄹ

③ ㄱ, ㄷ, ㅁ   ④ ㄴ, ㄹ, ㅁ

⑤ ㄷ, ㄹ, ㅁ

제2회
NCS 핵심영역

영역통합형 모의고사

〈문항 및 시험시간〉

평가영역	문항 수	시험시간	모바일 OMR 답안분석
의사소통능력+수리능력+ 문제해결능력+자원관리능력	50문항	50분	

제2회 모의고사

문항 수 : 50문항
시험시간 : 50분

01 다음 중 밑줄 친 의사소통 활동 중 성격이 다른 하나는?

> K제약회사에 근무 중인 P팀장은 오늘 오전 내로 ⊙ 구매 견적서를 작성하여 병원으로 발송해야 한다. 출근하자마자 급하게 업무를 처리하던 중 어제 퇴근 전에 처리한 일에 문제가 생겨 ⓒ 병원으로부터 문의 전화가 걸려왔고, 이를 처리하느라 오전 시간을 정신없이 보내야 했다. 회의에 참석 중인 L대리의 책상에 오늘 ⓒ 회의 관련 자료를 정리해 줄 것을 부탁한 메모를 올려두었는데, 점심을 먹고 메일함을 확인하니 L대리의 메일이 벌써 도착해 있었다. P팀장은 L대리에게 ⓔ 답변 메일을 작성한 후 오후 회의에 참석했고, 회의가 끝난 후 ⓜ 회의 내용을 종합한 회의록을 작성하여 N부장에게 제출하였다.

① ⊙
② ⓒ
③ ⓒ
④ ⓔ
⑤ ⓜ

02 다음 글의 빈칸 ⊙, ⓒ에 들어갈 내용을 순서대로 바르게 나열한 것은?

> 음향학에 관련된 다음의 두 가지 명제는 세 개의 원형 판을 가지고 실험함으로써 입증될 수 있다. 하나의 명제는 "지름과 모양이 같은 동일 재질의 원형 판이 진동할 때 발생하는 진동수는 두께에 비례한다."이고 다른 명제는 "모양과 두께가 같은 동일 재질의 원형 판이 진동할 때 발생하는 진동수는 판 지름의 제곱에 반비례한다."이다. 이를 입증하기 위해 모양이 같은 동일 재질의 원형 판 A, B 그리고 C를 준비하되 A와 B는 두께가 같고 C는 두께가 A의 두께의 두 배이며, A와 C는 지름이 같고 B의 지름은 A의 지름의 절반이 되도록 한다. 판을 때려서 발생하는 음을 듣고 B는 A보다 ____⊙____ 음을 내고, C는 A보다 ____ⓒ____ 음을 내는 것을 확인한다. 진동수가 두 배가 될 때 한 옥타브 높은 음이 나므로 두 명제는 입증이 된다.

	⊙	ⓒ
①	한 옥타브 낮은	두 옥타브 낮은
②	한 옥타브 높은	두 옥타브 높은
③	두 옥타브 낮은	한 옥타브 높은
④	두 옥타브 높은	한 옥타브 낮은
⑤	두 옥타브 높은	한 옥타브 높은

03 A씨는 지인의 추천으로 K기업 주식에 100만 원을 투자하였다. 주식가격이 첫째 날에는 10% 상승하고, 둘째 날에는 20% 상승하였다. 그러나 셋째 날에는 10% 하락하고 넷째 날에는 20% 하락하였다. A씨는 큰 손실을 염려하여 넷째 날 장 마감 전에 주식을 모두 매도하였다. 다음 중 A씨의 주식투자 결과에 대한 설명으로 옳은 것은?(단, 주식거래수수료 등 기타 비용은 고려하지 않는다)

① A씨가 둘째 날에 주식을 매도하였다면 원금 대비 30%의 수익률을 달성하였을 것이다.

② 셋째 날까지 주식은 원금 대비 16%의 수익률을 유지하고 있었다.

③ A씨는 결과적으로 수익도 손실도 없이 원금 1백만 원을 회수하였다.

④ A씨는 최종적으로 49,600원의 손실을 입었다.

⑤ A씨는 다행히 56,000원의 이익을 보았다.

04 다음 글에서 설명하고 있는 문제해결을 위한 방법은 무엇인가?

> 깊이 있는 커뮤니케이션을 통해 서로의 문제점을 이해하고 공감함으로써 창조적인 문제해결을 도모하며, 구성원의 동기가 강화되고 팀워크도 한층 강화된다는 특징을 보인다. 이 방법을 이용한 문제해결은 구성원이 자율적으로 실행하는 것으로 예정된 결론이 도출되어 가도록 해서는 안 된다.

① 델파이법   ② 명목집단법
③ 퍼실리테이션   ④ 하드 어프로치
⑤ 소프트 어프로치

05 다음 중 창의적 사고에 대한 설명으로 옳지 않은 것은?

① 창의적 사고는 누구나 할 수 있는 일반적 사고와 달리 일부 사람만이 할 수 있는 능력이다.

② 창의적 사고란 정보와 정보의 조합으로 사회나 개인에게 새로운 가치를 창출하도록 하게 한다.

③ 창의적 사고란 무에서 유를 만들어 내는 것이 아니라 끊임없이 참신한 아이디어를 산출하는 것이다.

④ 창의적 사고란 이미 알고 있는 경험과 지식을 다시 결합함으로써 참신한 아이디어를 산출하는 것이다.

⑤ 창의적 사고를 하기 위해서는 고정관념을 버리고, 문제의식을 가져야 한다.

해외배송 대행 기업에서 근무하는 S사원은 고객이 K국 온라인 쇼핑몰에서 구매하는 물품의 국내 배송 과정과 관련한 전반적인 지원업무를 맡고 있다.

〈배송대행 절차〉

회원가입 후 센터별 개인 고유주소 발급 → K국 온라인 쇼핑몰에서 원하는 상품 결제 → 배송신청서 작성 → 배송지로 지정한 센터로 배송완료 확인 후 1시간 이내 무게 측정 → 마이페이지에서 배송대행 요금 결제 → 국내 배송완료까지 2~5일 추가 소요(센터 안내 참조)

〈배송 요금 안내〉

무게	요금
2lbs 미만	11$
2lbs 이상 4lbs 미만	16$
4lbs 이상 6lbs 미만	21$
6lbs 이상 8lbs 미만	26$
8lbs 이상 10lbs 미만	31$
10lbs 이상	32$+0.5lbs마다 2$ 추가

※ 센터별 규정과 내용물의 부피에 따라 실측 무게가 아닌 부피 무게에 따라 계산될 수 있습니다(센터 안내 참조).

※ $[부피\ 무게(lbs)] = \dfrac{[가로(인치)] \times [세로(인치)] \times [높이(인치)]}{166}$

〈센터 안내〉

저희 ENJOY K에서는 다음과 같이 K국 내에 3개의 배송대행 센터를 운영하고 있사오니, K국 내 배송 시 다음을 참조하시기 바랍니다.

1. C센터
   • 면세구역으로, 세금이 붙지 않습니다.
   • 오후 2시 이전 결제 기준으로 국내배송까지 최대 5일이 소요됩니다.
   • 실무게와 부피 무게 중 더 큰 쪽으로 배송 요금이 적용됩니다.
2. D센터
   • 상품 금액의 10% 부가세가 있습니다(배송 요금 결제 시 추가 결제).
   • 오후 2시 이전 결제 기준으로 국내배송까지 최대 2일이 소요됩니다.
   • 부피 무게가 실무게의 3배가 넘지 않으면 실무게를 적용합니다.
3. G센터
   • 상품 금액의 5% 부가세가 있습니다(배송 요금 결제 시 추가 결제).
   • 오후 2시 이전 결제 기준으로 국내배송까지 최대 3일이 소요됩니다.
   • 실무게와 부피 무게 중 더 큰 쪽으로 배송 요금이 적용됩니다.

   ※ 한국과의 시차는 C센터와 G센터가 +5:00, D센터가 +7:00입니다. 배송 시일 계산 시 참고 부탁드립니다.

06 다음은 Q&A 게시판에 올라온 문의 내용이다. 고객이 이용해야 할 배송지와 예상 배송 요금으로 옳은 것은?(단, 무게는 소수점 둘째 자리에서 반올림한다)

〈고객 문의〉

안녕하세요. 쇼핑몰에서 물품 1개를 주문하려고 합니다. 물품의 가격은 75$입니다. 쇼핑몰에 문의해 보니 무게는 7.5lbs이고, 부피는 겉포장을 포함하여 가로가 12인치, 세로가 10인치, 높이가 15인치라고 합니다. 그리고 당일 발송이 가능하며 배송 완료까지 C지역과 D지역까지는 1일, G지역까지는 2일이 걸린다고 합니다(배송 시간은 세 지역 동일하게 오후 2시 이전에 가능하다고 합니다). 부모님께 드리는 크리스마스 선물이기 때문에 꼭 5일 안에 받고 싶고, 되도록 가장 저렴한 가격이었으면 좋겠습니다. 배송 지역으로 어떤 센터를 이용해야 할까요? 또, 총견적은 얼마나 나올까요?

	이용할 센터	배송 요금		이용할 센터	배송 요금
①	C센터	33.5$	②	D센터	33.5$
③	D센터	35.0$	④	G센터	33.5$
⑤	G센터	35.75$			

07 S사원은 C센터 현지 출장을 갔다가 C센터 물류팀 직원들의 합포장 업무를 돕게 되었다. 다음은 C센터가 보유하고 있는 합포장 상자의 종류 및 무게와 S사원이 처리해야 할 상품의 목록일 때, A ~ C고객의 배송 요금의 합으로 옳은 것은?(단, 합포장된 상품의 무게는 소수점 둘째 자리에서 반올림한다)

〈합포장 상자 종류 및 상자의 무게〉

(단위 : 인치)

- $15 \times 15 \times 15 \rightarrow 0.15$lbs
- $21 \times 21 \times 21 \rightarrow 0.84$lbs
- $27 \times 27 \times 27 \rightarrow 1.7$lbs
- $18 \times 18 \times 18 \rightarrow 0.31$lbs
- $25 \times 25 \times 25 \rightarrow 1.2$lbs
- $30 \times 30 \times 30 \rightarrow 2.3$lbs

구분		상품 1	상품 2	상품 3	상품 4
A고객	무게	12.5lbs	33.3lbs	10.2lbs	–
	부피	3×1×2.5(인치)	15×10×5(인치)	10×2.5×20(인치)	–
B고객	무게	4.5lbs	2.7lbs	0.5lbs	4.2lbs
	부피	8×5×3.8	5×5.4×3	6×6.5×8	4.1×7×6.6
C고객	무게	24.3lbs	15.1lbs	–	–
	부피	10.5×5×8	15×13×10	–	–

※ 고객 1명의 상품은 하나의 상자에 합포장해야 하며, 실무게 측정 및 부피 무게 측정은 최종 합포장된 결과물을 기준으로 한다.

① 392$
② 402$
③ 444$
④ 464$
⑤ 472$

08 다음 〈보기〉에서 10진법에 대한 내용으로 옳은 것을 모두 고르면?

─〈보기〉─

㉠ 10진법은 1, 10, 100, 1,000, …과 같이 10배마다 새로운 자리로 옮겨가는 기수법이다.
㉡ 10진법에서 수를 취급할 때에는 한 자리의 수가 0부터 시작해서 '0, 1, 2, 3, 4, 5, 6, 7, 8, 9'로 증가해 10이 될 때마다 자리 올림을 한다.
㉢ 2진법으로 나타낸 수인 10001을 10진법으로 나타내면 16이다.

① ㉡
② ㉠, ㉡
③ ㉠, ㉢
④ ㉡, ㉢
⑤ ㉠, ㉡, ㉢

09 K건설회사는 G시 신도시 아파트 분양을 위하여 다음 주에 모델하우스를 오픈한다. 아파트 입주자 모집을 성황리에 마무리 짓기 위해 방문하는 고객에게 소정의 사은품을 나눠 줄 예정이다. K건설회사에 근무 중인 A사원은 오픈행사 시 고객 1인당 1개의 쇼핑백을 나눠 줄 수 있도록 준비 중이다. 각 쇼핑백에는 각티슈 1개, 위생장갑 1팩, 롤팩 3개, 물티슈 2개, 머그컵 1개가 들어가야 한다. 각 물품을 다음과 같이 보유하고 있다면 최대 몇 명의 고객에게 사은품을 줄 수 있는가?(단, 사은품 구성 물품과 수량은 1개라도 부족해서는 안 된다)

각티슈 200개, 위생장갑 250팩, 롤팩 600개, 물티슈 400개, 머그컵 150개
※ K건설회사 로고가 찍힌 쇼핑백은 사은품 구성 Set만큼 주문할 예정이다.

① 150명
② 200명
③ 250명
④ 300명
⑤ 350명

10 서울에 소재한 K회사에 근무 중인 A씨와 B씨는 부산으로 출장을 가게 되었다. 서울에서 부산까지 400km를 달리는 일반열차와 급행열차가 있는데, 일반열차는 중간에 있는 4개의 역에서 10분씩 정차를 하고 급행열차는 정차하는 역 없이 한 번에 도착한다. 오전 10시에 일반열차를 탄 A씨와 동시에 도착하려면 B씨는 몇 시에 출발하는 급행열차를 타야 하는가?(단, 일반열차의 속력은 160km/h, 급행열차의 속력은 200km/h 이다)

① 오전 11시
② 오전 11시 10분
③ 오전 11시 20분
④ 오전 11시 30분
⑤ 오전 11시 40분

11 다음 실험 결과에서 추론할 수 있는 것은?

연구자 K는 동물의 뇌 구조 변화가 일어나는 방식을 규명하기 위해 다음의 실험을 수행했다. 실험용 쥐를 총 세 개의 실험군으로 나누었다. 실험군 1의 쥐에게는 운동은 최소화하면서 학습을 시키는 '학습 위주 경험'을 하도록 훈련시켰다. 실험군 2의 쥐에게는 특별한 기술을 학습할 필요 없이 수행할 수 있는 쳇바퀴 돌리기를 통해 '운동 위주 경험'을 하도록 훈련시켰다. 실험군 3의 쥐에게는 어떠한 학습이나 운동도 시키지 않았다.

〈실험 결과〉

· 뇌 신경세포 한 개당 시냅스의 수는 실험군 1의 쥐에서 크게 증가했고 실험군 2와 3의 쥐에서는 거의 변하지 않았다.

· 뇌 신경세포 한 개당 모세혈관의 수는 실험군 2의 쥐에서 크게 증가했고 실험군 1과 3의 쥐에서는 거의 변하지 않았다.

· 실험군 1의 쥐에서는 대뇌 피질의 지각 영역에서 구조 변화가 나타났고, 실험군 2의 쥐에서는 대뇌 피질의 운동 영역과 더불어 운동 활동을 조절하는 소뇌에서 구조 변화가 나타났다. 실험군 3의 쥐에서는 뇌 구조 변화가 거의 나타나지 않았다.

① 대뇌 피질의 구조 변화는 학습 위주 경험보다 운동 위주 경험에 더 큰 영향을 받는다.

② 학습 위주 경험은 뇌의 신경세포당 시냅스의 수에, 운동 위주 경험은 뇌의 신경세포당 모세혈관의 수에 영향을 미친다.

③ 학습 위주 경험과 운동 위주 경험은 뇌의 특정 부위에 있는 신경세포의 수를 늘려 그 부위의 뇌 구조를 변하게 한다.

④ 특정 형태의 경험으로 인해 뇌의 특정 영역에 발생한 구조 변화가 뇌의 신경세포당 모세혈관 또는 시냅스의 수를 변화시킨다.

⑤ 뇌가 영역별로 특별한 구조를 갖는 것이 그 영역에서 신경세포당 모세혈관 또는 시냅스의 수를 변화시켜 특정 형태의 경험을 더 잘 수행할 수 있게 한다.

12 다음은 K기업이 임금 피크제를 도입하기 위해 참고한 문서이다. 이에 대한 설명으로 가장 적절한 것은?

▶ 업종 : 금융 및 보험업
▶ 근로자 수 : 174명
▶ 유형 : 임금 반납형

1. 사전 준비
   ㉠ 그간 수차례 노사협의회를 통한 임금 피크제 도입의 필요성 등을 설명하였으나, 기관의 특성(평균 연령이 30대 후반) 때문에 직원들의 관심도가 떨어졌음
   ㉡ 임금 피크제 도입 시 별도의 명예퇴직은 실시하지 않음
2. 현황 분석 : 성과주의를 기반으로 개인 평가 결과를 철저하게 직원의 보수에 반영하는 전 직원 성과연봉제를 운영하고 있음. 직원의 인건비는 기준급과 업적급으로 구성률 비율은 7 : 3 정도임
3. 적용 대상 및 감액 기준의 결정 : 정규직 직원
4. 제도 유형의 결정 : 만 58세가 정년이지만 신설 회사라 현재 정년까지 근무한 직원은 1명이고, 향후 5년 내 정년에 도달하는 직원은 1명 정도임
5. 임금 굴절점 결정 : 만 55세가 피크 시점. 만 55세가 되는 날의 익년부터 기준급의 조정 없음(인상률 0%)
6. 임금 감액률 결정(감액 기준) : 임금 인상분 미반영
7. 근로 조건 등의 조정
   ㉠ 만 55세가 되는 날의 당월 기본급을 기준으로 연령별 임금 감액을 적용
   ㉡ 수당·성과급 등 기본급에 연동되는 급여는 임금 피크 적용 후 금액으로 반영
   ㉢ 급여를 제외한 나머지 인사 운영은 이전과 동일하게 유지(승진, 평가, 부서 배치 등에 있어 차등 요소 배제)하나, 임금 인상은 없음
8. 직무·직책의 조정 : 변동 없음(평가, 승진, 부서 배치 등에 있어 차등 요소 배제)

---

① K기업의 임금 피크제는 명예퇴직 후에 실시된다.
② 수당이나 성과급은 임금 피크 적용 대상에서 제외된다.
③ K기업의 임금 피크제 적용 대상은 비정규직 직원도 포함된다.
④ 급여, 인사 운영 등은 이전과 동일하게 유지되지만 임금 인상은 없다.
⑤ 임금 굴절점을 넘긴 직원의 직무 및 직책의 조정에 대한 변동은 없다.

13 다음은 A ~ E기업의 영업이익, 직원 1인당 영업이익, 평균 연봉을 나타낸 자료이다. 〈조건〉을 근거로 '나'와 '라'에 해당하는 기업을 순서대로 바르게 나열한 것은?

〈A ~ E기업의 영업이익, 직원 1인당 영업이익, 평균 연봉〉

(단위 : 백만 원)

기업 \ 항목	영업이익	직원 1인당 영업이익	평균 연봉
가	83,600	34	66
나	33,900	34	34
다	21,600	18	58
라	24,600	7	66
마	50,100	30	75

───〈조건〉───

• A는 B, C, E에 비해 직원 수가 많다.
• C는 B, D, E에 비해 평균 연봉 대비 직원 1인당 영업이익이 적다.
• A, B, C의 영업이익을 합쳐도 D의 영업이익보다 적다.
• E는 B에 비해 직원 1인당 영업이익이 적다.

	나	라
①	B	A
②	B	D
③	C	B
④	C	E
⑤	D	A

14 미술 전시를 위해 정육면체 모양의 석고 조각의 각 면에 빨강, 주황, 노랑, 초록, 파랑, 검정으로 색을 칠하려고 한다. 가지고 있는 색깔은 남김없이 모두 사용해야 하고, 이웃하는 면에는 같은 색깔을 칠하지 않는다. 회전해서 같아지는 조각끼리는 서로 같은 정육면체라고 할 때, 만들 수 있는 서로 다른 정육면체는 모두 몇 가지인가?

① 60가지 ② 120가지
③ 180가지 ④ 240가지
⑤ 300가지

15 다음 글의 필자가 주장하는 내용으로 가장 적절한 것은?

> 우리는 혈연, 지연, 학연 등에 의거한 생활양식 내지 행위 원리를 연고주의라 한다. 특히 이에 대해 지극히 부정적인 의미를 부여하며 대부분의 한국병이 연고주의와 직·간접적인 어떤 관련을 갖는 것으로 진단한다. 그러나 여기서 주목할 만한 한 가지 사실은 연고주의가 그 자체로서는 반드시 역기능을 가진다고 볼 수 없다는 것이다.
> 연고주의는 그 자체로서 비판받아야 할 것이라기보다는 나름의 고유한 가치를 갖는 사회적 자산이다. 이미 공동체적 요인이 청산·해체되어 버리고, 공동체에 대한 기억마저 사라진 서구 선진사회의 사람들은 오히려 삭막하고 황량한 사회생활의 긴장으로부터 해방되기 위해 새로운 형태의 공동체를 모색·시도하고 있다. 그에 비하면 우리의 연고주의는 인간적 온기를 지닌 것으로 그 나름의 가치 있는 삶의 원리가 아닐 수 없다.

① 연고주의는 그 자체로서 고유한 가치를 갖는 사회적 자산이다.
② 연고주의는 반드시 역기능을 가지는 것은 아니다.
③ 연고주의는 인간적 온기를 느끼게 하는 삶의 활력소이다.
④ 오늘날 연고주의에 대해 부정적 의미를 부여하기 쉽다.
⑤ 연고주의는 계속해서 유지하고 보존해야 하는 것이다.

16 A ~ E는 부산에 가기 위해 서울역에서 저녁 7시에 출발하여 대전역과 울산역을 차례로 정차하는 부산행 KTX 열차를 타기로 했다. 이들 중 2명은 서울역에서 승차하였고, 다른 2명은 대전역에서, 나머지 1명은 울산역에서 각각 승차하였다. 〈보기〉의 대화를 바탕으로 항상 옳은 것은?(단, 같은 역에서 승차한 경우 서로의 탑승 순서는 알 수 없다)

---〈보기〉---
A : 나는 B보다 먼저 탔지만, C보다 먼저 탔는지는 알 수 없어.
B : 나는 C보다 늦게 탔어.
C : 나는 가장 마지막에 타지 않았어.
D : 나는 대전역에서 탔어.
E : 나는 내가 몇 번째로 탔는지 알 수 있어.

① A는 대전역에서 승차하였다.
② B는 C와 같은 역에서 승차하였다.
③ C와 D는 같은 역에서 승차하였다.
④ E는 울산역에서 승차하였다.
⑤ D는 E와 같은 역에서 승차하였다.

17 다음은 K국의 가스사고 현황에 대한 자료이다. 〈보기〉 중 옳은 것을 모두 고르면?

〈원인별 사고 건수〉

(단위 : 건)

원인 \ 연도	2018년	2019년	2020년	2021년	2022년
사용자 취급 부주의	41	41	41	38	31
공급자 취급 부주의	23	16	22	26	29
제품노후	4	12	19	12	18
고의사고	21	16	16	12	9
타공사	2	6	4	8	7
자연재해	12	9	5	3	3
시설 미비	18	20	11	23	24
전체	121	120	118	122	121

〈사용처별 사고 건수〉

(단위 : 건)

사용처 \ 연도	2018년	2019년	2020년	2021년	2022년
주택	48	50	39	42	47
식품접객업소	21	10	27	14	20
특수허가업소	14	14	16	16	12
공급시설	3	7	5	5	6
차량	4	5	4	5	6
제1종 보호시설	3	8	6	8	5
공장	9	6	7	6	4
다중이용시설	0	0	0	0	1
야외	19	20	14	26	20
전체	121	120	118	122	121

〈보기〉

ㄱ. 2018년 대비 2022년 사고 건수의 증가율은 공급자 취급 부주의가 시설 미비보다 작다.

ㄴ. 주택과 차량의 연도별 사고 건수 증감 방향은 같다.

ㄷ. 2019년에는 사고 건수 기준 상위 2가지 원인에 의한 사고 건수의 합이 나머지 원인에 의한 사고 건수의 합보다 작다.

ㄹ. 전체 사고 건수에서 주택이 차지하는 비중은 매년 35% 이상이다.

① ㄱ, ㄴ   ② ㄱ, ㄹ

③ ㄴ, ㄷ   ④ ㄱ, ㄷ, ㄹ

⑤ ㄴ, ㄷ, ㄹ

18 다음 기사를 읽고 밑줄 친 ㉠의 사례로 가장 적절한 것은?

> 뉴메릭 마케팅이란 숫자를 뜻하는 'Numeric'과 'Marketing'을 합한 단어로, 브랜드나 상품의 특성을 나타내는 숫자를 통해 사람들에게 인지도를 높이는 마케팅 전략을 말한다. 숫자는 모든 연령대 그리고 국경을 초월하여 공통으로 사용하는 기호이기 때문에 이미지 전달이 빠르고 제품의 특징을 함축적으로 전달할 수 있다는 장점이 있다. 또한, 숫자 정보를 제시하여 소비자들이 신빙성 있게 받아들이게 되는 효과도 있다. 뉴메릭 마케팅은 크게 세 가지 방법으로 구분할 수 있는데, 기업 혹은 상품의 역사를 나타낼 때, ㉠ 특정 소비자를 한정지을 때, 제품의 특성을 반영할 때이다.

① 한 병에 비타민 C 500mg이 들어있는 '비타 500'
② 13 ~ 18세 청소년들을 위한 CGV의 '1318 클럽'
③ 46cm 내에서 친밀한 대화가 가능하도록 '페리오 46cm'
④ 1955년 당시 판매했던 버거의 레시피를 그대로 재현해 낸 '1955 버거'
⑤ 1974년 GS슈퍼 1호점 창립 연도 때의 초심 그대로를 담아낸 '1974 떡갈비'

19 다음 중 경청에 대한 설명으로 옳지 않은 것은?

① 오감(五感)을 동원하여 적극적으로 경청한다.
② 논쟁에서는 먼저 주장을 이야기한다.
③ 이야기를 가로막지 않는다.
④ 시선(Eye Contact)을 맞춰야 한다.
⑤ 말하는 순서를 지켜야 한다.

20 어느 대학교의 학생을 대상으로 교양 과목 수강 내역을 조사하였더니, 심리학을 수강한 학생 중 몇 명은 한국사를 수강하였고, 경제학을 수강한 학생은 모두 정치학을 수강하였다. 그리고 경제학을 수강하지 않은 학생은 아무도 한국사를 수강하지 않은 것으로 나타났다. 이 경우 반드시 참인 것은?

① 경제학을 수강한 모든 학생은 심리학을 수강하였다.
② 한국사를 수강한 모든 학생은 심리학을 수강하였다.
③ 심리학을 수강한 학생 중 몇 명은 정치학을 수강하였다.
④ 한국사를 수강한 학생은 아무도 정치학을 수강하지 않았다.
⑤ 경제학을 수강한 모든 학생은 한국사를 수강하였다.

21 다음은 K잡지가 발표한 2022년 가치액 기준 상위 10개 스포츠 구단에 대한 자료이다. 〈보기〉 중 옳은 것을 모두 고르면?

〈2022년 가치액 상위 10개 스포츠 구단〉

(단위 : 억 달러)

순위	구단	종목	가치액
1(1)	A	미식축구	58(58)
2(2)	B	야구	50(50)
3(5)	C	농구	45(39)
4(8)	D	농구	44(36)
5(9)	E	농구	42(33)
6(3)	F	축구	41(42)
7(7)	G	미식축구	40(37)
8(4)	H	축구	39(41)
9(11)	I	미식축구	37(31)
10(6)	J	축구	36(38)

※ ( ) 안은 2021년도 값이다.

─〈보기〉─

ㄱ. 2022년 상위 10개 스포츠 구단 중 전년보다 순위가 상승한 구단이 순위가 하락한 구단보다 많다.
ㄴ. 2022년 상위 10개 스포츠 구단 중 미식축구 구단 가치액 합은 농구 구단 가치액 합보다 크다.
ㄷ. 2022년 상위 10개 스포츠 구단 중 전년 대비 가치액 상승률이 가장 큰 구단의 종목은 미식축구이다.
ㄹ. 연도별 상위 10개 스포츠 구단의 가치액 합은 2021년이 2022년보다 크다.

① ㄱ, ㄴ
② ㄱ, ㄹ
③ ㄷ, ㄹ
④ ㄱ, ㄴ, ㄷ
⑤ ㄴ, ㄷ, ㄹ

22 농도가 9%인 묽은 염산 100g이 있다. 여기에 물을 섞어서 6%의 묽은 염산을 만들고자 할 때, 물이 얼마나 필요한가?

① 10g
② 30g
③ 50g
④ 70g
⑤ 90g

23 e – 스포츠 게임 리그에 참가 중인 K팀과 P팀이 〈조건〉에 따라 경기를 할 때, 〈보기〉에서 옳은 것을 모두 고르면?

〈조건〉

- 게임은 일대일 대결로 총 3라운드로 진행되며, 한 명의 선수는 하나의 라운드에만 출전할 수 있다.
- 신생팀인 P팀은 선수층이 얇은 관계로 1라운드에 S선수를, 2라운드에 H선수를, 3라운드에 Z선수를 출전시킨다.
- K팀은 라운드별로 이길 수 있는 확률이 0.6 이상이 되도록 7명의 선수 중 3명을 선발한다.
- A～G선수가 S선수, H선수, Z선수를 이길 수 있는 확률은 다음과 같다.

〈확률표〉

(단위 : %)

K팀 ＼ P팀	S선수	H선수	Z선수
A선수	0.42	0.67	0.31
B선수	0.35	0.82	0.49
C선수	0.81	0.72	0.15
D선수	0.13	0.19	0.76
E선수	0.66	0.51	0.59
F선수	0.54	0.28	0.99
G선수	0.59	0.11	0.64

〈보기〉

ㄱ. 1라운드 때 S선수와 경기할 K팀의 선수를 C선수로 정한다면, K팀이 선발할 수 있는 출전 선수의 조합은 6가지이다.

ㄴ. 2라운드 때 H선수와 경기할 K팀의 선수를 A선수로 정한다면 K팀이 선발할 수 있는 출전 선수의 조합은 3가지이다.

ㄷ. K팀이 선발할 수 있는 출전 선수의 조합은 총 15가지이다.

---

① ㄱ   ② ㄴ

③ ㄱ, ㄴ   ④ ㄱ, ㄷ

⑤ ㄴ, ㄷ

24 남성 정장 제조 전문회사에서 20대를 위한 캐주얼 SPA 브랜드에 신규 진출하려고 한다. K대리는 3C 분석 방법을 취하여 다양한 자료를 조사했으며, 아래와 같은 분석 내용을 도출하였다. 다음 중 자사에서 추진하려 는 신규 사업 계획의 타당성에 대한 설명으로 가장 적절한 것은?

3C	상황분석
고객(Customer)	• 40대 중년 남성을 대상으로 한 정장 시장은 정체 및 감소 추세 • 20대 캐주얼 및 SPA 시장은 매년 급성장
경쟁사(Competitor)	• 20대 캐주얼 SPA 시장에 진출할 경우, 경쟁사는 글로벌 및 토종 SPA 기업, 캐주얼 전문 기업 외에도 비즈니스 캐주얼, 아웃도어 의류 기업도 포함 • 경쟁사들은 브랜드 인지도, 유통망, 생산 등에서 차별화된 경쟁력을 가짐 • 경쟁사 중 상위 업체는 하위 업체와의 격차 확대를 위해 파격적 가격 정책과 20대 지향 디지털 마케팅 전략을 구사
자사(Company)	• 신규 시장 진출 시 막대한 마케팅 비용 발생 • 낮은 브랜드 인지도 • 기존 신사 정장 이미지 고착 • 유통과 생산 노하우 부족 • 디지털마케팅 역량 미흡

① 20대 SPA 시장이 급성장하고, 경쟁이 치열해지고 있지만, 자사의 유통 및 생산 노하우로 가격경쟁력을 확보할 수 있으므로 신규 사업을 추진하는 것이 바람직하다.

② 40대 중년 정장 시장은 감소 추세에 있으므로 새로운 수요 발굴이 필요하며, 기존의 신사 정장 이미지를 벗어나 20대 지향 디지털마케팅 전략을 구사하면 신규 시장의 진입이 가능하므로 신규 사업을 진행하는 것이 바람직하다.

③ 20대 SPA 시장이 급성장하고 있지만, 하위 업체의 파격적인 가격정책을 이겨 내기에 막대한 비용이 발생하므로 신규 사업 진출은 적절하지 않다.

④ 20대 SPA 시장은 계속해서 성장하고 매력적이지만, 경쟁이 치열하고 경쟁자의 전략이 막강하다. 이에 비해 자사의 자원과 역량은 부족하여 신규 사업 진출은 하지 않는 것이 바람직하다.

⑤ 브랜드 경쟁력을 유지하기 위해서는 20대 SPA 시장 진출이 필요하며, 파격적 가격정책을 도입하면 자사의 높은 브랜드 이미지와 시너지 효과를 낼 수 있기에 신규 사업을 진행하는 것이 바람직하다.

25 다음은 K기업의 재고 관리 사례이다. 금요일까지 부품 재고 수량이 남지 않게 완성품을 만들 수 있도록 월요일에 주문할 A~C부품 개수로 옳은 것은?(단, 주어진 조건 이외에는 고려하지 않는다)

〈부품 재고 수량과 완성품 1개당 소요량〉

부품명	부품 재고 수량	완성품 1개당 소요량
A	500	10
B	120	3
C	250	5

〈완성품 납품 수량〉

요일 항목	월요일	화요일	수요일	목요일	금요일
완성품 납품 개수	없음	30	20	30	20

※ 부품 주문은 월요일에 한 번 신청하며, 화요일 작업 시작 전에 입고된다.
※ 완성품은 부품 A, B, C를 모두 조립해야 한다.

	A	B	C
①	100	100	100
③	500	100	100
⑤	500	180	250

	A	B	C
②	100	180	200
④	500	150	250

26 다음 사례에서 고려해야 할 인적 배치 방법으로 가장 적절한 것은?

〈사례〉

A는 사람들과 어울리기 좋아하는 외향적인 성격에 매사 긍정적인 사람이다. 그는 이전 직장에서 회계부서에서 일한 결과, 자신의 성격이 가만히 사무실에 앉아서 일하는 것을 답답하고 힘들어 한다는 것을 알고, 이번에는 영업부서를 지원하였다. 하지만 회사에서는 A를 인사부서에 배치하였다. 이에 A는 실망했지만, 부서에 적응하려고 노력했다. 그러나 인사부서는 다른 직원들의 긍정적인 면은 물론 부정적인 면을 평가해야 했고, 이렇게 평가된 내용으로 직원들의 보상과 불이익이 결정되어 다른 부서 직원들은 A와 가깝게 지내기를 꺼려 했다. 이에 A는 회사에 다니기가 점점 더 싫어졌다.

① 능력 배치　　　　　　　　② 균형 배치
③ 양적 배치　　　　　　　　④ 적성 배치
⑤ 적재적소 배치

27 표준 업무시간이 80시간인 업무를 각 부서에 할당해 본 결과, 다음과 같은 자료를 얻었다. 어느 부서의 업무효율이 가장 높은가?

〈부서별 업무시간 분석결과〉

부서명	투입인원(명)	개인별 업무시간(시간)	회의	
			횟수(회)	소요시간(시간/회)
A	2	41	3	1
B	3	30	2	2
C	4	22	1	4
D	3	27	2	1
E	5	17	3	2

※ (업무효율) = $\dfrac{(표준\ 업무시간)}{(총\ 투입시간)}$

※ 총 투입시간은 개인별 투입시간의 합이다.
　(개인별 투입시간) = (개인별 업무시간) + (회의 소요시간)

※ 부서원은 업무를 분담하여 동시에 수행할 수 있다.

※ 투입된 인원의 개인별 업무능력과 인원당 소요시간이 동일하다고 가정한다.

① A
② B
③ C
④ D
⑤ E

28 환경부의 인사실무 담당자는 환경정책과 관련된 특별위원회를 구성하면서 외부 환경 전문가를 위촉하려 한다. 현재 거론되고 있는 외부 전문가는 A～F 총 여섯 명이다. 이 여섯 명의 외부 인사에 대해서 담당자는 〈조건〉을 충족하는 선택을 해야 한다. 만약 B가 위촉되지 않는다면, 몇 명이 위촉되는가?

――――――〈조건〉――――――
• 만약 A가 위촉되면, B와 C도 위촉되어야 한다.
• 만약 A가 위촉되지 않는다면, D가 위촉되어야 한다.
• 만약 B가 위촉되지 않는다면, C나 E가 위촉되어야 한다.
• 만약 C와 E가 위촉되면, D는 위촉되어서는 안 된다.
• 만약 D나 E가 위촉되면, F도 위촉되어야 한다.

① 1명
② 2명
③ 3명
④ 4명
⑤ 5명

29 다음 글의 내용으로 적절하지 않은 것은?

흔히 우리 춤을 손으로 추는 선(線)의 예술이라 한다. 서양 춤은 몸의 선이 잘 드러나는 옷을 입고 추는데 반해 우리 춤은 옷으로 몸을 가린 채 손만 드러내 놓고 추는 경우가 많기 때문이다. 한마디로 말해서 손이 춤을 구성하는 중심축이 되고, 손 이외의 얼굴과 목과 발 등은 손을 보조하며 춤을 완성하는 역할을 한다. 손이 중심이 되어 만들어 내는 우리 춤의 선은 내내 곡선을 유지한다. 예컨대 승무에서 장삼을 휘저으며 그에 맞추어 발을 내딛는 역동적인 움직임도 곡선이요, 살풀이춤에서 수건의 간드러진 선이 만들어 내는 것도 곡선이다. 해서 지방의 탈춤과 처용무에서도 S자형의 곡선이 연속적으로 이어지면서 춤을 완성해 낸다.

호흡의 조절을 통해 다양하게 구현되는 곡선들 사이에는 우리 춤의 빼놓을 수 없는 구성요소인 '정지'가 숨어 있다. 정지는 곡선의 흐름과 어울리며 우리 춤을 더욱 아름답고 의미 있게 만들어 주는 역할을 한다. 그러나 이때의 정지는 말 그대로의 정지라기보다 '움직임의 없음'이며, 그런 점에서 동작의 연장선상에서 이해해야 한다.

우리 춤에서 정지를 동작의 연장으로 보는 것, 이것은 바로 우리 춤에 담겨 있는 '마음의 몰입'이 발현된 결과이다. 춤추는 이가 호흡을 가다듬으며 다양한 곡선들을 연출하는 과정을 보면 한 순간 움직임을 통해 선을 만들어 내지 않고 멈춰 있는 듯한 장면이 있다. 이런 동작의 정지 상태에서도 멈춤 그 자체로 머무는 것이 아니며, 여백의 그 순간에도 상상의 선을 만들어 춤을 이어가는 것이 몰입 현상이다. 이것이 바로 우리 춤을 가장 우리 춤답게 만들어 주는 특성이라고 할 수 있다.

① 우리 춤의 복장 중 대다수는 몸의 선을 가리는 구조로 되어 있다.
② 우리 춤의 동작은 처음부터 끝까지 쉬지 않고 곡선을 만들어 낸다.
③ 승무, 살풀이춤, 탈춤, 처용무 등은 손동작을 중심으로 한 춤의 대표적인 예이다.
④ 우리 춤에서 정지는 하나의 동작과 동등한 것으로 볼 수 있다.
⑤ 몰입 현상이란 춤을 멈추고 상상을 통해 춤을 이어가는 과정을 말한다.

30 면접 시험장에 간 A ~ F는 각각 1번부터 6번까지의 번호를 부여받았고, 〈조건〉에 따라 면접을 보게 된다고 한다. 다음 중 A가 3번일 때, 첫 번째로 면접을 보는 사람은 누구인가?

―〈조건〉―
• 1, 2, 3번은 오전에, 4, 5, 6번은 오후에 면접을 보게 된다.
• C, F는 오전에 면접을 본다.
• C 다음에는 A가, A 다음에는 D가 면접을 본다.
• B는 2번 아니면 6번이다.

① B ② C
③ D ④ E
⑤ F

※ K회사는 가정용 인터넷·통신 시장에서 점유율 1위를 차지하고 있고, L회사는 후발주자로 점유율 2위를 차지하고 있다. L회사는 K회사를 견제하며 자사의 시장점유율을 높이고자 가격 할인 정책을 실시하고자 한다. 다음 자료는 가격 할인을 했을 때, 상품 판매량에 미치는 영향에 대해 정리한 표이다. 이어지는 질문에 답하시오. [31~32]

〈가격 할인 단위별 판매체계〉

할인율		K회사			
		0%	10%	20%	30%
L회사	0%	(4, 5)	(3, 8)	(3, 12)	(2, 18)
	10%	(8, 4)	(5, 7)	(5, 8)	(4, 14)
	20%	(10, 3)	(8, 6)	(7, 9)	(6, 12)
	30%	(12, 2)	(10, 5)	(9, 7)	(8, 10)

※ 괄호 안의 숫자는 각 회사의 할인정책에 따른 월 상품 판매량(단위 : 백 개)을 의미한다(L회사 상품 판매량, K회사 상품 판매량).
※ 두 회사에서 판매하는 상품은 동급으로 상품당 판매가는 500,000원이다.

31 두 회사가 동일한 가격 할인 정책을 실시한다고 가정했을 때, L회사가 K회사와의 매출액 차이를 최소화할 수 있는 할인율은 얼마이고, 월 매출액 차이는 얼마인가?

① 10% 할인, 9천만 원
② 20% 할인, 8천만 원
③ 20% 할인, 7천만 원
④ 30% 할인, 8천만 원
⑤ 30% 할인, 7천만 원

32 L회사에서는 20% 가격 할인에 대해 검토하고 있다. 이에 대해 K회사에서 어떻게 대응할지 정확하게 알 수 없지만 다음과 같은 확률로 가격을 할인하여 대응할 것으로 예측되었다. L회사가 기대할 수 있는 월 매출액은 얼마로 예상할 수 있는가?

〈20% 할인 시 경쟁사 대응 예측 결과〉

K회사 할인율	0%	10%	20%	30%
확률	20%	40%	30%	10%

① 30.2천만 원
② 30.8천만 원
③ 31.0천만 원
④ 31.6천만 원
⑤ 32.2천만 원

33 다음은 K유통에서 발생하는 작업 환경의 유해 원인을 작업장별로 나타낸 자료이다. 이에 대한 설명으로 옳은 것을 〈보기〉에서 모두 고르면?

구분	작업 환경의 유해 원인	사례 수		
		A작업장	B작업장	합계
1	소음(물리적 요인)	3	1	4
2	분진(화학적 요인)	1	2	3
3	진동(물리적 요인)	3	0	3
4	바이러스(생물학적 요인)	0	5	5
5	부자연스러운 자세 (인간공학적 요인)	5	3	8
	합계	12	11	23

〈보기〉
ㄱ. A작업장에서 발생하는 작업 환경의 유해 사례는 화학적 요인에서 가장 많이 발생되었다.
ㄴ. B작업장에서 발생하는 작업 환경의 유해 사례는 생물학적 요인에서 가장 많이 발생되었다.
ㄷ. A와 B작업장에서 화학적 요인으로 발생되는 작업 환경의 유해 요인은 집진 장치를 설치하여 예방할 수 있다.

① ㄱ
② ㄴ
③ ㄱ, ㄷ
④ ㄴ, ㄷ
⑤ ㄱ, ㄴ, ㄷ

34 주방에 요리사인 철수와 설거지 담당인 병태가 있다. 요리에 사용되는 접시는 하나의 탑처럼 순서대로 쌓여 있다. 철수는 접시가 필요할 경우 이 접시 탑의 맨 위에 있는 접시부터 하나씩 사용한다. 병태는 자신이 설거지한 깨끗한 접시를 해당 탑의 맨 위에 하나씩 쌓는다. 철수와 병태는 (가) ~ (라) 작업을 차례대로 수행하였다. 철수가 (라) 작업을 완료한 이후 접시 탑의 맨 위에 있는 접시는?

> (가) 병태가 시간 순서대로 접시 A, B, C, D를 접시 탑에 쌓는다.
> (나) 철수가 접시 한 개를 사용한다.
> (다) 병태가 시간 순서대로 접시 E, F를 접시 탑에 쌓는다.
> (라) 철수가 접시 세 개를 순차적으로 사용한다.

① A접시   ② B접시
③ C접시   ④ D접시
⑤ E접시

35 진영이는 이번 출장에 KTX표를 미리 구매하여 40% 할인된 가격에 구매하였으나, 출장 일정이 바뀌는 바람에 하루 전날 표를 취소하였다. 환불 규정에 따라 16,800원을 돌려받았을 때, 할인되지 않은 KTX표의 가격은?

〈KTX 환불 규정〉		
출발 2일 전	출발 1일 전 ~ 열차 출발 전	열차 출발 후
100%	70%	50%

① 40,000원   ② 48,000원
③ 56,000원   ④ 67,200원
⑤ 70,000원

36 다음 글의 내용으로 적절한 것을 〈보기〉에서 모두 고르면?

> 육조는 조선시대에 국가의 정무를 나누어 맡아 보던 이조, 호조, 예조, 병조, 형조, 공조에 대한 총칭이다. 별칭으로 육부 또는 육관으로 불리었다. 육조의 기능을 보면 이조는 주로 인사를 담당하였으며, 호조는 재정·경제와 호적 관리를, 예조는 과거 관리 및 일반 의례를 담당했고, 병조는 군제와 군사를, 형조는 형벌 및 재판과 노비문제를, 공조는 도로, 교량, 도량형 등을 관리했다.
>
> 육조는 조마다 정2품의 판서 1인, 종2품의 참판 1인, 정3품의 참의 1인, 정5품의 정랑이 2인에서 4인, 정6품의 좌랑이 2인에서 4인 등으로 구성되었다. 사무 운영에서 일상적 업무처리는 정랑·좌랑이, 중대사 및 돌발적인 업무는 판서·참판·참의 등 당상관(정3품 이상)이 중심이 되어 처리했다.
>
> 육조의 서열은 1418년까지는 이, 병, 호, 예, 형, 공조의 순서였고, 이후에는 이, 호, 예, 병, 형, 공조의 순서가 되었다. 즉, 조선 세종 이후 병조가 약화되고 재무를 다루던 호조와 의례를 다루던 예조가 강화되었다. 육조는 왕권 및 통치 구조와 연관되면서 수시로 그 세력이 조절되었지만, 법제적으로는 국정의 가장 중심이 되는 기관이었다. 육조의 정랑·좌랑은 임기를 마치면 승진되는 특혜를 받았으며, 이, 예, 병조의 정랑·좌랑은 문관만 재직할 수 있도록 되어 있었다.

─────〈보기〉─────

ㄱ. 조선시대에는 관료의 채용관련 업무와 관료의 승진·평가업무를 한 부서에서 전담하지 않았다.
ㄴ. 조선시대 군제와 군사를 담당하는 병조는 무관의 고유 업무 영역이었다.
ㄷ. 조선시대 육조에는 18명의 당상관이 있었으며, 육관의 서열이 정해져 있었다.
ㄹ. 조선 초기에 비해 조선 후기에는 실학사상의 영향으로 호조의 역할이 강화되었다.
ㅁ. 조선시대 당상관의 경우에는 임기제로 운영되고 있었다.

① ㄱ, ㄴ
② ㄱ, ㄷ
③ ㄴ, ㄷ
④ ㄴ, ㄹ
⑤ ㄹ, ㅁ

37 K중소기업은 시운전을 한 결과 10%의 불량품이 발생하는 것을 확인하였다. 다소 높은 불량률로 인하여 생산기계를 개선하는 방안을 검토하고자 한다. 다음의 사항을 고려하여 개선한다면 그렇지 않을 때와 비교했을 때, 이익의 차이는 어느 정도인가?

■ 기존 생산 조건
- K중소기업이 하루 동안 생산할 수 있는 제품의 수는 10,000개이다.
- 제품의 판매 가격은 개당 5,000원이다.
- 원재료비는 제품 1단위당 1,000원의 비용이 발생한다.
- 제품 1단위당 생산 비용은 300원이다.
- 불량품은 재활용하지 않고 폐기한다.

■ 개선 후 생산 조건
- 기계를 개선하였을 경우 불량률은 0.1%로 줄어든다.
- 제품 1단위당 생산 비용은 기존보다 50% 더 늘어난다.

---

① 개선할 경우 이익이 약 11% 증가한다.
② 개선할 경우 오히려 약 5%의 손해가 발생한다.
③ 개선할 경우 오히려 이익이 약 8% 정도 감소한다.
④ 개선할 경우 약 7%의 이익이 발생한다.
⑤ 개선하더라도 이익은 변하지 않는다.

38 다음 인터뷰 내용을 토대로 〈보기〉의 밑줄 친 주장에 대해 반박하려고 할 때, 그 논거로 적절하지 않은 것은?

> 기자 : 교수님, 영국에서 탄생한 복제 양과 우리의 복제 송아지의 차이점은 무엇이라고 생각하시는지요.
> 교수 : 두 가지 차원에서 이야기할 수 있습니다. 지금까지는 생명을 복제하기 위해서 반드시 생식 세포를 이용해야 한다는 것이 정설이었습니다. 그런데 복제 양은 생식 세포가 아닌 일반 체세포, 그중에서도 젖샘 세포를 이용했습니다. 이는 노화 등의 이유로 생식 세포가 죽은 개체들로 체세포를 통해 복제가 가능하다는 얘기가 됩니다. 체세포를 통한 복제는 기존 생물학적 개념을 완전히 바꾼 것입니다. 반면 산업적 측면에서는 문제가 있습니다. 동물 복제는 순수 발생학적 관심 못지않게 경제적으로도 중요합니다. 생산력이 뛰어난 가축을 적은 비용으로 복제 생산해야 한다는 것입니다. 이 점에서는 체세포를 통한 복제는 아직 한계가 있습니다. 경제적인 측면에서는 생식 세포를 이용한 복제가 훨씬 효과적입니다.
> 기자 : 이런 복제 기술들이 인간에게도 적용이 가능한가요?
> 교수 : 기술적으로는 그렇습니다. 그러나 인간에게 적용했을 때는 기존 인간관계의 근간을 파괴하는 사회 문제를 발생시킬 것입니다. 또 생명체 복제 기술의 적용 영역을 확대하다 보면, 자의로 또는 적용 과정에서 우연히 인체에 치명적이거나 통제 불능한 생물체가 만들어질 가능성도 있습니다. 이것을 생물 재해라고 합니다. 생명공학에 종사하는 학자들은 이 두 가지 문제들을 늘 염두에 두어야 합니다. 물론 아직까지는 이런 문제들이 발생하지 않았지만, 어느 국가 또는 특정 집단이 복제 기술을 악용할 위험성을 배제할 수는 없습니다.

───〈보기〉───

미국 위스콘신 생명 윤리 연구 센터의 아서더스 박사는 '인간에게 동물 복제 기술을 적용하면 왜 안 되는지에 대한 논리적 이유가 없다.'고 하면서, 인간 복제를 규제한다 하더라도 대단한 재력가나 권력가는 이를 충분히 피해갈 것이라고 말했다.

① 사람들 사이의 신뢰가 무너질 수 있다.
② 범죄 집단에 악용될 위험이 있다.
③ 인구가 폭발적으로 증가할 염려가 있다.
④ 통제 불능한 인간을 만들어 낼 수 있다.
⑤ 치료법이 없는 바이러스가 만들어질 수도 있다.

다음 글과 상황을 근거로 판단할 때, 갑 ~ 정 가운데 근무계획이 승인될 수 있는 사람을 모두 고르면?

〈유연근무제〉

□ 개념
- 주 40시간을 근무하되, 근무시간을 유연하게 관리하여 1주일에 5일 이하로 근무하는 제도
□ 복무관리
- 점심 및 저녁시간 운영
  - 근무 시작과 종료 시각에 관계없이 점심시간은 12:00 ~ 13:00, 저녁시간은 18:00 ~ 19:00의 각 1시간으로 하고 근무시간으로는 산정하지 않음
- 근무시간 제약
  - 근무일의 경우, 1일 최대 근무시간은 12시간으로 하고 최소 근무시간은 4시간으로 함
  - 하루 중 근무시간으로 인정하는 시간대는 06:00 ~ 24:00로 한정함

〈상황〉

다음은 갑 ~ 정이 제출한 근무계획을 정리한 것이며 위의 유연근무제에 부합하는 근무계획만 승인된다.

요일 직원	월	화	수	목	금
갑	08:00 ~ 18:00	08:00 ~ 18:00	09:00 ~ 13:00	08:00 ~ 18:00	08:00 ~ 18:00
을	08:00 ~ 22:00	08:00 ~ 22:00	–	08:00 ~ 22:00	08:00 ~ 12:00
병	08:00 ~ 24:00	08:00 ~ 24:00	–	08:00 ~ 22:00	–
정	06:00 ~ 16:00	08:00 ~ 22:00	–	09:00 ~ 21:00	09:00 ~ 18:00

① 을
② 갑, 병
③ 갑, 정
④ 을, 병
⑤ 을, 정

※ K회사 직원인 정민, 혜정, 진선, 기영, 보람, 민영, 선호 일곱 사람은 오후 2시에 시작하는 회의에 참석하기 위해 대중교통을 이용하여 거래처 내 회의장에 가고자 한다. 〈조건〉을 참고하여 이어지는 질문에 답하시오. [40~41]

─〈조건〉─

• 이용가능한 대중교통은 버스, 지하철, 택시만 있다.
• 이용가능한 모든 대중교통의 K회사에서부터 거래처까지의 노선은 A, B, C, D지점을 거치는 직선 노선이다.
• K회사에서 대중교통을 기다리는 시간은 고려하지 않는다.
• 택시의 기본요금은 2,000원이며, 2km까지 해당한다.
• 택시는 2km마다 100원씩 추가요금이 발생하며, 2km를 1분에 간다.
• 버스는 2km를 3분에 가고, 지하철은 2km를 2분에 간다.
• 버스와 지하철은 K회사, A, B, C, D 각 지점 그리고 거래처에 있는 버스정류장 및 지하철역을 경유한다.
• 버스 요금은 500원, 지하철 요금은 700원이며 추가요금은 없다.
• 버스와 지하철 간에는 무료 환승이 가능하다.
• 환승할 경우 소요시간은 2분이다.
• 환승할 때 느끼는 번거로움 등을 비용으로 환산하면 1분당 400원이다.
• 거래처에 도착하여 회의장까지 가는 데는 2분이 소요된다.
• 회의가 시작되기 전에 먼저 회의장에 도착하여 대기하는 동안의 긴장감 등을 비용으로 환산하면 1분당 200원이다.
• 회의에 지각할 경우 회사로부터 당하는 불이익 등을 비용으로 환산하면 1분당 10,000원이다.

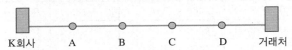

※ 각 구간의 거리는 모두 2km이다.

40 거래처에 도착한 이후의 비용을 고려하지 않을 때, K회사에서부터 거래처까지 최단시간으로 가는 방법과 최소비용으로 가는 방법 간의 비용 차는 얼마인가?

① 1,900원
② 2,000원
③ 2,100원
④ 2,200원
⑤ 2,300원

41 정민이는 K회사에서부터 B지점까지 버스를 탄 후, 택시로 환승하여 거래처의 회의장에 도착하고자 한다. 어느 시각에 출발하는 것이 비용을 최소화할 수 있는가?

① 오후 1시 42분
② 오후 1시 45분
③ 오후 1시 47분
④ 오후 1시 50분
⑤ 오후 1시 52분

42 A∼C 세 사람은 주기적으로 집안 청소를 한다. A는 6일마다, B는 8일마다, C는 9일마다 청소를 할 때, 세 명이 9월 10일에 같이 청소를 했다면, 다음에 같이 청소하는 날은 언제인가?

① 11월 5일   ② 11월 12일

③ 11월 16일   ④ 11월 21일

⑤ 11월 29일

43 다음 개편된 가정용 전기요금 체계에 따라 민희네 집은 11월에 70kWh를 사용하여 15,000원을, 12월에는 120kWh를 사용하여 42,000원을 지불했을 때, 1kWh당 단위요금에 20%를 가산한 요금은 얼마인가?

구분	계산식
〈개편된 전기요금 체계〉	
10kWh 이하	기본요금
10kWh 초과 100kWh 이하	(기본요금)+[(10kWh 초과분)×(1kWh당 단위요금)]
100kWh 초과	(기본요금)+[(10kWh 초과분)×(1kWh당 단위요금)]+ [(100kWh 초과분)×(1kWh당 단위요금)×1.2]

① 500원   ② 520원

③ 540원   ④ 600원

⑤ 620원

44 다음 〈조건〉을 통해 추론할 때, 서로 언어가 통하지 않는 사람끼리 짝지어진 것은?

─────〈조건〉─────

• A는 한국어와 영어만을 할 수 있다.
• B는 영어와 독일어만을 할 수 있다.
• C는 한국어와 프랑스어만을 할 수 있다.
• D는 중국어와 프랑스어만을 할 수 있다.

① A, B   ② A, C

③ B, D   ④ C, D

⑤ 없음

45 갑 ~ 정이 공을 막대기로 쳐서 구멍에 넣는 경기를 하였다. 다음 규칙과 경기 결과에 근거하여 판단할 때, 〈보기〉에서 옳은 것을 모두 고르면?

〈규칙〉

- 경기 참가자는 시작점에 있는 공을 막대기로 쳐서 구멍 안에 넣어야 한다. 참가자에게는 최대 3회의 기회가 주어지며, 공을 넣거나 3회의 기회를 다 사용하면 한 라운드가 종료된다.
- 첫 번째 시도에서 공을 넣으면 5점, 두 번째 시도에서 공을 넣으면 2점, 세 번째 시도에서 공을 넣으면 0점을 얻게 되며, 세 번째 시도에서도 공을 넣지 못하면 −3점을 얻게 된다.
- 총 2라운드를 진행하여 각 라운드에서 획득한 점수를 합산하여 높은 점수를 획득한 참가자 순서대로 우승, 준우승, 3등, 4등으로 결정한다.
- 만일 경기 결과 동점이 나올 경우, 1라운드 고득점 순으로 동점자의 순위를 결정한다.

〈경기 결과〉

다음은 네 명이 각 라운드에서 공을 넣기 위해 시도한 횟수를 표시하고 있다.

구분	1라운드	2라운드
갑	3회	3회
을	2회	3회
병	2회	2회
정	1회	3회

〈보기〉

ㄱ. 갑은 다른 선수의 경기 결과에 따라 3등을 할 수 있다.
ㄴ. 을은 다른 선수의 경기 결과에 따라 준우승을 할 수 있다.
ㄷ. 병이 우승했다면 1라운드와 2라운드를 합쳐서 네 명이 구멍 안에 넣은 공은 최소 5개 이상이다.
ㄹ. 정이 우승했다면 획득한 점수는 5점이다.

① ㄱ, ㄷ
② ㄴ, ㄷ
③ ㄱ, ㄹ
④ ㄱ, ㄴ, ㄹ
⑤ ㄴ, ㄷ, ㄹ

46 다음 글을 읽고 추론한 내용으로 적절하지 않은 것은?

2026년에는 국민 5명 중 1명 이상이 노인이 되는 초고령사회에 진입할 것으로 예측됨에 따라 노인 돌봄 서비스에 대한 중요성이 커지고 있다. 이에 따라 정부는 노인들의 불안을 해소하고, 평소 거주하던 곳에서 계속 살아갈 수 있기를 원하는 국민의 욕구를 충족하기 위해 '지역 사회 통합 돌봄(커뮤니티 케어) 기본 계획'을 발표하였다.

커뮤니티 케어(Community Care)는 돌봄을 필요로 하는 노인들이 살던 곳에서 개개인의 욕구에 맞는 서비스를 누리고, 지역 사회와 함께 살아갈 수 있도록 주거, 보건 의료, 돌봄 등의 지원이 통합적으로 확보되는 지역 주도형 사회 서비스 정책을 말한다. 즉, 의료 기관이나 요양 시설 중심의 돌봄에서 벗어나 지역 사회가 함께 노인을 돌보는 서비스로, 돌봄이 필요한 사람이 자신이 살던 곳에서 어울려 살아갈 수 있도록 돕겠다는 취지의 서비스이다.

우선 정부는 노인이 사는 곳에서 건강 관리를 받고 각종 돌봄 서비스를 누릴 수 있는 맞춤형 '케어안심주택'을 확대할 계획으로, 2023년까지 노인 공공임대주택 약 4만 호가 케어안심주택으로 추진될 예정이다. 또한 정부는 고령화로 인해 마을이 사라지는 것을 방지하기 위해 지역 주민의 참여를 기반으로 의료·복지 등의 돌봄 서비스를 제공하는 '커뮤니티 케어형 도시재생 뉴딜 사업'을 시작한다. 건강 상태가 우려되는 노인의 집으로 직접 찾아가 혈압 등을 확인하고 생활 습관을 관리해 주는 방문 건강 서비스도 확대된다. 2023년까지 모든 시·군·구에 '주민건강센터'를 구축할 예정이며, 올해는 의사와 간호사 등이 노인의 집으로 찾아가는 방문 의료 시범 사업이 실시된다.

① 2023년에는 모든 시·군·구에 '주민건강센터'가 있겠군.
② 지역 주민의 참여가 정부의 정책 실현에 큰 힘이 되겠군.
③ 고령화 현상의 심화로 농·어촌의 작은 마을들이 사라지고 있군.
④ 노인 돌봄 서비스에 대한 중요성은 앞으로 계속해서 더 커지겠어.
⑤ 의료 기관에서 의료 서비스를 제공하므로 병원의 비중이 높아지겠어.

※ A는 휴가 때 전국의 유적지들을 답사하려고 한다. 자료 1과 자료 2는 A의 집을 중심으로 A가 갈 유적지들의 위치와 유적지 간의 거리를 나타내고, 자료 3은 도로별 연비를 나타낸다. 자료를 바탕으로 이어지는 질문에 답하시오. [47~48]

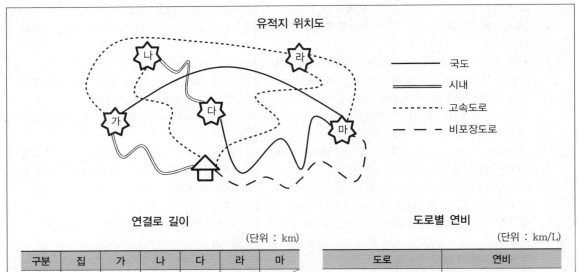

유적지 위치도

연결로 길이 (단위 : km)

구분	집	가	나	다	라	마
마	96	120		72	60	
라	100	120				60
다			40			72
나	80			40		
가	40				120	120

도로별 연비 (단위 : km/L)

도로	연비
국도	12
시내	4
고속도로	20
비포장도로	8

47 A는 집에서 출발하여 모든 유적지를 둘러 보고 다시 집으로 돌아왔다. A가 최단 거리로 이동했다고 할 때, 그 거리는 몇 km인가?(단, 중간에 집을 거쳐 가지 않았다)

① 320km
② 330km
③ 390km
④ 412km
⑤ 420km

48 A는 연료(휘발유)가 가장 적게 드는 방법으로 유적지 탐사를 했다. 집에서 출발하여 모든 유적지를 한 번씩 둘러 보았을 때, A가 유적지 답사에 쓴 연료값은 얼마인가?(단, 휘발유는 1L당 1,000원이며, 마지막 유적지를 도착점으로 하고 중간에 집에 들르는 것도 가능하다)

① 29,000원
② 30,000원
③ 35,000원
④ 36,000원
⑤ 38,000원

49 K공사의 기관사 체험 안내문을 보고 다섯 사람이 대화를 나누었다. 다음 중 잘못 말한 사람은?

〈기관사 체험 안내〉

1. 기관사 체험 일정
   2023년 11월 11일(토) 13:00 ~ 16:40
2. 신청 기간 및 방법
   • 신청 기간 : 2023년 10월 25일(수) ~ 10월 28일(토)
   • 신청 방법 : 공사 홈페이지에서 신청
3. 신청 대상
   초등학생 및 청소년, 일반인
4. 체험 인원 및 선정 방법
   • 체험 인원 : 30명
   • 선정 방법 : 신청 인원이 체험 인원보다 많을 경우 신청자 중에서 전산 추첨
5. 선정자 발표 : 10월 31일(화) ~ 11월 3일(금)
   ※ 개인정보 제공 미동의 시 선정자에서 배제되며, 동의하신 개인정보는 여행자보험 가입 시 이용, 체험행사 종료 시 개인정보는 파기됩니다.
   ※ 개별적으로 연락은 드리지 않으니 홈페이지에서 꼭 확인해 주세요.
6. 체험프로그램 구성

진행시간	프로그램	장소
13:00 ~ 13:30	• 환영인사 • 행사일정 소개 및 안전교육 • 조별 담당자 소개	승무사업소 교양실
13:30 ~ 15:00	• 승무보고, 종료보고 체험 • 운전연습기 체험 • VR 체험	승무사업소 운용실 및 운전연습기실
15:00 ~ 15:08	• 임시열차 승차를 위해 이동	대림역 내선 승강장

15:08 ~ 16:40	• 기관사 및 차장칸 운전실 조별 승차
	  – 전부운전실 및 터널 체험
	  – 후부운전실 방송 체험
	• 기념품 증정 및 기념 촬영
	• 종료인사
		2호선 임시열차

① A : 이번에 유치원에 입학한 조카가 지하철을 참 좋아하는데, 신청하지 못할 것 같아서 아쉽네요.
② B : 신청자가 40명이면 전산 추첨 후 10명이 떨어지겠네요.
③ C : 체험프로그램은 총 3시간 40분 동안 진행되네요.
④ D : 선정자는 문자로 개별연락이 온다고 하니 발표기간에 잘 체크해야겠어요.
⑤ E : 가장 궁금했던 지하철 방송을 체험할 수 있는 시간도 있으니 꼭 신청해야겠어요.

50 다음 글을 근거로 판단할 때, 〈보기〉에서 옳은 것을 모두 고르면?

- K국은 매년 X를 100톤 수입한다. K국이 X를 수입할 수 있는 국가는 A국, B국, C국 3개국이며, K국은 이 중 한 국가로부터 X를 전량 수입한다.
- X의 거래 조건은 다음과 같다.

국가	1톤당 단가	관세율	1톤당 물류비
A국	12달러	0%	3달러
B국	10달러	50%	5달러
C국	20달러	20%	1달러

- 1톤당 수입비용은 다음과 같다.
  (1톤당 수입비용)=(1톤당 단가)+[(1톤당 단가)×(관세율)]+(1톤당 물류비)
- 특정 국가와 FTA를 체결하면 그 국가에서 수입하는 X에 대한 관세율이 0%가 된다.
- K국은 지금까지 FTA를 체결한 A국으로부터만 X를 수입했다. 그러나 최근 A국으로부터 X의 수입이 일시 중단되었다.

〈보기〉

ㄱ. K국이 B국과도 FTA를 체결한다면, 기존에 A국에서 수입하던 것과 동일한 비용으로 X를 수입할 수 있다.
ㄴ. C국이 A국과 동일한 1톤당 단가를 제시하였다면, K국은 기존에 A국에서 수입하던 것보다 저렴한 비용으로 C국으로부터 X를 수입할 수 있다.
ㄷ. A국으로부터 X의 수입이 다시 가능해졌으나 1톤당 6달러의 보험료가 A국으로부터의 수입비용에 추가된다면, K국은 A국보다 B국에서 X를 수입하는 것이 수입비용 측면에서 더 유리하다.

① ㄱ
② ㄴ
③ ㄷ
④ ㄱ, ㄴ
⑤ ㄱ, ㄷ

제3회
NCS 핵심영역

영역분리형 모의고사

〈문항 및 시험시간〉

평가영역	문항 수	시험시간	모바일 OMR 답안분석
의사소통능력＋수리능력＋ 문제해결능력＋자원관리능력	60문항	60분	

제3회 모의고사

제 1영역 의사소통능력

01 다음 글의 논지 전개상 특징으로 가장 적절한 것은?

> 영화는 특정한 인물이나 집단, 나라 등을 주제로 하는 대중문화로, 작품 내적으로 시대상이나 당시의 유행을
> 반영한다는 사실은 굳이 평론가의 말을 빌리지 않더라도 모두가 공감하는 사실일 것이다. 하지만 영화가 유행
> 에 따라 작품의 외적인 부분, 그중에서도 제목의 글자 수가 변화한다는 사실을 언급하면 고개를 갸웃하는
> 이들이 대부분일 것이다.
>
> 2000년대에는 한국 최초의 블록버스터 영화로 꼽히는 '쉬리'와 '친구'를 비롯해 두 글자의 간결한 영화 제목
> 이 주류를 이뤘지만 그로부터 5년이 지난 2005년에는 두 글자의 짧은 제목의 영화들이 7%로 급격히 감소하
> 고 평균 제목의 글자 수가 5개에 달하게 되었다. 이는 영화를 한두 줄의 짧은 스토리로 요약할 수 있는 코미
> 디 작품들이 늘어났기 때문이었는데 '나의 결혼 원정기', '미스터 주부 퀴즈왕', '내 생애 가장 아름다운 일주
> 일' 등이 대표적이다.
>
> 이후 2010년대 영화계에서는 오랜 기간 세 글자 영화 제목이 대세였다고 해도 과언이 아니다. '추격자'를
> 비롯해 '우리 생애 최고의 순간'을 줄인 '우생순'과 '좋은 놈, 나쁜 놈, 이상한 놈'을 '놈놈놈'으로 줄여 부르기
> 도 했으며 '아저씨', '전우치'나 '해운대', '신세계'를 비롯해 '베테랑', '부산행', '강철비', '곤지암'은 물론 최근
> '기생충'에 이르기까지 세 글자 영화들의 대박행진은 계속되고 있다. 이에 반해 2018년에는 제작비 100억
> 원을 넘은 두 글자 제목의 한국 영화 네 편이 모두 손익분기점을 넘기지 못하는 초라한 성적표를 받기도
> 했다.
>
> 그렇다면 역대 박스오피스에 등재된 한국영화들의 평균 글자 수는 어떻게 될까? 부제와 시리즈 숫자, 줄임
> 단어로 주로 불린 영화의 원 음절 등을 제외한 2019년까지의 역대 박스오피스 100위까지의 한국영화 제목
> 글자 수는 평균 4.12였다. 다만 두 글자 영화는 21편, 세 글자 영화는 29편, 네 글자 영화는 21편으로 세
> 글자 제목의 영화가 역대 박스오피스 TOP 100에 가장 많이 등재된 것으로 나타났다.

① 특정한 이론을 제시한 뒤 그에 반박하는 의견을 제시하여 대비를 이루고 있다.

② 현상을 언급한 뒤 그에 대한 사례를 순서대로 나열하고 있다.

③ 특정한 현상을 분석하여 추려낸 뒤, 해결 방안을 이끌어 내고 있다.

④ 대상을 하위 항목으로 구분하여 논의의 범주를 명시하고 있다.

⑤ 현상의 변천 과정을 고찰한 뒤 앞으로의 발전 방향을 제시하고 있다.

02 다음 글의 표에 대한 판단으로 적절한 것을 〈보기〉에서 모두 고르면?

우리 몸에는 세 종류의 중요한 근육이 있는데 이것들은 서로 다른 두 기준에 따라 각각 두 종류로 분류될 수 있다. 두 기준은 근육을 구성하는 근섬유에 줄무늬가 있는지의 여부와 근육의 움직임을 우리가 의식적으로 통제할 수 있는지의 여부이다.

세 종류의 중요한 근육 중 뼈대 근육은 우리가 의식적으로 통제하여 사용할 수 있기 때문에 수의근이라고 하며 뼈에 부착되어 있다. 이 근육에 있는 근섬유에는 줄무늬가 있어서 줄무늬근으로 분류된다. 뼈대 근육은 달리기, 들어 올리기와 같은 신체적 동작을 일으킨다. 우리가 신체적 운동을 통해 발달시키고자 하는 근육이 바로 뼈대 근육이다.

뼈대 근육과 다른 종류로서 내장 근육이 있는데, 이 근육은 소화기관, 혈관, 기도에 있는 근육으로서 의식적인 통제하에 있는 것이 아니다. 내장 근육에 있는 근섬유에는 줄무늬가 없어서 민무늬근으로 분류된다. 위나 다른 소화기관에 있는 근육은 꿈틀 운동을 일으킨다. 혈관에 있는 근육은 혈관의 직경을 변화시켜서 피의 흐름을 촉진시킨다. 기도에 있는 근육은 기도의 직경을 변화시켜서 공기의 움직임을 촉진시킨다.

심장 근육은 심장에서만 발견되는데 심장 근육에 있는 근섬유에는 줄무늬가 있다. 심장 근육은 심장벽을 구성하고 있고 심장을 수축시키는 역할을 하는데, 이 근육은 우리가 의식적으로 통제할 수 있는 것이 아니기 때문에 불수의근으로 분류된다. 지금까지 기술한 내용을 정리하면 다음과 같다.

〈근육의 종류와 특징〉

기준＼종류	뼈대 근육	내장 근육	심장 근육
A	㉠	㉡	㉢
B	㉣	㉤	㉥

〈보기〉

ㄱ. ㉡과 ㉢이 같은 특징이라면, A에는 근섬유에 줄무늬가 있는지를 따지는 기준이 들어간다.

ㄴ. ㉣과 ㉥이 다른 특징이라면, B에는 근육의 움직임을 의식적으로 통제할 수 있는지를 따지는 기준이 들어간다.

ㄷ. ㉠에 '수의근'이 들어간다면, ㉤에는 '민무늬근'이 들어가야 한다.

① ㄱ
② ㄷ
③ ㄱ, ㄴ
④ ㄴ, ㄷ
⑤ ㄱ, ㄴ, ㄷ

03 다음 글이 비판하는 주장의 논거로 가장 적절한 것은?

> '모래언덕'이나 '바람' 같은 개념은 매우 모호해 보인다. 작은 모래 무더기가 모래언덕이라고 불리려면 얼마나 높이 쌓여야 하는가? 바람이 되려면 공기는 얼마나 빨리 움직여야 하는가?
> 그러나 지질학자들이 관심이 있는 대부분의 문제 상황에서 이런 개념들은 아무 문제없이 작동한다. 더 높은 수준의 세분화가 요구될 만한 맥락에서는 그때마다 '30m에서 40m 사이의 높이를 가진 모래언덕'이나 '시속 20km와 시속 40km 사이의 바람'처럼 수식어구가 달린 표현이 과학적 용어의 객관적인 사용을 뒷받침한다. 물리학 같은 정밀과학에서도 사정은 비슷하다. 물리학의 한 연구 분야인 저온물리학은 저온현상, 즉 초전도 현상을 비롯하여 절대온도 0도인 $-273.16℃$ 부근의 저온에서 나타나는 흥미로운 현상들을 연구한다. 그렇 다면 정확히 몇 도부터 저온인가? 물리학자들은 이 문제를 놓고 다투지 않는다. 때로는 이 말이 헬륨의 끓는 점($-268.6℃$) 같은 극저온 근방을 가리키는가 하면, 질소의 끓는점($-195.8℃$)이 기준이 되기도 한다. 과학자들은 모호한 것을 싫어한다. 모호성은 과학의 정밀성을 훼손할 뿐만 아니라 궁극적으로 과학의 객관성 을 약화하기 때문이다. 그러나 모호성에 대응하는 길은 모든 측정의 오차를 0으로 만드는 데 있는 것이 아니 라 대화를 통해 그 상황에 적절한 합의를 하는 데 있다.

① 과학의 정확성은 측정기술의 정확성에 달려 있다.
② 물리학 같은 정밀과학에서도 오차는 발생하기 마련이다.
③ 과학의 발달은 과학적 용어체계의 변화를 유발할 수 있다.
④ 과학적 언어의 객관성은 그 언어가 사용되는 맥락 속에서 확보된다.
⑤ 과학적 언어의 객관성은 용어의 엄밀하고 보편적인 정의에 의해서만 보장된다.

04 다음 글의 밑줄 친 부분에서 말하고자 하는 바로 가장 적절한 것은?

> 아무리 남을 도와주려는 의도를 갖고 한 일일지라도 결과적으로는 남에게 도움이 되기는커녕 오히려 큰 고통 이나 해를 더 가져오는 경우가 얼마든지 있다. 거꾸로 남을 해롭게 하려는 의도로 한 일이 오히려 남에게 도움이 되는 결과를 낳을 수도 있다. 태도로서 선은 행동이나 결정의 결과를 고려하지 않고 그 행동의 의도, 즉 동기에서만 본 선을 의미한다. 내 행동의 결과가 예상 밖으로 남에게 고통을 가져오는 한이 있었다 해도, 내 행동의 동기가 남의 고통을 덜어주고, 남을 도와주는 데 있었다면 나를 선한 사람으로 볼 수 있지 않느냐 는 말이다.

① 일과 그 의도는 무관하다.
② 의도와 결과는 동일하지 않다.
③ 의도만 놓고 결과를 판단할 수 있다.
④ 우리가 의도한 대로 일이 이루어지는 경우가 있다.
⑤ 세상에는 의도와 일치하는 일이 빈번하게 일어난다.

05 다음은 K공사의 중소기업 동반 성장 프로그램인 구매 조건부 신제품 개발 사업에 대한 자료이다. 밑줄 친 ㉠ ~ ㉤ 중 쓰임이 적절하지 않은 단어를 모두 고르면?

〈구매 조건부 신제품 개발 사업〉

• 개요
  K공사와 정부가 ㉠ 공통으로 투자 자금을 조성한 후 K공사가 과제를 ㉡ 발굴·제안하고, 정부는 중소기업을 선정·지원하는 사업
• 참여 근거
  − 중소기업 기술 혁신 촉진법 제9조·제10조·제14조
  − 대·중소기업 상생 협력 촉진법 제9조
  − K공사의 성과 공유제 관리 지침
• 참여 대상
  중소기업 기본법 제2의 제1항에 해당하는 중소기업
• 공모 분야
  도시 및 주택 건설 관련 원가 ㉢ 연축 및 품질 향상을 위하여 필요한 제품(기술)
• 지원 내용

구분	내용	개발 기간	지원 금액	지원금 비중
기업 제안	중소기업이 K공사에 과제를 제안하여 ㉣ 채택되면 중소벤처기업부에서 최종 선정하고, 중소기업이 개발 진행	최대 2년	5억 원 내외	75% 이내
수요 조사	K공사 직원이 과제를 제안하여 채택되면 개발을 실행할 중소기업을 K공사에서 중소벤처기업부에 ㉤ 추발하여 중소벤처기업부에서 최종 선정			

① ㉠, ㉡   ② ㉠, ㉢, ㉤
③ ㉡, ㉢, ㉣   ④ ㉡, ㉢, ㉣, ㉤
⑤ ㉠, ㉢, ㉣, ㉤

1883년에 조선과 일본이 맺은 조일통상장정 제41관에는 "일본인이 조선의 전라도, 경상도, 강원도, 함경도 연해에서 어업 활동을 할 수 있도록 허용한다."라는 내용이 있다. 당시 양측은 이 조항에 적시되지 않은 지방 연해에서 일본인이 어업 활동을 하는 것은 금하기로 했다. 이 장정 체결 직후에 일본은 자국의 각 부·현에 조선해통어조합을 만들어 조선 어장에 대한 정보를 제공하기 시작했다. 이러한 지원으로 조선 연해에서 조업하는 일본인이 늘었는데, 특히 제주도에는 일본인들이 많이 들어와 전복을 마구 잡는 바람에 주민들의 전복 채취량이 급감했다. 이에 제주목사는 1886년 6월에 일본인의 제주도 연해 조업을 금했다. 일본은 이 조치가 조일통상장정 제41관을 위반한 것이라며 항의했고, 조선도 이를 받아들여 조업 금지 조치를 철회하게 했다. 이후 조선은 일본인이 아무런 제약 없이 어업 활동을 하게 해서는 안 된다고 여기게 되었으며, 일본과 여러 차례 협상을 벌여 1889년에 조일통어장정을 맺었다.

조일통어장정에는 일본인이 조일통상장정 제41관에 적시된 지방의 해안선으로부터 3해리 이내 해역에서 어업 활동을 하고자 할 때는 조업하려는 지방의 관리로부터 어업준단을 발급받아야 한다는 내용이 있다. 어업준단의 유효기간은 발급일로부터 1년이었으며, 이를 받고자 하는 자는 소정의 어업세를 먼저 내야 했다. 이 장정 체결 직후에 일본은 조선해통어조합연합회를 만들어 자국민의 어업준단 발급 신청을 지원하게 했다. 이후 일본은 1908년에 '어업에 관한 협정'을 강요해 맺었다. 여기에는 앞으로 한반도 연해에서 어업 활동을 하려는 일본인은 대한제국 어업 법령의 적용을 받도록 한다는 조항이 있다. 대한제국은 이듬해에 한반도 해역에서 어업을 영위하고자 하는 자는 먼저 어업 면허를 취득해야 한다는 내용의 어업법을 공포했고, 일본은 자국민도 이 법의 적용을 받게 해야 한다는 입장을 관철했다. 일본은 1902년에 조선해통어조합연합회를 없애고 조선해수산조합을 만들었는데, 이 조합은 어업법 공포 후 일본인의 어업 면허 신청을 대행하는 등의 일을 했다.

① 조선해통어조합은 '어업에 관한 협정'에 따라 일본인의 어업 면허 신청을 대행하는 업무를 보았다.

② 조일통어장정에는 제주도 해안선으로부터 3해리 밖에서 조선인이 어업 활동을 하는 것을 모두 금한다는 조항이 있다.

③ 조선해통어조합연합회가 만들어져 활동하던 당시에 어업준단을 발급받고자 하는 일본인은 어업세를 내도록 되어 있었다.

④ 조일통상장정에는 조선해통어조합연합회를 조직해 일본인이 한반도 연해에서 조업할 수 있도록 지원한다는 내용이 있다.

⑤ 한반도 해역에서 조업하는 일본인은 조일통상장정 제41관에 따라 조선해통어조합으로부터 어업 면허를 발급받아야 하였다.

07 다음 글의 중심 내용으로 가장 적절한 것은?

통계는 다양한 분야에서 사용되며 막강한 위력을 발휘하고 있다. 그러나 모든 도구나 방법이 그렇듯이, 통계 수치에도 함정이 있다. 함정에 빠지지 않으려면 통계 수치의 의미를 정확히 이해하고, 도구와 방법을 바르게 사용해야 한다. 친구 5명이 만나서 이야기를 나누다가 연봉이 화제가 되었다. 2천만 원이 4명, 7천만 원이 1명이었는데, 평균을 내면 3천만 원이다. 이 숫자에 대해 4명은 "나는 봉급이 왜 이렇게 적을까?"라며 한숨을 내쉬었다. 그러나 이 평균값 3천만 원이 5명의 집단을 대표하는 데 아무 문제가 없을까? 물론 계산 과정에는 하자가 없지만, 평균을 집단의 대푯값으로 사용하는 데 어떤 한계가 있을 수 있는지 깊이 생각해 보지 않는다면, 우리는 잘못된 생각에 빠질 수도 있다. 평균은 극단적으로 아웃라이어(비정상적인 수치)에 민감하다. 집단 내에 아웃라이어가 하나만 있어도 평균이 크게 바뀐다는 것이다. 위의 예에서 1명의 연봉이 7천만 원이 아니라 100억 원이었다고 하자. 그러면 평균은 20억 원이 넘게 된다.
나머지 4명은 자신의 연봉이 평균치의 100분의 1밖에 안 된다며 슬퍼해야 할까? 연봉 100억 원인 사람이 아웃라이어이듯이 처음의 예에서 연봉 7천만 원인 사람도 아웃라이어인 것이다. 두드러진 아웃라이어가 있는 경우에는 평균보다는 최빈값이나 중앙값이 대푯값으로서 더 나을 수 있다.

① 평균은 집단을 대표하는 수치로서는 매우 부적당하다.
② 통계는 숫자 놀음에 불과하므로 통계 수치에 일희일비할 필요가 없다.
③ 평균보다는 최빈값이나 중앙값이 대푯값으로서 더 적당하다.
④ 통계 수치의 의미와 한계를 정확히 인식하고 사용할 필요가 있다.
⑤ 통계는 올바르게 활용하면 다양한 분야에서 사용할 수 있는 도구이다.

08 다음 〈보기〉 중 직업생활에서의 의사소통에 대한 설명으로 옳은 것을 모두 고르면?

─────〈보기〉─────
ㄱ. 의사소통이란 어떤 개인 혹은 집단이 다른 개인 혹은 집단에 대해서 정보, 감정, 사상, 의견 등을 전달하고 그것을 받아들이는 과정을 의미한다.
ㄴ. 직업생활에서의 의사소통이란 비공식조직 안에서의 의사소통을 의미한다.
ㄷ. 의사소통은 조직 내 공통 목표 달성에 간접적으로 기여한다.
ㄹ. 조직구성원들은 각자의 경험과 지위를 바탕으로 동일한 내용을 다양하게 이해하고 이에 반응한다.

① ㄱ, ㄴ　　　　　　　　　　② ㄱ, ㄹ
③ ㄴ, ㄷ　　　　　　　　　　④ ㄴ, ㄹ
⑤ ㄷ, ㄹ

09 다음 글을 근거로 판단할 때, 우리나라에서 기단을 표시한 기호로 옳은 것은?

기단(氣團)은 기온, 습도 등의 대기 상태가 거의 일정한 성질을 가진 공기 덩어리이다. 기단은 발생한 지역에 따라 분류할 수 있다. 대륙에서 발생하는 대륙성기단은 건조한 성질을 가지며, 해양에서 발생하는 해양성기단은 습한 성질을 갖는다. 또한 기단의 온도에 따라 한대기단, 열대기단, 적도기단, 극기단으로 나뉜다. 기단은 그 성질을 기호로 표시하기도 한다. 해양성기단은 알파벳 소문자 m을 기호 처음에 표기하고, 대륙성기단은 알파벳 소문자 c를 기호 처음에 표기한다. 이어서 한대기단은 알파벳 대문자 P로 표기하고, 열대기단은 알파벳 대문자 T로 표기한다. 예를 들어 해양성한대기단은 mP가 되는 것이다. 또한 기단이 이동하면서 나타나는 열역학적 특성에 따라 알파벳 소문자 w나 k를 마지막에 추가한다. w는 기단이 그 하층의 지표면보다 따뜻할 때 사용하며 k는 기단이 그 하층의 지표면보다 차가울 때 사용한다.

겨울철 우리나라에 영향을 주는 대표적인 기단은 시베리아기단으로 우리나라 지표면보다 차가운 대륙성한대기단이다. 북극기단이 우리나라에 영향을 주기도 하는데, 북극기단은 극기단의 일종으로 최근 우리나라 겨울철 혹한의 주범으로 지목되고 있다. 여름철에 우리나라에 영향을 주는 대표적 열대기단은 북태평양기단이다. 북태평양기단은 해수 온도가 높은 북태평양에서 발생하여 우리나라 지표면보다 덥고 습한 성질을 가져 고온다습한 날씨를 야기한다. 또다른 여름철기단인 오호츠크해기단은 해양성한대기단으로 우리나라 지표면보다 차갑고 습한 성질을 갖는다. 적도 지방에서 발생하여 북상하는 적도기단도 우리나라 여름철에 영향을 준다.

	시베리아기단	북태평양기단	오호츠크해기단
①	mPk	mTw	cPk
②	mPk	cTw	cPk
③	cPk	cTw	mPk
④	cPk	mTw	mTk
⑤	cPk	mTw	mPk

10 다음 중 빈칸에 들어갈 내용으로 가장 적절한 것은?

> 일반적으로 물체, 객체를 의미하는 프랑스어 오브제(Objet)는 라틴어에서 유래된 단어로, 어원적으로는 앞으로 던져진 것을 의미한다. 미술에서 대개 인간이라는 '주체'와 대조적인 '객체'로서의 대상을 지칭할 때 사용되는 오브제가 미술사 전면에 나타나게 된 것은 입체주의 이후이다.
>
> 20세기 초 입체파 화가들이 화면에 나타나는 공간을 자연의 모방이 아닌 독립된 공간으로 인식하기 시작하면서 회화는 재현미술로서의 단순한 성격을 벗어나기 시작한다. 즉, '미술은 그 자체가 실재이다. 또한 그것은 객관세계의 계시 혹은 창조이지 그것의 반영이 아니다.'라는 세잔의 사고에 의하여 공간의 개방화가 시작된 것이다. 이는 평면에 실제 사물이 부착되는 콜라주 양식의 탄생과 함께 일상의 평범한 재료들이 회화와 자연스레 연결되는 예술과 비예술의 결합으로 차츰 변화하게 된다.
>
> 이러한 오브제의 변화는 다다이즘과 쉬르리얼리즘에서 '일용의 기성품과 자연물 등을 원래의 그 기능이나 있어야 할 장소에서 분리하고, 그대로 독립된 작품으로서 제시하여 일상적 의미와는 다른 상징적·환상적인 의미를 부여하는' 것으로 일반화된다. 그리고 동시에, 기존 입체주의에서 단순한 보조 수단에 머물렀던 오브제를 캔버스와 대리석의 대체하는 확실한 표현 방법으로 완성시켰다.
>
> 이후 오브제는 그저 예술가가 지칭하는 것만으로도 우리의 일상생활과 환경 그 자체가 곧 예술작품이 될 수 있음을 주장한다. _____ 거기에서 더 나아가 오브제는 일상의 오브제를 다양하게 전환시켜 다양성과 대중성을 내포하고, 오브제의 진정성과 상징성을 제거하는 팝아트에서 다시 한 번 새롭게 변화하기에 이른다.

① 무너진 베를린 장벽의 조각을 시내 한복판에 장식함으로써 예술과 비예술이 결합한 것이다.

② 화려하게 채색된 소변기를 통해 일상성에 환상적인 의미를 부여한 것이다.

③ 평범한 세면대일지라도 예술가에 의해 오브제로 정해진다면 일상성을 간직한 미술과 일치되는 것이다.

④ 폐타이어나 망가진 금관악기 등으로 제작된 자동차를 통해 일상의 비일상화를 나타낸 것이다.

⑤ 기존의 수프 통조림을 실크 스크린으로 동일하게 인쇄하여 손쉽게 대량생산되는 일상성을 풍자하는 것이다.

11 다음 중 밑줄 친 ㉠, ㉡의 관계와 다른 것은?

> 제천시의 '산채건강마을'은 산과 하천이 어우러진 전형적인 산촌으로, 돌과 황토로 지은 8개 동의 전통 ㉠ 가옥 펜션과 한방 명의촌, 한방주 체험관, 황토 게르마늄 구들 찜질방, 약용 식물원 등의 시설을 갖추고 있다. '산채건강마을'의 한방주 체험관에서는 전통 가양주(家釀酒)를 만들어 보는 체험을 할 수 있다. 체험객들은 개인의 취향대로 한약재를 골라 넣어 가양주를 담그고, 자신이 직접 담근 가양주는 ㉡ 집으로 가져갈 수 있다.

① 수확(收穫) : 벼   ② 친구(親舊) : 벗

③ 금수(禽獸) : 짐승   ④ 계란(鷄卵) : 달걀

⑤ 주인(主人) : 임자

12 다음 중 문장 (가) ~ (마)를 논리적 순서대로 바르게 나열한 것은?

> (가) 그렇기 때문에 남녀 고용 평등의 확대를 위해 채용 목표제를 강화할 필요가 있다.
> (나) 우리나라 대졸 이상 여성의 고용 비율은 OECD 국가 중 최하위인데 이는 채용 과정에서 여성이 부당한 차별을 받는 경우가 많다는 것을 보여준다.
> (다) 우리나라 남녀 전체의 평균 고용 비율 격차는 31.8%p로 남성에 비해 여성의 고용 비율이 현저히 낮다.
> (라) 강화된 법규가 준수될 수 있도록 정부의 계도와 감독 기능을 강화해야 할 것이다.
> (마) 고용 시 여성에게 일정 비율을 할애하는 것은 남성에 대한 역차별이라는 주장이 있기는 하지만 남녀 고용 평등이 어느 정도 실현될 때까지 여성에 대한 배려는 불가피하다.

① (라) – (나) – (마) – (다) – (가) ② (다) – (가) – (마) – (나) – (라)

③ (다) – (나) – (라) – (가) – (마) ④ (라) – (다) – (가) – (나) – (마)

⑤ (라) – (가) – (나) – (다) – (마)

13 다음 〈보기〉의 ㉠ ~ ㉰ 중 의미가 서로 비슷한 것을 모두 고르면?

> ─────〈보기〉─────
> ㉠ 다른 사람을 배려하는 윤아의 모습이 참 <u>예뻐</u> 보였다.
> ㉡ 여기저기 눈치를 살피는 그의 모습이 도무지 <u>미쁘게</u> 보이지 않는다.
> ㉢ 주어진 모든 일에 성실한 민우는 정말 <u>믿음직해</u> 보인다.
> ㉣ 크게 숨을 들이마시고, 마음을 <u>굳세게</u> 먹은 채 시험장으로 들어섰다.
> ㉤ 지원은 눈썰미 좋고 손끝이 <u>야무지기로</u> 디자이너들 사이에서 유명하였다.
> ㉥ 얼핏 보기에 <u>미약해</u> 보이는 힘도 모이면 세상을 바꿀 수 있다.

① ㉠, ㉡, ㉢ ② ㉠, ㉢, ㉣

③ ㉡, ㉢, ㉤ ④ ㉢, ㉤, ㉥

⑤ ㉣, ㉤, ㉥

14 다음 글의 밑줄 친 ㉠의 내용으로 가장 적절한 것은?

2023년 7월 2일이 출산 예정일이었던 갑은 2023년 6월 28일 아이를 출산하여, 2023년 7월 10일에 K구 건강관리센터 산모·신생아 건강관리 서비스를 신청하였다. 2023년 1월 1일에 K구에 주민등록이 된 이후 갑은 주민등록지를 변경하지 않았으며, 실제로 K구에 거주하였다. 갑의 신청을 검토한 K구는 K구 산모·신생아 건강관리 지원에 관한 조례(이하 "조례"라 한다)와 K구 건강관리센터 운영규정(이하 "운영규정"이라 한다)이 불일치한다는 문제를 발견하였다. 이에 ㉠ <u>운영규정과 조례 중 무엇도 위반하지 않고 갑이 30만 원 이하의 본인 부담금만으로 해당 서비스를 이용할 수 있도록 조례 또는 운영규정을 일부 개정하였다.</u>

K구 산모·신생아 건강관리 지원에 관한 조례
산모·신생아 건강관리 지원(제8조)
① 구청장은 출산 예정일 또는 출산일을 기준으로 6개월 전부터 계속하여 K구에 주민등록을 두고 있는 산모와 출산 예정일 또는 출산일을 기준으로 1년 전부터 계속하여 K구를 국내 체류지로 하여 외국인 등록을 하고 K구에 체류하는 외국인 산모에게 산모·신생아 건강관리 서비스를 제공할 수 있다.
② 구청장은 제1항에 따른 서비스의 본인 부담금을 이용금액 기준에 따라 30만 원 한도 내에서 서비스 수급자에게 부과할 수 있다.

K구 건강관리센터 운영규정
산모·신생아 건강관리 지원(제21조)
① 다음 각 호의 어느 하나에 해당하는 사람은 산모·신생아 건강관리 서비스를 이용할 수 있다.
  1. 출산일을 기준으로 6개월 전부터 계속하여 K구에 주민등록을 두고 실제로 K구에 거주하고 있는 산모
  2. 출산일을 기준으로 6개월 전부터 K구를 국내 체류지로 하여 외국인 등록을 하고 실제로 K구에 체류하고 있는 외국인 산모
② 제1항에 따른 서비스를 이용하는 경우 서비스 수급자에게 본인 부담금이 부과될 수 있다. 그 산정은 K구 산모·신생아 건강관리 지원에 관한 조례의 기준에 따른다.

① 운영규정 제21조 제3항과 조례 제8조 제3항으로 '신청일은 출산일 기준 10일을 경과할 수 없다.'를 신설한다.
② 운영규정 제21조 제1항의 '실제로 K구에 거주하고'와 '실제로 K구에 체류하고'를 삭제한다.
③ 운영규정 제21조 제2항의 '본인 부담금'을 '30만 원 이하의 본인 부담금'으로 개정한다.
④ 운영규정 제21조 제1항의 '출산일'을 모두 '출산 예정일 또는 출산일'로 개정한다.
⑤ 조례 제8조 제1항의 '1년'을 '6개월'로 개정한다.

15 다음 자료를 토대로 Y대리가 이해한 내용으로 적절하지 않은 것은?

수신자 : 전 부서

제목 : 전자제품 판매 프로모션 안내

당 부서에서는 아래와 같이 전자제품 판매 프로모션을 기획하였으니 업무에 참고하시기 바랍니다.

– 아래 –

- 기간 : 9월 1일(금) ~ 10월 28일(토)
- 대상 : 행사 품목 구매 고객 중 응모한 자에 한함
- 내용 : 해당 프로모션 당첨자에게 평생 전기세 지원 명목으로 일정 금액을 증정함(무상 A/S지원 포함)
- 혜택 : 품목별 혜택이 상이함

품목	혜택	당첨자 수
냉장고	전기세 200만 원 지원, 10년 무상 A/S	2명
에어컨	전기세 200만 원 지원, 5년 무상 A/S	2명
세탁기	전기세 100만 원 지원, 5년 무상 A/S	3명
TV	전기세 50만 원 지원, 5년 무상 A/S	4명
PC	전기세 50만 원 지원, 3년 무상 A/S	4명

- 기타
  - 제세공과금(22%, 현금)은 당첨자 본인 부담(사전 공지)
  - 지정된 행사 매장에 방문 또는 상담 시 구매 여부와 관계없이 당해 다이어리 증정(1,000부 선착순)
  - 11월 중순 당첨자 발표 예정(홈페이지 게시, 개별통보)

별첨 1. 프로모션 제품별 가격표   1부
별첨 2. 지정 행사장 위치 및 진행 계획   1부
별첨 3. 온라인 홍보물   1부. 끝.

---

① 이번 프로모션은 본 회사 제품을 구매한 고객 중 당첨자에게 평생 전기세를 지원하는구나.

② 이번 프로모션은 품목별 혜택 크기는 서로 다르긴 하지만 공통적으로 전기세 지원과 무상 A/S를 받을 수 있구나.

③ 전국 매장에 방문하거나 상담 시 구매 여부와 관계없이 당해 다이어리를 증정하는구나.

④ 제세공과금 22%를 현금으로 부담해야 된다는 것을 응모자들에게 사전에 알려 줄 필요가 있구나.

⑤ 행사 품목 구매 고객 중 응모한 자에 한해서만 프로모션을 진행하는구나.

16 다음은 루마니아, 불가리아, 세르비아, 체코, 헝가리 5개국의 GDP 대비 산업 생산액 비중에 대한 자료이다. 〈조건〉을 참고하여 B, E에 해당하는 국가를 순서대로 바르게 나열한 것은?

〈국가별 GDP 대비 산업 생산액 비중〉

(단위 : %)

국가＼산업	농업	제조업	서비스업	합계
A	14	54	32	100
B	5	35	60	100
C	4	36	60	100
D	3	29	68	100
E	1	25	74	100

─〈조건〉─

• 세르비아와 루마니아 각국의 GDP 대비 제조업 생산액 비중을 합하면 헝가리의 GDP 대비 제조업 생산액 비중과 같다.
• 세르비아와 불가리아 각국의 GDP 대비 농업 생산액 비중을 합하면 체코의 GDP 대비 농업 생산액 비중과 같다.

	B	E
①	체코	세르비아
②	세르비아	불가리아
③	불가리아	세르비아
④	불가리아	루마니아
⑤	체코	루마니아

17 4%의 소금물이 들어있는 컵에 10%의 소금물을 넣었더니, 8%의 소금물 600g이 만들어졌다. 이때, 처음 컵에 들어있던 4%의 소금물의 양은?

① 160g
② 180g
③ 200g
④ 220g
⑤ 240g

18 다음은 1930년 각 도의 경작 유형별 춘궁농가 호수와 춘궁농가 비율을 나타낸 자료이다. 〈보기〉 중 옳은 것을 모두 고르면?

〈1930년 각 도의 경작 유형별 춘궁농가 호수와 춘궁농가 비율〉

(단위 : 호, %)

| 구분 | 춘궁농가 | | | | 춘궁농가 비율 | | | |
| | 경작유형 | | | 전체 | 경작유형 | | | 전체 |
	자작농	자소작농	소작농		자작농	자소작농	소작농	
경기도	2,407	22,233	97,001	121,641	13.1	33.3	69.8	54.3
충청북도	3,564	17,891	54,435	75,890	19.9	40.3	76.3	56.8
충청남도	4,438	24,104	83,764	112,306	30.9	45.2	89.6	69.7
경상북도	13,477	47,129	84,289	144,895	20.0	36.1	57.8	42.1
경상남도	8,354	33,892	87,626	129,872	21.2	37.2	63.1	48.2
전라북도	3,098	23,191	110,469	136,758	28.7	42.6	71.5	62.2
전라남도	14,721	52,028	103,588	170,337	23.2	46.9	81.2	56.4
황해도	4,159	22,017	75,511	101,687	12.2	34.0	63.0	46.5
평안남도	4,733	17,209	33,557	55,499	14.3	28.0	58.4	36.5
평안북도	3,279	9,001	36,015	48,295	8.8	19.4	42.1	28.5
강원도	10,363	26,885	45,895	83,143	20.5	37.9	76.9	45.9
함경남도	15,003	22,383	21,950	59,336	20.7	42.2	72.3	38.1
함경북도	4,708	5,507	3,411	13,626	10.5	35.6	55.2	20.5
전국	92,304	323,470	837,511	1,253,285	18.4	37.5	68.1	48.3

※ $[춘궁농가\ 비율(\%)] = \dfrac{(춘궁농가\ 호수)}{(농가\ 호수)} \times 100$

※ $[경작\ 유형별\ 춘궁농가\ 비율(\%)] = \dfrac{(해당\ 유형\ 춘궁농가\ 호수)}{(해당\ 유형\ 농가\ 호수)} \times 100$

※ 1930년 당시 제주도는 행정구역상 전라남도에 소속되었다.

─────〈보기〉─────

ㄱ. 춘궁농가 비율이 가장 높은 도는 충청남도였으며 가장 낮은 도는 함경북도였다.

ㄴ. 모든 도에서 경작 유형별 춘궁농가 비율은 소작농이 가장 높았다.

ㄷ. 경상북도는 전라남도에 비해 농가 호수가 더 많았다.

ㄹ. 경상남·북도 춘궁농가 호수의 합은 전라남·북도 춘궁농가 호수의 합보다 컸다.

ㅁ. 전국 농가의 절반 이상이 춘궁농가였다.

① ㄱ, ㄴ, ㄷ   ② ㄱ, ㄴ, ㄹ

③ ㄱ, ㄷ, ㄹ   ④ ㄴ, ㄹ, ㅁ

⑤ ㄷ, ㄹ, ㅁ

19 형과 동생의 나이는 두 자릿수이고, 형제 나이에 각 십의 자리 숫자끼리 더하면 5, 일의 자리 숫자를 더하면 11이 된다. 동생 나이의 일의 자리 숫자가 형 나이의 일의 자리 숫자보다 크고 형과 동생의 나이 차이가 최소일 때, 동생의 나이는 몇 세인가?

① 26세   ② 27세
③ 28세   ④ 29세
⑤ 30세

20 다음은 어느 도시의 버스노선 변동사항에 대한 자료이다. 〈조건〉을 참고하여 A ~ D에 들어갈 노선을 바르게 짝지은 것은?

〈버스노선 변동사항〉

구분	기존 요금	변동 요금	노선 변동사항
A	1,800원	2,100원	–
B	2,400원	2,400원	–
C	1,600원	1,800원	연장운행
D	2,100원	2,600원	–

〈조건〉
• 노선 A, B, C, D는 6, 42, 2000, 3100번 중 하나이다.
• 변동 후 요금이 가장 비싼 노선은 2000번이다.
• 요금 변동이 없는 노선은 42번이다.
• 연장운행을 하기로 결정한 노선은 6번이다.

	A	B	C	D
①	6	42	2000	3100
②	6	42	3100	200
③	3100	6	42	2000
④	3100	42	6	2000
⑤	3100	42	2000	6

21 다음은 공항철도를 이용한 월별 여객 수송실적이다. (A) ~ (C)에 들어갈 수로 옳은 것은?

〈공항철도 이용 여객 현황〉

(단위 : 명)

구분	수송인원	승차인원	유입인원
1월	209,807	114,522	95,285
2월	208,645	117,450	(A)
3월	225,956	133,980	91,976
4월	257,988	152,370	105,618
5월	266,300	187,329	78,971
6월	(B)	189,243	89,721
7월	328,450	214,761	113,689
8월	327,020	209,875	117,145
9월	338,115	(C)	89,209
10월	326,307	219,077	107,230

※ 유입인원은 환승한 인원이다.
※ (수송인원)=(승차인원)+(유입인원)

	(A)	(B)	(C)
①	101,195	278,884	243,909
②	101,195	268,785	243,909
③	91,195	268,785	248,906
④	91,195	278,964	248,906
⑤	90,095	278,964	249,902

22 다음은 K시의 어느 한 주간 최고기온과 최저기온을 나타낸 표이다. 일교차가 가장 큰 요일은?

구분	월요일	화요일	수요일	목요일	금요일	토요일	일요일
최고기온(℃)	10.7	12.3	11.4	6.6	10.4	12.7	10.1
최저기온(℃)	−1.8	−1.3	2.0	−1.1	−3.1	0.1	−1.5

① 월요일
③ 금요일
⑤ 일요일

② 화요일
④ 토요일

23 다음은 A~J지역의 지역발전 지표에 대한 자료이다. 〈조건〉을 근거로 (가)~(라)에 들어갈 수 있는 값을 순서대로 바르게 나열한 것은?

〈A~J지역의 지역발전 지표〉

(단위 : %, 개)

지표 / 지역	재정 자립도	시가화 면적 비율	10만 명당 문화시설 수	10만 명당 체육시설 수	주택 노후화율	주택 보급률	도로 포장률
A	83.8	61.2	4.1	111.1	17.6	105.9	92.0
B	58.5	24.8	3.1	(다)	22.8	93.6	98.3
C	65.7	35.7	3.5	103.4	13.5	91.2	97.4
D	48.3	25.3	4.3	128.0	15.8	96.6	100.0
E	(가)	20.7	3.7	133.8	12.2	100.3	99.0
F	69.5	22.6	4.1	114.0	8.5	91.0	98.1
G	37.1	22.9	7.7	110.2	20.5	103.8	91.7
H	38.7	28.8	7.8	102.5	19.9	(라)	92.5
I	26.1	(나)	6.9	119.2	33.7	102.5	89.6
J	32.6	21.3	7.5	113.0	26.9	106.1	87.9

─〈조건〉─

· 재정 자립도가 E보다 높은 지역은 A, C, F이다.
· 시가화 면적 비율이 가장 낮은 지역은 주택노후화율이 가장 높은 지역이다.
· 10만 명당 문화시설 수가 가장 적은 지역은 10만 명당 체육시설 수가 네 번째로 많은 지역이다.
· 주택보급률이 도로포장률보다 낮은 지역은 B, C, D, F이다.

	(가)	(나)	(다)	(라)
①	58.6	20.9	100.9	92.9
②	60.8	19.8	102.4	92.5
③	63.5	20.1	115.7	92.0
④	65.2	20.3	117.1	92.6
⑤	65.8	20.6	118.7	93.7

24 다음은 상업용 무인기 국내 시장 판매량 및 수출입량과 매출액에 대한 자료이다. 〈보기〉에서 자료에 대한 설명으로 옳은 것을 모두 고르면?(단, 소수점 둘째 자리에서 반올림한다)

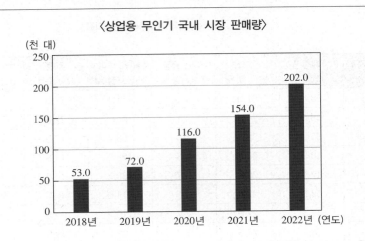

〈상업용 무인기 국내 시장 판매량〉

(천 대)

2018년 53.0
2019년 72.0
2020년 116.0
2021년 154.0
2022년 202.0 (연도)

〈상업용 무인기 수출입량〉

(단위 : 천 대)

구분	2018년	2019년	2020년	2021년	2022년
수출량	1.2	2.5	18.0	67.0	240.0
수입량	1.1	2.0	3.5	4.2	5.0

※ 수출량은 국내 시장 판매량에 포함되지 않는다.
※ 수입량은 당해 연도 국내 시장에서 모두 판매된다.

〈K사의 상업용 무인기 매출액〉

(단위 : 백만 달러)

구분	2018년	2019년	2020년	2021년	2022년
매출액	4.3	43.0	304.4	1,203.1	4,348.4

〈보기〉

ㄱ. 2022년 상업용 무인기의 국내 시장 판매량 대비 수입량의 비율은 3.0% 이하이다.
ㄴ. 2019 ~ 2022년 상업용 무인기 국내 시장 판매량의 전년 대비 증가율이 가장 큰 해는 2020년이다.
ㄷ. 2019 ~ 2022년 상업용 무인기 수입량의 전년 대비 증가율이 가장 작은 해에는 상업용 무인기 수출량의 전년 대비 증가율이 가장 크다.
ㄹ. 2020년 상업용 무인기 수출량의 전년 대비 증가율과 2020년 K사의 상업용 무인기 매출액의 전년 대비 증가율의 차이는 30%p 이하이다.

① ㄱ, ㄴ
② ㄷ, ㄹ
③ ㄱ, ㄴ, ㄷ
④ ㄱ, ㄴ, ㄹ
⑤ ㄴ, ㄷ, ㄹ

25 다음 글을 근거로 판단할 때, 甲이 구매해야 할 재료와 그 양으로 옳은 것은?

> 甲은 아내, 아들과 함께 짬뽕을 만들어 먹기로 했다. 짬뽕요리에 필요한 재료를 사기 위해 근처 전통시장에 들른 甲은 아래 〈조건〉을 만족하도록 재료를 모두 구매한다. 다만 짬뽕요리에 필요한 각 재료의 절반 이상이 냉장고에 있으면 그 재료는 구매하지 않는다.
>
> 〈조건〉
>
> • 甲과 아내는 각각 성인 1인분, 아들은 성인 0.5인분을 먹는다.
> • 매운 음식을 잘 먹지 못하는 아내를 고려하여 '고추'라는 단어가 들어간 재료는 모두 절반만 넣는다.
> • 아들은 성인 1인분의 새우를 먹는다.
>
> 〈냉장고에 있는 재료〉
>
> 면 200g, 오징어 240g, 돼지고기 100g, 양파 100g, 청양고추 15g, 고추기름 100ml, 대파 10cm, 간장 80ml, 마늘 5g
>
> 〈짬뽕요리 재료(성인 1인분 기준)〉
>
> 면 200g, 해삼 40g, 소라 30g, 오징어 60g, 돼지고기 90g, 새우 40g, 양파 60g, 양송이버섯 50g, 죽순 40g, 고추기름 20ml, 건고추 8g, 청양고추 10g, 대파 10cm, 마늘 10g, 청주 15ml

① 면 200g
② 양파 50g
③ 새우 100g
④ 건고추 7g
⑤ 돼지고기 125g

26 다음은 K공사에서 KTX 부정승차 적발 건수를 조사한 자료이다. 2017 ~ 2022년의 KTX 부정승차 평균 적발 건수는 70,000건, 2018 ~ 2023년의 평균은 65,000건이라고 할 때, 2023년 부정승차 적발 건수와 2017년 부정승차 적발 건수의 차이는 얼마인가?

〈KTX 부정승차 적발 건수〉

(단위 : 천 건)

구분	2017년	2018년	2019년	2020년	2021년	2022년
부정승차 적발 건수		65	70	82	62	67

① 32,000건
② 31,000건
③ 30,000건
④ 29,000건
⑤ 28,000건

27 X통신사 대리점에서 근무하는 Y대리는 판매율을 높이기 위해 핸드폰을 구매한 고객에게 사은품을 나누어 주는 이벤트를 실시하고자 한다. 본사로부터 할당받은 예산은 총 5백만 원이며, 예산 내에서 고객 1명당 2가지 상품을 증정하고자 한다. 고객 만족도 대비 비용이 낮은 순으로 상품을 확보하였을 때, 최대 몇 명의 고객에게 사은품을 증정할 수 있는가?

상품명	개당 구매비용(원)	확보 가능한 최대 물량(개)	상품에 대한 고객 만족도(점)
차량용 방향제	7,000	300	5
식용유 세트	10,000	80	4
유리용기 세트	6,000	200	6
8GB USB	5,000	180	4
머그컵 세트	10,000	80	5
육아 관련 도서	8,800	120	4
핸드폰 충전기	7,500	150	3

① 360명
② 370명
③ 380명
④ 390명
⑤ 400명

28 종합병원 원무과에서 근무하고 있는 K대리는 당뇨병 환자 현황을 분석하여 병원협회에 보고할 예정이다. 다음은 지난 일 년 동안 방문한 당뇨병 환자에 대한 자료이다. 이에 대한 설명으로 옳지 않은 것은?(단, 소수점 둘째 자리에서 반올림한다)

나이 〈 당뇨병	경증		중증	
	여자	남자	여자	남자
50세 미만	9명	13명	8명	10명
50세 이상	10명	18명	8명	24명

① 여자 환자 중 중증 환자의 비율은 45.7%이다.
② 경증 환자 중 남자 환자의 비율은 중증 환자 중 남자 환자의 비율보다 높다.
③ 50세 이상의 환자 수는 50세 미만 환자 수의 1.5배이다.
④ 중증 여자 환자의 비율은 전체 당뇨병 환자의 16%이다.
⑤ 50세 이상 중증 남자 환자의 비율은 전체 당뇨병 환자의 24%이다.

29 다음은 K국의 반려동물 사료 유형별 특허 출원건수에 대한 자료이다. 〈보기〉 중 옳은 것을 모두 고르면?

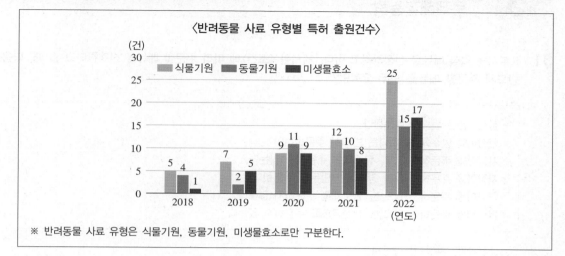

〈반려동물 사료 유형별 특허 출원건수〉

※ 반려동물 사료 유형은 식물기원, 동물기원, 미생물효소로만 구분한다.

─〈보기〉─

ㄱ. 2018 ~ 2022년 동안의 특허 출원건수 합이 가장 작은 사료 유형은 미생물효소이다.
ㄴ. 연도별 전체 특허 출원건수 대비 각 사료 유형의 특허 출원건수 비율은 식물기원이 매년 가장 높다.
ㄷ. 2022년 특허 출원건수의 전년 대비 증가율이 가장 높은 사료 유형은 식물기원이다.

① ㄱ
② ㄷ
③ ㄱ, ㄴ
④ ㄱ, ㄷ
⑤ ㄴ, ㄷ

30 고등학생 10명을 대상으로 가장 좋아하는 색깔을 조사하니 빨간색, 노란색, 하늘색이 차지하는 비율이 2 : 5 : 3이었다. 학생 2명을 임의로 선택할 때, 좋아하는 색이 다를 확률은?

① $\dfrac{3}{5}$

② $\dfrac{29}{45}$

③ $\dfrac{31}{45}$

④ $\dfrac{32}{45}$

⑤ $\dfrac{11}{15}$

31 K부서는 회식 메뉴를 선정하려고 한다. 제시된 〈조건〉에 따라 주문할 메뉴를 선택한다고 할 때, 다음 중 반드시 주문할 메뉴를 모두 고르면?

─〈조건〉─
- 삼선짬뽕은 반드시 주문한다.
- 양장피와 탕수육 중 하나는 반드시 주문하여야 한다.
- 자장면을 주문하는 경우, 탕수육은 주문하지 않는다.
- 자장면을 주문하지 않는 경우에만 만두를 주문한다.
- 양장피를 주문하지 않으면, 팔보채를 주문하지 않는다.
- 팔보채를 주문하지 않으면, 삼선짬뽕을 주문하지 않는다.

① 삼선짬뽕, 자장면, 양장피
② 삼선짬뽕, 탕수육, 양장피
③ 삼선짬뽕, 팔보채, 양장피
④ 삼선짬뽕, 탕수육, 만두
⑤ 삼선짬뽕, 탕수육, 양장피, 자장면

32 A ~ C에게 분홍색 모자 1개와 노란색 모자 1개, 하늘색 모자 2개를 보여 주고 눈을 감게 한 후 모자를 씌웠다. 세 사람은 벽을 기준으로 A - B - C 순서로 서 있으며, 이때 앞에 있는 사람의 모자만 볼 수 있다. 〈조건〉을 바탕으로 할 때, 항상 옳은 것은?(단, 세 사람 모두 다른 사람의 말을 들을 수 있으며, 거짓말은 하지 않았다)

─〈조건〉─
C : 내 모자 색깔이 뭔지 모르겠어.
B : 음, 나도 내 모자가 무슨 색인지 도무지 모르겠다.
A : 아, 난 알겠다! 내 모자 색깔이 뭔지.

① A의 모자는 하늘색이다.
② A는 C의 말만 듣고도 자신의 모자 색깔을 알 수 있다.
③ B의 모자는 하늘색이다.
④ B의 모자는 빨간색이다.
⑤ C의 모자는 하늘색이 아니다.

33 귀하는 점심식사 중 식당에 있는 TV에서 정부의 정책에 대한 뉴스가 나오는 것을 보았다. 함께 점심을 먹는 동료들과 뉴스를 보고 나눈 대화의 내용으로 가장 적절하지 않은 것은?

〈뉴스〉

앵커 : 저소득층에게 법률서비스를 제공하는 정책을 구상 중입니다. 정부는 무료로 법률자문을 하겠다고 자원하는 변호사를 활용하는 자원봉사제도, 정부에서 법률 구조공단 등의 기관을 신설하고 변호사를 유급으로 고용하여 법률서비스를 제공하는 유급법률구조제도, 정부가 법률서비스의 비용을 대신 지불하는 법률보호제도 등의 세 가지 정책대안 중 하나를 선택할 계획입니다.

이 정책대안을 비교하는 데 고려해야 할 정책목표는 비용저렴성, 접근용이성, 정치적 실현가능성, 법률서비스의 전문성입니다. 정책대안과 정책목표의 관계는 화면으로 보여드립니다. 각 대안이 정책목표를 달성하는 데 유리한 경우는 (+)로, 불리한 경우는 (−)로 표시하였으며, 유·불리 정도는 같습니다. 정책목표에 대한 가중치의 경우, '0'은 해당 정책목표를 무시하는 것을, '1'은 해당 정책목표를 고려하는 것을 의미합니다.

〈정책대안과 정책목표의 상관관계〉

정책목표	가중치		정책대안		
	A안	B안	자원봉사제도	유급법률구조제도	법률보호제도
비용저렴성	0	0	+	−	−
접근용이성	1	0	−	+	−
정치적 실현가능성	0	0	+	−	+
전문성	1	1	−	+	−

① 아마도 전문성 면에서는 유급법률구조제도가 자원봉사제도보다 더 좋은 정책 대안으로 평가받게 되겠군.
② A안에 가중치를 적용할 경우 유급법률구조제도가 가장 적절한 정책대안으로 평가받게 되지 않을까?
③ 반대로 B안에 가중치를 적용할 경우 자원봉사제도가 가장 적절한 정책대안으로 평가받게 될 것 같아.
④ A안과 B안 중 어떤 것을 적용하더라도 정책대안 비교의 결과는 달라지지 않을 것으로 보여.
⑤ 비용저렴성을 달성하기에 가장 유리한 정책대안은 자원봉사제도로군.

34 다음 〈조건〉을 근거로 판단할 때, 〈보기〉 중 옳은 것을 모두 고르면?

〈조건〉

- 갑과 을은 책의 쪽 번호를 이용한 점수 게임을 한다.
- 책을 임의로 펼쳐서 왼쪽 면 쪽 번호의 각 자리 숫자를 모두 더하거나 모두 곱해서 나오는 결과와 오른쪽 면 쪽 번호의 각 자리 숫자를 모두 더하거나 모두 곱해서 나오는 결과 중에 가장 큰 수를 본인의 점수로 한다.
- 점수가 더 높은 사람이 승리하고, 같은 점수가 나올 경우 무승부가 된다.
- 갑과 을이 가진 책의 시작 면은 1쪽이고, 마지막 면은 378쪽이다. 책을 펼쳤을 때 왼쪽 면이 짝수, 오른쪽 면이 홀수 번호이다.
- 시작 면이나 마지막 면이 나오게 책을 펼치지는 않는다.

※ 쪽 번호가 없는 면은 존재하지 않는다.
※ 두 사람은 항상 서로 다른 면을 펼친다.

〈보기〉

ㄱ. 갑이 98쪽과 99쪽을 펼치고, 을은 198쪽과 199쪽을 펼치면 을이 승리한다.
ㄴ. 갑이 120쪽과 121쪽을 펼치고, 을은 210쪽과 211쪽을 펼치면 무승부이다.
ㄷ. 갑이 369쪽을 펼치면 반드시 승리한다.
ㄹ. 을이 100쪽을 펼치면 승리할 수 없다.

---

① ㄱ, ㄴ   ② ㄱ, ㄷ

③ ㄱ, ㄹ   ④ ㄴ, ㄷ

⑤ ㄴ, ㄹ

35 최근 라면시장이 3년 만에 마이너스 성장한 것으로 나타남에 따라 K라면회사에 근무하는 P대리는 신제품 개발 이전 라면 시장에 대한 환경 분석과 관련된 보고서를 제출하라는 과제를 받았다. 다음 P대리가 작성한 SWOT 분석 중 기회요인에 작성될 수 있는 내용이 아닌 것은 무엇인가?

〈SWOT 분석표〉

강점(Strength)	약점(Weakness)
• 식품그룹으로서의 시너지 효과 • 그룹 내 위상, 역할 강화 • A제품의 성공적인 개발 경험	• 유통업체의 영향력 확대 • 과도한 신제품 개발 • 신상품의 단명 • 유사상품의 영역침범 • 경쟁사의 공격적인 마케팅 대응 부족 • 원재료의 절대적 수입 비중
기회(Opportunity)	위협(Threat)
	• 저출산, 고령화로 취식인구 감소 • 소득증가 • 언론, 소비단체의 부정적인 이미지 이슈화 • 정보의 관리, 감독 강화

① 1인 가구의 증대(간편식, 편의식)
② 조미료에 대한 부정적인 인식 개선
③ 1인 미디어 라면 먹방의 유행
④ 난공불락의 N사
⑤ 세계화로 인한 식품 시장의 확대

36 다음 글과 상황을 근거로 판단할 때, 〈보기〉에서 옳은 설명을 모두 고르면?

K국 사람들은 아래와 같이 한 손으로 1부터 10까지의 숫자를 표현한다.

숫자	1	2	3	4	5
펼친 손가락 개수	1개	2개	3개	4개	5개
펼친 손가락 모양					
숫자	6	7	8	9	10
펼친 손가락 개수	2개	3개	2개	1개	2개
펼친 손가락 모양					

〈상황〉

K국에 출장을 간 갑은 K국의 언어를 하지 못하여 물건을 살 때 상인의 손가락을 보고 물건의 가격을 추측한다. K국 사람의 숫자 표현법을 제대로 이해하지 못한 갑은 상인이 금액을 표현하기 위해 펼친 손가락 1개당 1원씩 돈을 지불하려고 한다(단, 갑은 하나의 물건을 구매하며, 물건의 가격은 최소 1원부터 최대 10원까지라고 가정한다).

─〈보기〉─

ㄱ. 물건의 가격과 갑이 지불하려는 금액이 일치했다면, 물건의 가격은 5원 이하이다.
ㄴ. 상인이 손가락 3개를 펼쳤다면, 물건의 가격은 최대 7원이다.
ㄷ. 물건의 가격과 갑이 지불하려는 금액이 8원만큼 차이가 난다면, 물건의 가격은 9원이거나 10원이다.
ㄹ. 갑이 물건의 가격을 초과하는 금액을 지불하려는 경우가 발생할 수 있다.

① ㄱ, ㄴ
② ㄷ, ㄹ
③ ㄱ, ㄴ, ㄷ
④ ㄱ, ㄷ, ㄹ
⑤ ㄱ, ㄴ, ㄷ, ㄹ

37 월요일부터 금요일까지 진료를 하는 의사는 〈조건〉에 따라 진료일을 정한다. 의사가 목요일에 진료를 하지 않았다면, 월요일부터 금요일 중 진료한 날은 총 며칠인가?

---〈조건〉---
- 월요일에 진료를 하면 수요일에는 진료를 하지 않는다.
- 월요일에 진료를 하지 않으면 화요일이나 목요일에 진료를 한다.
- 화요일에 진료를 하면 금요일에는 진료를 하지 않는다.
- 수요일에 진료를 하지 않으면 목요일 또는 금요일에 진료를 한다.

① 0일   ② 1일
③ 2일   ④ 3일
⑤ 4일

38 다음 글의 내용이 참일 때, 〈보기〉 중 반드시 참인 것을 모두 고르면?

K기술원 해수자원화기술 연구센터는 세계 최초로 해수전지 원천 기술을 개발한 바 있다. 연구센터는 해수전지 상용화를 위한 학술대회를 열었는데 학술대회로 연구원들이 자리를 비운 사이 누군가 해수전지 상용화를 위한 핵심 기술이 들어 있는 기밀 자료를 훔쳐 갔다. 경찰은 수사 끝에 바다, 다은, 은경, 경아를 용의자로 지목해 학술대회 당일의 상황을 물으며 이들을 심문했는데 이들의 답변은 다음과 같았다.

바다 : 학술대회에서 발표된 상용화 아이디어 중 적어도 하나는 학술대회에 참석한 모든 사람들의 관심을 받았어요. 다은은 범인이 아니에요.
다은 : 학술대회에 참석한 사람들은 누구나 학술대회에서 발표된 하나 이상의 상용화 아이디어에 관심을 가졌어요. 범인은 은경이거나 경아예요.
은경 : 학술대회에 참석한 몇몇 사람은 학술대회에서 발표된 상용화 아이디어 중 적어도 하나에 관심이 있었어요. 경아는 범인이 아니에요.
경아 : 학술대회에 참석한 모든 사람들이 어떤 상용화 아이디어에도 관심이 없었어요. 범인은 바다예요.

수사 결과 이들은 각각 참만을 말하거나 거짓만을 말한 것으로 드러났다. 그리고 네 명 중 한 명만 범인이었다는 것이 밝혀졌다.

---〈보기〉---
ㄱ. 바다와 은경의 말이 모두 참일 수 있다.
ㄴ. 다은과 은경의 말이 모두 참인 것은 가능하지 않다.
ㄷ. 용의자 중 거짓말한 사람이 단 한 명이면, 은경이 범인이다.

① ㄱ   ② ㄴ
③ ㄱ, ㄷ   ④ ㄴ, ㄷ
⑤ ㄱ, ㄴ, ㄷ

39 다음은 K손해보험 보험금 청구 절차 안내문이다. 이를 토대로 고객들의 질문에 답변할 때, 적절하지 않은 것은?

<보험금 청구 절차 안내문>

단계	구분	내용
Step 1	사고 접수 및 보험금청구	피보험자, 가해자, 피해자가 사고발생 통보 및 보험금 청구를 합니다. 접수는 가까운 영업점에 관련 서류를 제출합니다.
Step 2	보상팀 및 보상담당자 지정	보상처리 담당자가 지정되어 고객님께 담당자의 성명, 연락처를 SMS로 전송해 드립니다. 자세한 보상관련 문의사항은 보상처리 담당자에게 문의하시면 됩니다.
Step 3	손해사정사법인 (현장확인자)	보험금 지급여부 결정을 위해 사고현장조사를 합니다. (병원 공인된 손해사정법인에게 조사업무를 위탁할 수 있음)
Step 4	보험금 심사 (심사자)	보험금 지급여부를 심사합니다.
Step 5	보험금 심사팀	보험금 지급여부가 결정되면 피보험자 예금통장에 보험금이 입금됩니다.

※ 3만 원 초과 10만 원 이하 소액통원의료비를 청구할 경우, 보험금 청구서와 병원영수증, 질병분류기호(질병명)가 기재된 처방전만으로 접수가 가능합니다.
※ 의료기관에서 환자가 요구할 경우 처방전 발급 시 질병분류기호(질병명)가 기재된 처방전 2부 발급이 가능합니다.
※ 온라인 접수 절차는 K손해보험 홈페이지에서 확인하실 수 있습니다.

① Q : 자전거를 타다가 팔을 다쳐서 병원비가 56,000원이 나왔습니다. 보험금을 청구하려고 하는데 제출할 서류는 어떻게 되나요?
   A : 고객님의 의료비는 10만 원이 넘지 않는 관계로 보험금 청구서와 병원영수증, 진단서가 필요합니다.
② Q : 사고를 낸 당사자도 보험금을 청구할 수 있나요?
   A : 네, 고객님. 사고의 가해자와 피해자 모두 보험금을 청구하실 수 있습니다.
③ Q : 사고 접수는 인터넷으로 접수가 가능한가요?
   A : 네, 가능합니다. 자세한 접수 절차는 K손해보험 홈페이지에서 확인하실 수 있습니다.
④ Q : 질병분류기호가 기재된 처방전은 어떻게 발급하나요?
   A : 처방전 발급 시 해당 의료기관에 질병분류기호를 포함해달라고 요청하시면 됩니다.
⑤ Q : 보험금은 언제쯤 지급받을 수 있을까요?
   A : 보험금은 사고가 접수된 후에 사고현장을 조사하여 보험금 지급 여부를 심사한 다음 지급됩니다. 고객님마다 개인차가 있을 수 있으니 보다 정확한 사항은 보상 처리 담당자에게 문의 바랍니다.

40 다음 사례는 문제해결의 필요한 사고가 부족한 결과 벌어진 일이다. 다음 사례에서 K사에게 필요한 사고는 무엇인가?

〈K사의 아이돌 그룹 흥행 실패〉

아이돌 열풍에 힘입어 K-pop 신인 아이돌들이 대거 등장하고 있다. 이에 국내 대형 연예기획사 K사 역시 자사를 대표하는 아이돌 그룹을 데뷔시켰고, 다른 회사들처럼 외모가 빼어난 아이돌들로 그룹을 구성하였다. 하지만 다른 회사의 아이돌들 역시 외모가 빼어났기 때문에 크게 이슈가 되지 못했다. 그러던 중에 경쟁사인 B사 역시 아이돌 그룹을 데뷔시켰는데, 이들은 기존에 일반적으로 등장하던 예쁘고 잘생긴 이미지가 아니라 각자의 개성이 뚜렷한 독특한 외모의 그룹이었다. 그 결과 굉장히 이슈가 되어 다른 아이돌들에 비해 세간의 관심을 한몸에 받았다.

---

① 전략적 사고
② 분석적 사고
③ 발상의 전환
④ 성과 지향적 사고
⑤ 내·외부 자원의 효과적 활용

41 A대리는 사내 체육대회의 추첨에서 당첨된 직원들에게 나누어 줄 경품을 선정하고 있다. 〈조건〉의 명제가 모두 참일 때, 다음 중 반드시 참인 것은?

〈조건〉

• A대리는 펜, 노트, 가습기, 머그컵, 태블릿PC, 컵받침 중 3종류의 경품을 선정한다.
• 머그컵을 선정하면 노트는 경품에 포함하지 않는다.
• 노트는 반드시 경품에 포함된다.
• 태블릿PC를 선정하면, 머그컵을 선정한다.
• 태블릿PC를 선정하지 않으면, 가습기는 선정되고 컵받침은 선정되지 않는다.

---

① 가습기는 경품으로 선정되지 않는다.
② 머그컵과 가습기 모두 경품으로 선정된다.
③ 컵받침은 경품으로 선정된다.
④ 펜은 경품으로 선정된다.
⑤ 태블릿PC는 경품으로 선정된다.

42 A ~ E 다섯 명은 직장에서 상여금을 받았다. 상여금은 순서와 관계없이 각각 25만 원, 50만 원, 75만 원, 100만 원, 125만 원이다. 다음 〈조건〉을 근거로 판단할 때, 옳지 않은 것은?

─────〈조건〉─────
- A의 상여금은 다섯 사람 상여금의 평균이다.
- B의 상여금은 C, D보다 적다.
- C의 상여금은 어떤 이 상여금의 두 배이다.
- D의 상여금은 E보다 적다.

① A의 상여금은 A를 제외한 나머지 네 명의 평균과 같다.
② A의 상여금은 반드시 B보다 많다.
③ C의 상여금은 두 번째로 많거나 두 번째로 적다.
④ C의 상여금이 A보다 많다면, B의 상여금은 C의 50%일 것이다.
⑤ C의 상여금이 D보다 적다면, D의 상여금은 E의 80%일 것이다.

43 다음은 K건물의 비상대피 안내도이다. 이에 대한 내용으로 적절하지 않은 것은?

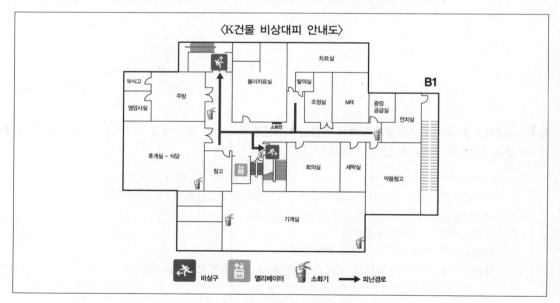

① 차트실 근처에는 소화기가 없으니 소화기를 하나 준비하는 것이 좋겠어.
② 영양사실에서 비상대피할 경우 주방으로 나가 왼편의 비상구를 이용해야겠군.
③ 약품창고에서는 중앙계단을 이용해서 대피하는 것이 가장 빠르겠어.
④ 엘리베이터를 제외하고 두 개의 비상구를 이용한 피난경로가 있네.
⑤ 물리치료실에서 대피할 때는 물리치료실과 주방 사이의 비상구를 이용하는 게 빠르겠어.

44 다음 글과 대화를 근거로 판단할 때, 빈칸 ㉠에 들어갈 내용으로 가장 적절한 것은?

정은 다음과 같은 사실을 알고 있다.
- 이번 주 개업한 K식당은 평일 '점심(12시)'과 '저녁(18시)'으로만 구분해 운영되며, 해당 시각 이전에 예약할 수 있다.
- 갑~병은 K식당에 이번 주 월요일부터 수요일까지 서로 겹치지 않게 예약하고 각자 한 번씩 다녀왔다.

〈대화〉

갑 : 나는 이번 주 을의 방문 후기를 보고 예약했어. 음식이 정말 훌륭하더라!
을 : 그렇지? 나도 나중에 들었는데 병은 점심 할인도 받았대. 나도 다음에는 점심에 가야겠어.
병 : 월요일은 개업일이라 사람이 많을 것 같아서 피했어. _____ ㉠ _____
정 : 너희 모두의 말을 다 들어보니, 각자 식당에 언제 갔는지를 정확하게 알겠다!

① 을이 다녀온 바로 다음날 점심을 먹었지.
② 갑이 먼저 점심 할인을 받고 나에게 알려준 거야.
③ 갑이 우리 중 가장 늦게 갔었구나.
④ 월요일에 갔던 사람은 아무도 없구나.
⑤ 같이 가려고 했더니 이미 다들 먼저 다녀왔더군.

45 K공사는 전 문서의 보관, 검색, 이관, 보존 및 폐기에 대한 파일링시스템 규칙을 다음과 같이 적용하고 있다. 이에 따라 2020년도에 작성된 문서의 보존연한이 3년일 경우 폐기연도로 가장 적절한 것은?

〈K공사 파일링시스템 규칙〉

- 보존연한이 경과한 문서는 세단 또는 소각방법 등으로 폐기한다.
- 보존연한은 문서처리 완결일인 익년 1월 1일부터 가산한다.

① 2022년 초   ② 2023년 초
③ 2024년 초   ④ 2025년 초
⑤ 2026년 초

46 K공사 B과장이 내년에 해외근무 신청을 하기 위해서는 의무 교육이수 기준을 만족해야 한다. B과장이 지금까지 글로벌 경영교육 17시간, 해외사무영어교육 50시간, 국제회계교육 24시간을 이수하였다면, 의무 교육이수 기준에 미달인 과목과 그 과목의 부족한 점수는 몇 점인가?

〈의무 교육이수 기준〉

(단위 : 점)

구분	글로벌 경영	해외사무영어	국제회계
이수 완료 점수	15	60	20
시간당 점수	1	1	2

※ 초과 이수 시간은 시간당 0.2점으로 환산하여 해외사무영어 점수에 통합한다.

	과목	점수
①	해외사무영어	6.8점
②	해외사무영어	7.0점
③	글로벌경영	7.0점
④	국제회계	6.8점
⑤	국제회계	5.8점

47 자동차 부품을 생산하는 K기업은 반자동 라인과 자동 라인을 하나씩 보유하고 있다. 최근 일본의 자동차 회사와 수출계약을 체결하여 자동차 부품 34,500개를 납품하였다. K기업의 생산조건을 고려할 때, 일본에 납품할 부품을 생산하는 데 소요된 시간은 얼마인가?

〈자동차 부품 생산조건〉

• 반자동 라인은 4시간에 300개의 부품을 생산하며, 그중 20%는 불량품이다.
• 자동 라인은 3시간에 400개의 부품을 생산하며, 그중 10%는 불량품이다.
• 반자동 라인은 8시간마다 2시간씩 생산을 중단한다.
• 자동 라인은 9시간마다 3시간씩 생산을 중단한다.
• 불량 부품은 생산 후 폐기하고 정상인 부품만 납품한다.

① 230시간
② 240시간
③ 250시간
④ 260시간
⑤ 270시간

48 다음은 주중과 주말 교통상황에 대한 자료이다. 이에 대한 〈보기〉의 설명으로 옳은 것을 모두 고르면?

〈주중·주말 예상 교통량〉

(단위 : 만 대)

구분	전국	수도권 → 지방	지방 → 수도권
주말 교통량	490	50	51
주중 교통량	380	42	35

〈대도시 간 예상 최대 소요시간〉

구분	서울 – 대전	서울 – 부산	서울 – 광주	서울 – 강릉	남양주 – 양양
주말	2시간 40분	5시간 40분	4시간 20분	3시간 20분	2시간 20분
주중	1시간 40분	4시간 30분	3시간 20분	2시간 40분	1시간 50분

―――〈보기〉―――

ㄱ. 대도시 간 예상 최대 소요 시간은 모든 구간에서 주중이 주말보다 적게 걸린다.
ㄴ. 주중 전국 교통량 중 수도권에서 지방으로 가는 교통량의 비율은 10% 이상이다.
ㄷ. 지방에서 수도권으로 가는 주말 예상 교통량은 주중 예상 교통량보다 30%p 미만으로 많다.
ㄹ. 서울 – 광주 구간 주중 예상 최대 소요 시간은 서울 – 강릉 구간 주말 예상 최대 소요 시간과 같다.

① ㄱ, ㄴ
② ㄴ, ㄷ
③ ㄴ, ㄷ, ㄹ
④ ㄱ, ㄴ, ㄹ
⑤ ㄱ, ㄷ, ㄹ

※ K공단은 물품을 효과적으로 관리하기 위해 매년 회사 내 물품 목록을 작성하고, 물품별로 코드를 생성하여 관리하고 있다. 다음 자료를 보고 이어지는 질문에 답하시오. **[49~51]**

〈2023년도 사내 보유 물품 현황〉

구분	책임 부서 및 책임자	구매연도	구매가격	유효기간	처분 시 감가 비율	중고 여부
A	고객팀 이대리	2023년	55만 원	11년	40%	×
B	총무팀 김사원	2021년	30만 원	7년	20%	×
C	영업팀 최사원	2020년	35만 원	10년	50%	×
D	생산팀 강부장	2018년	80만 원	12년	25%	○
E	인사팀 이과장	2022년	16만 원	8년	25%	○

※ 물품의 유효기간은 목록을 작성한 연도를 기준으로 한다.
※ 처분 시 감가 비율은 물품 구매가격을 기준으로 한다.

〈코드 생성 방법〉

• 구분에 따른 생성 코드

구분		코드
책임 부서	총무팀	GAT
	영업팀	SLT
	생산팀	PDT
	고객팀	CTT
	인사팀	PST
책임자 직급	사원	E
	대리	A
	과장	S
	부장	H
중고 여부	새 제품	1
	중고 제품	0

• 코드 순서 : 책임 부서 – 책임자 직급 – 구매연도(2자리) – 유효기간(2자리) – 중고 여부
  예 GAT – A – 22 – 02 – 1

49 다음 중 2022년도 사내 보유 물품인 A~E물품의 코드로 옳지 않은 것은?

① A물품 : CTT - A - 23 - 11 - 1   ② B물품 : GAT - E - 21 - 07 - 1

③ C물품 : SLT - E - 20 - 10 - 0   ④ D물품 : PDT - H - 18 - 12 - 0

⑤ E물품 : PST - S - 22 - 08 - 0

50 다음 중 A~E물품을 모두 처분한다고 할 때, 받을 수 있는 총금액은?(단, 중고 제품의 경우 처분 금액의 50%만 받을 수 있으며, 만 원 아래는 버린다)

① 88만 원   ② 98만 원

③ 110만 원   ④ 120만 원

⑤ 131만 원

51 제휴 업체를 통해 유효기간이 10년 이상 남은 물품을 처분할 경우 구매가격의 80%를 받을 수 있다고 한다. 다음 중 유효기간이 10년 이상 남은 물품을 모두 처분한다고 할 때, 제휴 업체로부터 받을 수 있는 총금액은?

① 108만 원   ② 112만 원

③ 122만 원   ④ 132만 원

⑤ 136만 원

52 K공사는 구내식당 기자재의 납품업체를 선정하고자 한다. 각 입찰업체에 대한 정보는 아래와 같다고 한다. 선정조건에 따라 업체를 선정할 때, 다음 중 선정될 업체는?

〈선정 조건〉

• 선정 방식
선정점수가 가장 높은 업체를 선정한다. 선정점수는 납품품질 점수, 가격경쟁력 점수, 직원규모 점수에 가중치를 반영해 합산한 값을 의미한다. 선정점수가 가장 높은 업체가 2개 이상일 경우, 가격경쟁력 점수가 더 높은 업체를 선정한다.

• 납품품질 점수
업체별 납품품질 등급에 따라 다음 표와 같이 점수를 부여한다.

구분	최상	상	중	하	최하
점수	100점	90점	80점	70점	60점

• 가격경쟁력
업체별 납품가격 총액 수준에 따라 다음 표와 같이 점수를 부여한다.

구분	2억 원 미만	2억 원 이상 2억 5천만 원 미만	2억 5천만 원 이상 3억 원 미만	3억 원 이상
점수	100점	90점	80점	70점

• 직원규모
업체별 직원규모에 따라 다음 표와 같이 점수를 부여한다.

구분	50명 미만	50명 이상 100명 미만	100명 이상 200명 미만	200명 이상
점수	70점	80점	90점	100점

• 가중치
납품품질 점수, 가격경쟁력 점수, 직원규모 점수는 다음 표에 따라 각각 가중치를 부여한다.

구분	납품품질 점수	가격경쟁력 점수	직원규모 점수	합계
가중치	40	30	30	100

〈입찰업체 정보〉

구분	납품품질	납품가격 총액(원)	직원규모(명)
A업체	상	2억	125
B업체	중	1억 7,000만	141
C업체	하	1억 9,500만	91
D업체	최상	3억 2,000만	98
E업체	상	2억 6천만	210

① A업체
② B업체
③ C업체
④ D업체
⑤ E업체

53 다음 글에서 설명하는 것과 관련이 없는 것은?

> 물품 관리 시스템에서의 첨단 정보기술(ICT) 적용이 확대되고 있다. 물류 산업이 복잡화·고도화됨에 따라 체계화된 정보 관리 분석을 통한 효율화가 필수적으로 요구되기 때문이다. 현재 사물인터넷과 빅데이터 기술을 활용한 물류 정보 제공 서비스, 자산 관리 시스템 등의 개발이 활발하다. 물류 정보를 활용하여 고부가가치 물류 서비스를 개발하는 기업에 새로운 성장 기회를 제공할 것으로 기대된다.

① NFC
② RFID
③ 생체 인식
④ QR 코드
⑤ BAR 코드

54 다음은 K공사에서 제시한 고속도로 통행요금 산정표와 차종별 주행요금 단가이다. 다음 중 차종별 통행요금이 옳은 것은?(단, 요금은 소수점 첫째 자리에서 버림한다)

〈고속도로 통행요금 산정 기본구조〉

구분	폐쇄식	개방식
기본요금	900원	720원
요금산정	(기본요금)+[(주행거리)×(차종별 km당 주행요금)]	

구분	km당 주행요금
1종	44.3원
2종	45.2원
3종	47.0원
4종	62.9원
5종	74.4원

① P씨는 2종 자동차를 운전하며, 폐쇄식 고속도로 12km를 운전했다. : 1,460원
② A씨는 1종을 렌트하여 여행하는 동안 폐쇄식 고속도로 20km를 운전했다. : 1,980원
③ H씨는 4종 화물차로 물건을 운반하기 위해 개방식 고속도로 30km를 이용했다. : 3,600원
④ B씨는 3종 고속버스 운전사이며, 폐쇄식 고속도로 28km를 운전했다. : 2,510원
⑤ E씨는 1종 자동차를 구입하여, 개방식 고속도로 10km를 시험 운전해 보았다. : 1,160원

55 스캐너 구매를 담당하고 있는 J대리는 사내 설문조사를 통해 부서별로 필요한 스캐너 기능을 확인하였다. 다음 〈조건〉을 참고하였을 때, 구매할 스캐너의 순위는?

K공사는 2024년 초에 회사 내의 스캐너 15개를 교체하려고 계획하고 있다.

구분	Q스캐너	T스캐너	G스캐너
제조사	미국 B회사	한국 C회사	독일 D회사
가격	18만 원	22만 원	28만 원
스캔 속도	40장/분	60장/분	80장/분
주요 특징	• 양면 스캔 가능 • 50매 연속 스캔 • 소비전력 절약 모드 지원 • 카드 스캔 가능 • 백지 Skip 기능 • 기울기 자동 보정 • A/S 1년 보장	• 양면 스캔 가능 • 타 제품보다 전력소모 60% 절감 • 다양한 소프트웨어 지원 • PDF 문서 활용 가능 • 기울기 자동 보정 • A/S 1년 보장	• 양면 스캔 가능 • 빠른 스캔 속도 • 다양한 크기 스캔 • 100매 연속 스캔 • 이중급지 방지 장치 • 백지 Skip 기능 • 기울기 자동 보정 • A/S 3년 보장

〈조건〉

• 양면 스캔 가능 여부
• 50매 이상 연속 스캔 가능 여부
• 예산 420만 원까지 가능
• 카드 크기부터 계약서 크기까지 스캔 지원
• A/S 1년 이상 보장
• 기울기 자동 보정 여부

① T스캐너 – Q스캐너 – G스캐너
② G스캐너 – Q스캐너 – T스캐너
③ G스캐너 – T스캐너 – Q스캐너
④ Q스캐너 – G스캐너 – T스캐너
⑤ Q스캐너 – T스캐너 – G스캐너

56 다음은 주당배당금 및 배당수익률 산출식에 대한 정보이다. 정보를 참고해 배당금이 많은 사람부터 적은 사람 순서대로 바르게 나열한 것은?(단, 빈칸은 일부분이 누락된 부분이다)

〈개인별 투자 현황〉

구분	투자한 회사의 당기순이익	투자한 회사의 주가	투자한 회사의 배당수익률	투자한 회사의 발행주식 수
정현	20억 원	20,000원		10만 주
현수		30,000원	10%	80만 주
수희	40억 원	100,000원		10만 주
희진		60,000원	20%	20만 주
진경	20억 원	40,000원		20만 주

〈정보〉

- 주당배당금(DPS; Dividend Per Share) : 배당금 총액을 주식 수로 나누는 방식
  =(배당금 총액)÷(발행주식 수)
- 배당수익률(DYR; Dividend Yield Ratio) : 주당배당금을 주가로 나눈 백분율 값
  =(주당배당금)÷(주가)×100
- 배당금 총액은 통상 당기순이익의 20%이며, 배당금은 주당배당금의 100배이다.

① 진경> 현수> 정현> 수희> 희진
② 희진> 정현> 수희> 현수> 진경
③ 진경> 수희> 현수> 정현> 희진
④ 희진> 수희> 정현> 현수> 진경
⑤ 수희> 희진> 현수> 정현> 진경

57 K공사에서 근무하는 귀하는 프로젝트에 필요한 모든 단위작업을 다음과 같이 네트워크로 표현하였다. 이를 참고할 때, 설명으로 옳지 않은 것은?

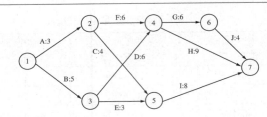

  ※ 화살표는 단위업무의 방향을 나타냄
  ※ 화살표 위의 알파벳은 단위업무 명칭이고, 숫자는 소요되는 기간(단위 : 주)을 나타냄
  ※ 각각의 단위업무는 직전의 선행 업무가 모두 종료되기 전까지는 시작할 수 없음

① 단위작업 A와 C를 최대한 단축하더라도 전체 프로젝트 기간에는 영향을 주지 못한다.
② 이 프로젝트를 완료하는 데는 아무리 적어도 16주가 소요된다.
③ 단위작업 D를 일주일 줄이면, 전체 프로젝트 기간 또한 일주일 줄어든다.
④ 만일 사업을 일찍 끝내야 한다면, 작업 B, D, G, J 중에서 단축 비용이 가장 적게 드는 것을 선택해서 줄여야 한다.
⑤ 이 프로젝트를 완료하는 데 드는 최소 기간은 21주이다.

58 K회사는 해외지사와 화상 회의를 1시간 동안 하기로 하였다. 모든 지사의 업무시간은 오전 9시부터 오후 6시까지이며, 점심시간은 낮 12시부터 오후 1시까지이다. 〈조건〉이 다음과 같을 때, 회의가 가능한 시간은 언제인가?(단, 회의가 가능한 시간은 서울 기준이다)

―――――――――〈조건〉―――――――――
• 헝가리는 서울보다 7시간 느리고, 현지시간으로 오전 10시부터 2시간 동안 외부출장이 있다.
• 호주는 서울보다 1시간 빠르고, 현지시간으로 오후 2시부터 3시간 동안 회의가 있다.
• 베이징은 서울보다 1시간 느리다.
• 헝가리와 호주는 서머타임 +1시간을 적용한다.

① 오전 10시 ~ 오전 11시   ② 오전 11시 ~ 낮 12시
③ 오후 1시 ~ 오후 2시   ④ 오후 2시 ~ 오후 3시
⑤ 오후 3시 ~ 오후 4시

59 다음 평가기준을 바탕으로 평가대상기관 A ~ D 중 최종순위 최상위기관과 최하위기관을 바르게 나열한 것은?

〈공공시설물 내진보강대책 추진실적 평가기준〉

■ 평가요소 및 점수부여

- (내진성능평가 지수) $= \dfrac{(\text{내진성능평가 실적 건수})}{(\text{내진보강대상 건수})} \times 100$

- (내진보강공사 지수) $= \dfrac{(\text{내진보강공사 실적 건수})}{(\text{내진보강대상 건수})} \times 100$

- 산출된 지수 값에 따른 점수는 아래 표와 같이 부여한다.

구분	지수 값 최상위 1개 기관	지수 값 중위 2개 기관	지수 값 최하위 1개 기관
내진성능평가 점수	5점	3점	1점
내진보강공사 점수	5점	3점	1점

■ 최종순위 결정

- 내진성능평가 점수와 내진보강공사 점수의 합이 큰 기관에 높은 순위를 부여한다.
- 합산 점수가 동점인 경우에는 내진보강대상 건수가 많은 기관을 높은 순위로 정한다.

〈평가대상기관의 실적 건수〉

(단위 : 건)

구분	A기관	B기관	C기관	D기관
내진성능평가	82	72	72	83
내진보강공사	91	76	81	96
내진보강대상	100	80	90	100

	최상위기관	최하위기관
①	A기관	B기관
②	B기관	C기관
③	B기관	D기관
④	C기관	D기관
⑤	D기관	C기관

60 K기업의 1 ~ 3년 차 근무를 마친 A ~ E 다섯 명의 사원들은 인사이동 시기를 맞아 근무지를 이동해야 한다. 근무지 이동 규정과 각 사원들이 근무지 이동을 신청한 내용이 다음과 같을 때, 이에 대한 설명으로 옳지 않은 것은?

〈근무지 이동 규정〉

• 수도권 지역은 여의도, 종로, 영등포이고, 지방의 지역은 광주, 제주, 대구이다.
• 2번 이상 같은 지역(예 여의도 → 여의도 ×)을 신청할 수 없다.
• 3년 연속 같은 수도권 지역이나 지방 지역을 신청할 수 없다.
• 2, 3년 차보다 1년 차 신입 및 1년 차 근무를 마친 직원이 신청한 내용이 우선된다.
• 1년 차 신입은 전년도 평가 점수를 100점으로 한다.
• 직원 A ~ E는 서로 다른 곳에 배치된다.
• 같은 지역으로의 이동을 신청한 경우 전년도 평가 점수가 더 높은 사람이 우선하여 이동한다.
• 규정에 부합하지 않게 이동 신청을 한 경우, 신청한 곳에 배정받을 수 없다.

〈근무지 이동 신청〉

직원	1년 차 근무지	2년 차 근무지	3년 차 근무지	신청지	전년도 평가
A	대구	–	–	종로	–
B	여의도	광주	–	영등포	92
C	종로	대구	여의도	미정	88
D	영등포	종로	–	여의도	91
E	광주	영등포	제주	영등포	89

① B는 영등포로 이동하게 될 것이다.
② C는 지방 지역으로 이동하고, E는 여의도로 이동하게 될 것이다.
③ A는 대구를 1년 차 근무지로 신청하였을 것이다.
④ D는 자신의 신청지로 이동하게 될 것이다.
⑤ C가 제주로 이동한다면, D는 광주나 대구로 이동하게 된다.

제4회
NCS 핵심영역

영역분리형 모의고사

www.sdedu.co.kr

〈문항 및 시험시간〉

평가영역	문항 수	시험시간	모바일 OMR 답안분석
의사소통능력＋수리능력＋ 문제해결능력＋자원관리능력	60문항	60분	

제4회 모의고사

| 문항 수 : 60문항 |
| 시험시간 : 60분 |

제 1 영역 의사소통능력

01 다음 중 밑줄 친 ㉠ ~ ㉢에 들어갈 단어를 순서대로 바르게 나열한 것은?

앞으로는 공무원이 공공기관 민원 시스템에서 신고성 민원 등의 서류를 출력해도 민원인 정보는 자동으로 삭제된다. 또한, 민원인 정보를 제3자에게 제공할 때도 유의 사항 등을 담은 세부 처리 지침이 ㉠ 조성 / 조장 된다. 국민권익위원회는 이러한 내용을 담은 '공공기관 민원인 개인정보 보호 강화 방안'을 마련해 499개 공공기관과 행정안전부에 제도 개선을 권고했다. 권고안에는 민원 담당 공무원이 기관별 민원 시스템에서 신고성 민원 등의 내용을 출력해도 민원인 이름 등 개인정보는 자동으로 삭제되고 민원 내용만 인쇄되도록 하는 내용이 담겨 있다.

이와 함께 민원인 정보를 제3자에게 제공할 때 민원 담당자가 지켜야 하는 세부 처리 지침을 '민원 행정 및 제도 개선 기본 지침'에 반영하도록 했다. 특히 각 기관에서 신고성 민원을 처리할 때 민원인 비밀 보장 준수, 신고자 보호·보상 제도 안내 등 관련 유의 사항이 담기도록 했다.

그간 개인정보 보호를 위한 정부의 노력에도 불구하고 민원 처리 과정에서 민원인 정보가 유출되어 국민의 권익이 침해되는 사례가 지속해서 발생하고 있었다. 하지만 민원 처리 지침 등에는 민원인 정보 유출 관련 주의 사항, 처벌 규정 등만 ㉡ 명시 / 암시되어 있을 뿐 민원인 정보를 제3자에게 제공할 수 있는 범위와 한계 등에 관한 규정이 없었다.

기관별로 접수되는 신고성 민원은 내용과 요건에 따라 부패·공익 신고에 해당할 경우 신고자 보호 범위가 넓은 공익 신고자 보호법 등에 따라 처리되어야 함에도 민원 담당자들이 이를 제대로 알지 못해 신고자 보호 규정을 제대로 준수하지 못했기에 이를 보완하려는 후속 조치가 마련된 것이다.

국민권익위원회의 권익개선정책국장은 "이번 제도 개선으로 공공기관 민원 처리 과정에서 신고성 민원 등을 신청한 민원인의 개인정보가 유출되는 사례를 방지할 수 있을 것"이라며 "앞으로도 국민권익위 정부 혁신 실행 과제인 '국민의 목소리를 ㉢ 반영 / 투입한 생활 밀착형 제도 개선'을 적극 추진하겠다."라고 말했다.

	㉠	㉡	㉢
①	조성	명시	반영
②	조성	명시	투입
③	조성	암시	반영
④	조장	명시	반영
⑤	조장	암시	투입

02 다음 글의 내용으로 적절하지 않은 것은?

어떤 사회 현상이 나타나는 경우 그러한 현상은 '제도'의 탓일까, 아니면 '문화'의 탓일까? 이 논쟁은 정치학을 비롯한 모든 사회과학에서 두루 다루는 주제이다. 정치학에서 제도주의자들은 보다 선진화된 사회를 만들기 위해서 제도의 정비가 중요하다고 주장한다. 하지만 문화주의자들은 실제적인 '운용의 묘'를 살리는 문화가 제도의 정비보다 중요하다고 주장한다.

문화주의자들은 문화를 가치, 신념, 인식 등의 총체로서 정치적 행동과 행위를 특정한 방향으로 움직여 일정한 행동 양식을 만들어 내는 것으로 정의한다. 이러한 문화에 대한 정의를 바탕으로 이들은 국민이 정부에게 하는 정치적 요구인 투입과 정부가 생산하는 정책인 산출을 기반으로 정치 문화를 편협형, 신민형, 참여형의 세 가지로 유형화하였다.

편협형 정치 문화는 투입과 산출에 대한 개념이 모두 존재하지 않는 정치 문화이다. 투입이 없으며, 정부도 산출에 대한 개념이 없어서 적극적 참여자로서의 자아가 있을 수 없다. 사실상 정치 체계에 대한 인식이 국민들에게 존재할 수 없는 사회이다. 샤머니즘에 의한 신정 정치, 부족 또는 지역 사회 등 전통적인 원시 사회가 이에 해당한다.

다음으로 신민형 정치 문화는 투입이 존재하지 않으며, 적극적 참여자로서의 자아가 형성되지 못한 사회이다. 이런 상황에서 산출이 존재한다는 의미는 국민이 정부가 해주는 대로 받는다는 것을 의미한다. 이들 국민은 정부에 복종하는 성향이 강하다. 하지만 편협형 정치 문화와 달리 이들 국민은 정치 체계에 대한 최소한의 인식은 있는 상태이다. 일반적으로 독재 국가의 정치 체계가 이에 해당한다.

마지막으로 참여형 정치 문화는 국민들이 자신들의 요구 사항을 표출할 줄도 알고, 정부는 그러한 국민들의 요구에 응답하는 사회이다. 따라서 국민들은 적극적인 참여자로서의 자아가 형성되어 있으며, 그러한 적극적 참여자들로 형성된 정치 체계가 존재하는 사회이다. 이는 선진 민주주의 사회로서 현대의 바람직한 민주주의 사회상이다.

정치 문화 유형 연구는 어떤 사회가 민주주의를 제대로 구현하기 위해서 우선적으로 필요한 것이 무엇인가 하는 질문에 대한 답을 제시하고 있다. 문화주의자들은 국가를 특정 제도의 장단점에 의해서가 아니라 국가의 구성 요소들이 민주주의라는 보편적인 목적을 위해 얼마나 잘 기능하고 있는가를 기준으로 평가하고 있는 것이다.

① 문화주의자들은 정치문화를 편협형, 신민형, 참여형으로 나눈다.
② 편협형 정치 문화는 투입과 산출에 대한 개념이 없다.
③ 참여형 정치 문화는 국민과 정부가 소통하는 사회이다.
④ 신민형 정치 문화는 투입은 존재하지 않으며 산출은 존재하는 사회이다.
⑤ 독재 국가의 정치 체계는 편협형 정치 문화에 해당한다.

03 다음 〈보기〉 중 직업생활에서의 의사소통에 대하여 잘못 설명한 직원을 모두 고르면?

<보기>

김대리 : 직장 내에서의 의사소통은 정보 전달이 핵심이야. 감정이 반영된 의사소통은 조직의 목표 달성을 저해할 수 있어.

최주임 : 정확한 의사소통을 위해서는 참여자들이 공통적으로 공유할 수 있는 의미를 형성해 내야 합니다.

박사원 : 단순 의사의 전달뿐만 아니라, 각자의 경험에 대한 상호 교류를 포함하는 것도 의사소통의 범위에 포함된다고 생각합니다.

① 김대리
② 최주임
③ 김대리, 최주임
④ 김대리, 박사원
⑤ 김대리, 최주임, 박사원

04 다음 글의 내용으로 적절하지 않은 것은?

생성 예술은 사이버네틱스와 시스템이론을 이용한 현대예술 형식이다. 생성 예술은 본질적으로 '작품'이란 완성된 최종적 결과물이어야 한다는 전통적 예술 관념에 저항한다. 생성 예술에서 작가는 생물 발생과 진화의 생성 시스템에 내재된 창발(創發), 진화, 자기 조직화의 개념을 창작에 직·간접적으로 반영한다. 생성 예술은 인공적이거나 자연적인 시스템을 사용한다. 때문에 생성 예술의 작가는 직접 작품을 완성하는 것보다 과정으로서의 작품을 창작하기 위한 시스템의 설계에 더 큰 관심을 둔다. 일단 작가가 생성 시스템을 설계하면, 그 시스템의 작동에 따라 작품은 스스로 만들어진다. 생성 예술에서는 작품이 자동적으로 만들어져 가는 과정 자체가 창작활동의 핵심적 요소이다. 생성 예술의 작가는 작품이 창작되는 전 과정을 모두 예상하기는 힘들며, 생성 예술 작품은 작가의 성향이나 의도가 아닌 창작 과정에 주어지는 조건으로부터 많은 영향을 받는다.

생성 예술에서 작품이 만들어지는 과정은 작가가 설계한 생성 시스템에서 시작되지만, 그것이 작동하면 스스로 작품 요소가 선택되고, 선택된 작품 요소들이 혼성·개선되면서 창발적으로 새로운 작품 요소를 만들어 낸다. 이런 과정은 흡사 생명체가 발생하고 진화하는 과정과 유사하다. 생성 예술은 예상치 못하게 끊임없이 변하는 과정을 통해 예술작품을 만들어 간다. 이러한 과정 자체는 무작위적인 우연의 연속이다. 이처럼 창작 과정에서 무작위적 우연이 배제될 수 없기 때문에 생성 예술에서 작가 개인의 미학적 의도를 해석해 낼 수 없다.

① 생성 예술에서는 무작위적 우연이 개입되어 작품을 만들어 간다.
② 생성 예술에서는 완성된 최종 결과물이 곧 작가의 창작의도이다.
③ 생성 예술에서는 작품의 완성보다 작품이 만들어지는 과정이 창작활동의 핵심으로 이해된다.
④ 생성 예술에서 작품 요소가 선택되고 혼성·개선되는 과정 중간에 작가는 직접 개입하지 않는다.
⑤ 생성 예술에서 작가가 시스템을 설계하면, 그 시스템은 생명체가 발생하고 진화하는 것처럼 스스로 작품을 조직해 나간다.

05 다음 글의 밑줄 친 ㉠~㉤ 중 단어의 사용이 적절하지 않은 것은?

보건복지부는 포용적 사회보장의 기반 마련을 위해 복지 대상자를 중심에 두고 필요한 정보를 연계·통합한 '차세대 사회보장 정보 시스템' ㉠ 창안(創案) 계획을 발표했다. 이에 포괄적 사회보장 지원을 원하는 국민은 누구나 '복지 멤버십'의 회원으로 등록할 수 있다. 등록 시 조사에 동의한 가구·소득·재산 정보를 토대로 사회보장 급여·서비스의 지원 기준에 맞춰 정보 시스템이 우선 대상자를 ㉡ 판정(判定)한다. 임신, 출산, 입학, 실직, 퇴직, 중대 질병·장애 발생, 입원 등 경제 상황 변동에 따른 사회보장 정보를 제공한다. 보건복지부 관계자는 "안내를 받은 국민이 사회보장 급여와 서비스를 편리하게 신청할 수 있도록 하여 복지 ㉢ 사각지대(寫角地帶)를 해소하고, 정책 개선 체감도를 높이고자 한다."라고 말했다.

빅데이터를 활용한 시스템도 도입한다. 기존에 단전·단수 정보나 건강 보험료 체납 정보 등의 빅데이터 정보를 활용했지만, 앞으로는 단순 빈곤을 넘어 고립, 관계 단절, 정신적·인지적 문제가 있는 경우까지 발굴할 수 있는 방안을 연구하고, 이에 대한 사회적 논의를 신중히 진행할 예정이다. 이를 위해 정부는 보건·복지 콜센터 상담사나 민간 복지 기관 ㉣ 종사자(從事者) 등 다양한 인적 안전망을 통해 들어오는 위기 정보를 체계적으로 관리하여 빅데이터 분석에 활용할 계획이다. 또 고용 위기 등 기초자치단체에서 지역 특성을 고려해 자체적으로 위기 가구를 분석하고, 원룸·고시원·판자촌 등 주민 등록 정보 관리가 어려운 지역은 위기 징표가 ㉤ 밀집(密集)된 곳의 위치 정보를 제공할 계획이다.

① ㉠
② ㉡
③ ㉢
④ ㉣
⑤ ㉤

06 다음 글에서 설명하는 의사소통의 저해 요인은 무엇인가?

일상생활에서는 물론 사회생활에서 우리는 종종 말하고 싶은 대로 말하고, 듣고 싶은 대로 듣는 경우들이 있다. 이로 인해 같은 내용이라도 말하는 자와 듣는 자가 서로 다른 내용으로 기억하곤 한다. 이는 말하는 사람은 그가 전달하고자 하는 내용이 듣는 사람에게 잘 전달되었는지를, 듣는 사람은 내가 들은 내용이 말하고자 하는 내용을 바르게 이해한 것인지를 서로 확인하지 않기 때문에 발생하는 일이다.

① 엇갈린 정보에 대한 책임 회피
② 의사소통에 대한 잘못된 선입견
③ 의사소통 과정에서의 상호작용 부족
④ 서로 모순되는 내용을 가진 경쟁적인 메시지
⑤ 말하고자 하는 내용에 지나치게 많은 정보를 담는 복잡한 메시지

07 다음 글의 서술상 특징으로 가장 적절한 것은?

> 지방은 여러 질병의 원인으로서 인체에 해로운 것으로 인식되었다. 하지만 문제가 되는 것은 지방 자체가 아니라 전이지방이다. 전이지방은 특수한 물리·화학적 처리에 따라 생성되는 것으로, 몸에 해로운 포화지방의 비율이 자연 상태의 기름보다 높다. 전이지방을 섭취하면 심혈관계 질환이나 유방암 등이 발병할 수 있다. 이러한 전이지방이 지방을 대표하는 것으로 여겨지면서 지방이 여러 질병의 원인으로 지목됐던 것이다. 중요한 것은 지방이라고 모두 같은 지방이 아니라는 사실을 일깨우는 것이다. 불포화 지방의 섭취는 오히려 각종 질병의 위험을 감소시키며, 체내 지방 세포는 장수에 도움을 주기도 한다. 지방이 각종 건강상의 문제를 야기하는 것은 지방 그 자체의 속성 때문이라기보다는 지방을 섭취하는 인간의 자기 관리가 허술했기 때문이다.

① 새로운 용어를 소개하고 그 유래를 밝히고 있다.
② 대상에 대한 다양한 견해들의 장단점을 분석하고 있다.
③ 서로 대립하는 견해를 비교하고 이를 절충하여 통합하고 있다.
④ 현재의 상황을 객관적으로 분석함으로써 미래를 전망하고 있다.
⑤ 대상에 대한 사회적 통념의 문제점을 지적하고 올바른 이해를 유도하고 있다.

08 다음 글의 밑줄 친 ㉠, ㉡의 관계와 같은 것은?

> 이번에 치러진 선거는 치명적인 ㉠ 맹점이 있다. 민주주의의 핵심인 선거에서 사람의 신원을 확인하지 않는 것이 가능한가? 그 나라 국민들이 직접 대표를 뽑는 것이 선거의 핵심인데, 신원 확인을 하지 않고서 ㉡ 무결한 선거가 가능하다는 말인가?

① 반편이라고 괄시를 받던 온달이 장군이 되어 전공을 세우자 어디를 가든 후대를 받았다.
② 지난달 과소비로 인해 당분간 긴축 생활을 해야 할 필요가 있으므로 불필요한 돈부터 절약해 보자.
③ 기계를 다루기 전에는 반드시 사용상의 유의 사항을 확인하고, 항상 안전 수칙을 유념해야 합니다.
④ 얼마 전 미인 대회에서 여러 후보를 제치고 선발된 그녀는 이번에 새로 출시된 화장품의 광고 모델로 발탁되었다.
⑤ 불공정한 계약 내용을 수정하지 않을 경우 법적 조치를 취할 예정이라고 하니, 이에 대한 대처 방안을 마련해야 합니다.

09 다음 글의 빈칸에 들어갈 내용으로 가장 적절한 것은?

어떤 사람이 오존층을 파괴하는 냉각제를 사용하는 경우를 고려해 보자. 오존층 파괴로 인해 무수히 많은 사람이 해악을 입었다고 하더라도, 이 한 사람의 행위가 어떤 특정 개인에게 미친 해악은 매우 미미하다고 말할 수 있을 것이다. 이때 그 사람은 그다지 죄책감을 느끼지 않을 수 있고, 자신에게 도덕적 책임이 있다는 것을 쉽게 인정하지 않을 수 있다. 이는 다음과 같은 사례를 통해 잘 설명된다.

〈사례〉

가난한 마을에 갑훈을 포함한 산적 100명이 들이닥쳐 약탈을 저질렀다. 을훈을 포함한 주민 100명에게는 각각 콩 100알씩이 있었는데 산적들은 각자 주민 한 명을 맡아 그 사람의 콩을 몽땅 빼앗았다. 그 결과 모든 주민이 굶주리게 되었다. 이때 갑훈의 콩을 빼앗은 상대가 을훈이었다. 각자가 특정 개인에게 큰 해악을 입혔다는 사실에 죄책감을 느낀 산적들은 두 번째 약탈에서는 방법을 바꾸기로 하였다. 갑훈을 포함한 산적 100명은 이번에는 각자가 을훈을 포함한 모든 주민 100명에게서 각각 콩 한 알씩만 빼앗기로 했다. 콩 한 알의 손실은 미미한 해악에 지나지 않으므로 이번에는 어떤 산적도 특정 주민에게 큰 고통을 준 것은 아니었다. 결과적으로 모든 주민은 이번에도 굶주리게 되었지만, 산적들은 별로 죄책감을 느끼지 않았다.

하지만 이른바 '공범 원리'를 받아들이는 사람들은, 타인의 악행에 가담한 경우 결과에 얼마나 영향을 주었는지와 무관하게 도덕적 책임이 있다고 주장한다. 냉각제의 집단적 사용에서 한 사람의 가담 여부가 특정 개인에게 단지 미미한 해악만을 보탠 것이라서 별로 죄책감이 느껴지지 않는다고 하더라도, 그 사람은 단지 그 해악의 공범이라는 이유만으로 그에 따른 도덕적 책임을 져야 한다는 것이다. 그러므로 '공범 원리'에 따른다면, _____.

① 갑훈은 두 번째 저지른 약탈 행위에 대해서 더 큰 죄책감을 느껴야 한다.

② 전체 해악의 크기가 커질수록 해악에 가담한 사람들의 도덕적 책임도 커진다.

③ 첫 번째 약탈과 두 번째 약탈에서 갑훈이 을훈에게 입힌 해악에는 차이가 없다.

④ 갑훈에게 도덕적 책임이 있다는 점에서 첫 번째 약탈과 두 번째 약탈은 차이가 없다.

⑤ 두 차례 약탈에서 갑훈이 빼앗은 전체 콩알의 수가 같기 때문에 갑훈이 져야 할 도덕적 책임에는 차이가 없다.

10 甲과 乙의 주장을 도출할 수 있는 질문으로 가장 적절한 것은?

> 甲 : 유권자들의 투표율이 낮아 기존의 단순 다수제를 통해 선출된 회장의 대표성에 대해 논란이 제기되고
> 있다. 결선 투표제는 과반의 득표자가 없을 때, 다수표를 얻은 사람들을 후보자로 올려 과반의 득표로
> 선출하는 방식이다. 이를 도입하면 선거에 대한 관심이 고조되고 투표율이 높아져 대표성을 인정받는
> 회장이 선출될 것으로 기대된다. 또한, 1차 투표와 결선 투표를 거치면서 서로 다른 의사가 수렴되므로
> 후보자의 자질과 능력도 향상될 것이다.
>
> 乙 : 단순 다수제는 후보자 중 최다 득표자가 당선되는 방식이다. 회장 선거의 투표율을 높여야 하는 것에는
> 공감하지만, 甲의 의견에 따른다고 해서 이 문제가 해결된다고 생각하지 않는다. 단순 다수제는 투표권
> 을 한 번만 행사할 수 있기 때문에 후보자를 더 신중하게 결정하게 되는 민주적 절차이다. 무엇보다
> 甲의 의견에 따를 경우 유권자들은 시간을 따로 내야 하고, 투표소도 다시 설치해야 하는 등 시간과
> 비용의 측면에서 비효율적이다.

① 회장 선거의 투표율을 높이기 위한 방법은 무엇인가?
② 회장 선거에 결선 투표제를 도입해야 하는가?
③ 이번 선거를 통해 선출된 회장이 모두를 대표할 수 있는가?
④ 이번 선거에서 투표하지 않은 유권자들에게 불이익을 줘야 하는가?
⑤ 결선 투표제를 통한 대표 선출이 과연 민주적인가?

11 다음 글의 밑줄 친 ㉠~㉤을 바꾼 내용으로 적절하지 않은 것은?

> 산등성이가 검은 바위로 끊기고 산봉우리가 여기저기 솟아 있어서 이들 산은 때로 ㉠ 황량하고 접근할 수
> 없는 것처럼 험준해 보인다. 산봉우리들은 분홍빛의 투명한 자수정으로 빛나고, 그 그림자는 짙은 코발트 빛
> 을 띠며 내려앉고, 하늘은 푸른 금빛을 띤다. 서울 인근의 풍광은 이른 봄에도 아름답다. 이따금 녹색의 연무
> 가 산자락을 ㉡ 휘감고, 산등성이는 연보랏빛 진달래로 물들고, 불그레한 자두와 화사한 벚꽃, 그리고 ㉢ 흐
> 드러지게 핀 복숭아꽃이 예상치 못한 곳에서 나타난다.
> 서울처럼 인근에 아름다운 산책로와 마찻길이 있고 외곽 지대로 조금만 나가더라도 한적한 숲이 펼쳐져 있는
> 도시는 동양에서는 거의 찾아볼 수 없다. 또 한 가지 덧붙여 말한다면, 서울만큼 안전한 도시는 없다는 것이
> 다. 내가 직접 경험한 바이지만, 이곳에서는 여자들이 유럽에서처럼 누군가를 ㉣ 대동하지 않고도 성 밖의
> 어느 곳이든 아무런 ㉤ 성가신 일을 겪지 않고 나다닐 수 있다.

① ㉠ : 경사가 급하고   ② ㉡ : 둘러 감고
③ ㉢ : 탐스럽게   ④ ㉣ : 데리고 가지
⑤ ㉤ : 번거로운

12 다음 글을 통해 추론할 수 없는 것은?

> 제약 연구원이란 제약 회사에서 약을 만드는 과정에 참여하는 사람을 말한다. 제약 연구원은 이러한 모든 단계에 참여하지만, 특히 신약 개발 단계와 임상 시험 단계에서 가장 중점적인 역할을 한다. 일반적으로 약을 만드는 과정은 새로운 약품을 개발하는 신약 개발 단계, 임상 시험을 통해 개발된 신약의 약효를 확인하는 임상 시험 단계, 식약처에 신약이 판매될 수 있도록 허가를 요청하는 약품 허가 요청 단계, 마지막으로 의료진과 환자를 대상으로 신약에 대해 홍보하는 영업 및 마케팅의 단계로 나눈다.
> 제약 연구원이 되기 위해서는 일반적으로 약학을 전공해야 한다고 생각하기 쉽지만, 약학 전공자 이외에도 생명 공학, 화학 공학, 유전 공학 전공자들이 제약 연구원으로 활발하게 참여하고 있다. 만일 신약 개발의 전문가가 되고 싶다면 해당 분야에서 오랫동안 연구한 경험이 필요하기 때문에 대학원에서 석사나 박사 학위를 취득하는 것이 유리하다.
> 제약 연구원이 되기 위해서는 전문적인 지식도 중요하지만, 사람의 생명과 관련된 일인 만큼, 무엇보다도 꼼꼼함과 신중함, 책임 의식이 필요하다. 또한 제약 회사라는 공동체 안에서 일을 하는 것이므로 원만한 일의 진행을 위해서 의사소통 능력도 필수적으로 요구된다. 오늘날 제약 분야가 빠르게 성장하고 있다는 점을 고려할 때, 일에 대한 도전 의식, 호기심과 탐구심 등도 제약 연구원에게 필요한 능력으로 꼽을 수 있다.

① 제약 연구원은 약품 허가 요청 단계에 참여한다.
② 제약 연구원과 관련된 정보가 부족하다면 약학을 전공해야만 제약 연구원이 될 수 있다고 생각할 수 있다.
③ 생명이나 유전 공학 전공자도 제약 연구원으로 일할 수 있다.
④ 신약 개발 전문가가 되려면 반드시 석사나 박사를 취득해야 한다.
⑤ 오늘날 제약 연구원에게 요구되는 능력이 많아졌다.

13 다음 중 밑줄 친 부분을 설명하기 위한 예로 가장 적절한 것은?

> "이산화탄소가 물에 녹는 현상은 물리 변화인가, 화학 변화인가?", "진한 황산을 물에 희석하여 묽은 황산으로 만드는 과정은 물리 변화인가, 화학 변화인가?" 이러한 질문을 받으면 대다수의 사람은 물리 변화라고 답하겠지만, 안타깝게도 정답은 화학 변화이다. 우리는 흔히 물리 변화의 정의를 '물질의 성질은 변하지 않고, 그 상태나 모양만이 변하는 현상'으로, 화학 변화의 경우는 '어떤 물질이 원래의 성질과는 전혀 다른 새로운 물질로 변하는 현상'이라고 알고 있다. 하지만 정작 '물질의 성질'이 무엇을 의미하는지에 대해서는 정확하게 알고 있지 못하다.

① 진흙에 물이 섞여 진흙탕이 되었다.
② 색종이를 접어 종이비행기를 만들었다.
③ 찬물과 더운물이 섞여 미지근하게 되었다.
④ 포도를 병에 넣어 두었더니 포도주가 되었다.
⑤ 흰색과 검은색 물감을 섞어 회색 물감을 만들었다.

※ 다음 글을 읽고 이어지는 질문에 답하시오. [14~15]

미국의 일부 주에서 판사는 형량을 결정하거나 가석방을 허가하는 판단의 보조 자료로 양형 보조 프로그램 X를 활용한다. X는 유죄가 선고된 범죄자를 대상으로 그 사람의 재범 확률을 추정하여 그 결과를 최저 위험군을 뜻하는 1에서 최고 위험군을 뜻하는 10까지의 위험 지수로 평가한다.

2016년 A는 X를 활용하는 플로리다 주 법정에서 선고받았던 7천여 명의 초범들을 대상으로 X의 예측 결과와 석방 후 2년간의 실제 재범 여부를 조사했다. 이 조사 결과를 토대로 한 ㉠ A의 주장은 X가 흑인과 백인을 차별한다는 것이다. 첫째 근거는 백인의 경우 위험 지수 1로 평가된 사람이 가장 많고 10까지 그 비율이 차츰 감소한 데 비하여 흑인의 위험 지수는 1부터 10까지 고르게 분포되었다는 관찰 결과이다. 즉, 고위험군으로 분류된 사람의 비율이 백인보다 흑인이 더 크다는 것이었다. 둘째 근거는 예측의 오류와 관련된 것이다. 2년 이내 재범을 __(가)__ 사람 중에서 __(나)__ 으로 잘못 분류되었던 사람의 비율은 흑인의 경우 45%인 반면 백인은 23%에 불과했고, 2년 이내 재범을 __(다)__ 사람 중에서 __(라)__ 으로 잘못 분류되었던 사람의 비율은 흑인의 경우 28%인 반면 백인은 48%로 훨씬 컸다. 종합하자면 재범을 저지른 사람이든 그렇지 않은 사람이든, 흑인은 편파적으로 고위험군으로 분류된 반면 백인은 편파적으로 저위험군으로 분류된 것이다.

X를 개발한 B는 A의 주장을 반박하는 논문을 발표하였다. B는 X의 목적이 재범 가능성에 대한 예측의 정확성을 높이는 것이며, 그 정확성에는 인종 간에 차이가 나타나지 않는다고 주장했다. B에 따르면, 예측의 정확성을 판단하는 데 있어 중요한 것은 고위험군으로 분류된 사람 중 2년 이내 재범을 저지른 사람의 비율과 저위험군으로 분류된 사람 중 2년 이내 재범을 저지르지 않은 사람의 비율이다. B는 전자의 비율이 백인 59%, 흑인 63%, 후자의 비율이 백인 71%, 흑인 65%라고 분석하고, 이 비율들은 인종 간에 유의미한 차이를 드러내지 않는다고 주장했다. 또 B는 X에 의해서 고위험군 혹은 저위험군으로 분류되기 이전의 흑인과 백인의 재범률, 즉 흑인의 기저 재범률과 백인의 기저 재범률 간에는 이미 상당한 차이가 있었으며, 이런 차이가 A가 언급한 예측의 오류 차이를 만들어 냈다고 설명한다. 결국 ㉡ B의 주장은 X가 편파적으로 흑인과 백인의 위험 지수를 평가하지 않는다는 것이다.

하지만 기저 재범률의 차이로 인종 간 위험 지수의 차이를 설명하여, X가 인종차별적이라는 주장을 반박하는 것은 잘못이다. 기저 재범률에는 미국 사회의 오래된 인종차별적 특징, 즉 흑인이 백인보다 범죄자가 되기 쉬운 사회 환경이 반영되어 있기 때문이다. 처음 범죄를 저질러서 재판을 받아야 하는 흑인을 생각해 보자. 그의 위험 지수를 판정할 때 사용되는 기저 재범률은 그와 전혀 상관없는 다른 흑인들이 만들어 낸 것이다. 그런 기저 재범률이 전혀 상관없는 사람의 형량이나 가석방 여부에 영향을 주는 것은 잘못이다. 더 나아가 이런 식으로 위험 지수를 평가받아 형량이 정해진 흑인들은 더 오랜 기간 교도소에 있게 될 것이며, 향후 재판받을 흑인들의 위험 지수를 더욱 높이는 결과를 가져오게 될 것이다. 따라서 ㉢ X의 지속적인 사용은 미국 사회의 인종차별을 고착화한다.

14 윗글의 빈칸 (가) ~ (라)에 들어갈 말을 순서대로 바르게 나열한 것은?

	(가)	(나)	(다)	(라)
①	저지르지 않은	고위험군	저지른	저위험군
②	저지르지 않은	고위험군	저지른	고위험군
③	저지르지 않은	저위험군	저지른	저위험군
④	저지른	고위험군	저지르지 않은	저위험군
⑤	저지른	저위험군	저지르지 않은	고위험군

15 윗글의 밑줄 친 ㉠ ~ ㉢에 대한 평가로 적절한 것을 〈보기〉에서 모두 고르면?

―〈보기〉―

ㄱ. 강력 범죄자 중 위험 지수가 10으로 평가된 사람의 비율이 흑인과 백인 사이에 차이가 없다면, ㉠은 강화된다.

ㄴ. 흑인의 기저 재범률이 높을수록 흑인에 대한 X의 재범 가능성 예측이 더 정확해진다면, ㉡은 약화된다.

ㄷ. X가 특정 범죄자의 재범률을 평가할 때 사용하는 기저 재범률이 동종 범죄를 저지른 사람들로부터 얻은 것이라면, ㉢은 강화되지 않는다.

① ㄱ

② ㄷ

③ ㄱ, ㄴ

④ ㄴ, ㄷ

⑤ ㄱ, ㄴ, ㄷ

16 다음은 프로야구 선수 Y의 타격 기록에 대한 자료이다. 〈보기〉 중 옳은 것을 모두 고르면?

〈프로야구 선수 Y의 타격 기록〉

연도	소속구단	타율	출전경기수	타수	안타수	홈런수	타점	4사구수	장타율
2008년	A	0.341	106	381	130	23	90	69	0.598
2009년	A	0.300	123	427	128	19	87	63	0.487
2010년	A	0.313	125	438	137	20	84	83	0.532
2011년	A	0.346	126	436	151	28	87	88	0.624
2012년	A	0.328	126	442	145	30	98	110	0.627
2013년	A	0.342	126	456	156	27	89	92	0.590
2014년	B	0.323	131	496	160	21	105	87	0.567
2015년	C	0.313	117	432	135	15	92	78	0.495
2016년	C	0.355	124	439	156	14	92	81	0.510
2017년	A	0.276	132	391	108	14	50	44	0.453
2018년	A	0.329	133	490	161	33	92	55	0.614
2019년	A	0.315	133	479	151	28	103	102	0.553
2020년	A	0.261	124	394	103	13	50	67	0.404
2021년	A	0.303	126	413	125	13	81	112	0.477
2022년	A	0.337	123	442	149	22	72	98	0.563

─〈보기〉─

ㄱ. 2013 ~ 2017년 중 Y선수의 장타율이 높을수록 4사구수도 많았다.

ㄴ. 2012 ~ 2022년 중 Y선수의 타율이 0.310 이하인 해는 4번 있었다.

ㄷ. Y선수가 C구단에 소속된 기간 동안 기록한 평균 타점은 나머지 기간 동안 기록한 평균 타점보다 많았다.

ㄹ. 2008 ~ 2014년 중 Y선수는 출전경기수가 가장 많은 해에 가장 많은 홈런수와 가장 많은 타점을 기록했다.

① ㄱ, ㄴ   ② ㄱ, ㄷ

③ ㄴ, ㄷ   ④ ㄴ, ㄹ

⑤ ㄷ, ㄹ

17 길동이는 베트남 여행을 위해 인천국제공항에서 환전하기로 하였다. 다음은 K환전소에서 당일 환율 및 수수료를 나타낸 자료이다. 길동이가 한국 돈으로 베트남 현금 1,670만 동을 환전한다고 할 때, 수수료까지 포함하여 필요한 돈은 얼마인가?(단, 모든 계산 과정에서 계산 값은 일의 자리에서 버림한다)

〈K환전소 환율 및 수수료〉

• 베트남 환율 : 483원/만 동
• 수수료 : 0.5%
• 우대 사항
 − 50만 원 이상 환전 시 70만 원까지 수수료 0.4%로 인하 적용
 − 100만 원 이상 환전 시 총금액 수수료 0.4%로 인하 적용

---

① 808,840원　　　　　　　　　② 808,940원
③ 809,840원　　　　　　　　　④ 809,940원
⑤ 810,040원

18 농도가 다른 두 소금물 A와 B를 각각 100g씩 섞으면 10%의 소금물이 되고, 소금물 A 100g과 소금물 B 300g을 섞으면 9%의 소금물이 된다. 이때 소금물 A의 농도는?

① 10%　　　　　　　　　　　② 12%
③ 14%　　　　　　　　　　　④ 16%
⑤ 18%

19 도표는 크게 목적별·용도별·형상별로 구분할 수 있다. 다음의 설명에 해당하는 도표는 무엇인가?

• 원 그래프의 일종으로 거미줄 그래프, 방사형 그래프라고도 부른다.
• 주로 계절별 매출액 등의 변동을 비교하거나 경과 등을 나타낼 때 사용된다.
• 비교하는 수량을 지름 또는 반지름으로 나누어 원의 중심에서 거리에 따라 각 수량의 관계를 나타낸다.

---

① 선 그래프　　　　　　　　　② 점 그래프
③ 막대 그래프　　　　　　　　④ 층별 그래프
⑤ 레이더 차트

20 국토교통부는 자동차의 공회전 발생률과 공회전 시 연료소모량이 적은 차량 운전자에게 현금처럼 쓸 수 있는 탄소포인트를 제공하는 정책을 구상하고 있다. 다음 자료를 근거로 A ~ E운전자에게 이 정책을 시범 시행했을 때, 공회전 발생률과 공회전 시 연료소모량에 따라 A ~ E운전자가 받을 수 있는 탄소포인트의 총합이 큰 순서대로 나열된 것은?(단, 주어진 자료 이외의 다른 조건은 고려하지 않는다)

〈차량 시범 시행 결과〉

구분	A	B	C	D	E
주행시간(분)	200	30	50	25	50
총 공회전 시간(분)	20	15	10	5	25

〈공회전 발생률에 대한 탄소포인트〉

구분	19% 이하	20 ~ 39%	40 ~ 59%	60 ~ 79%	80% 이상
탄소포인트(P)	100	80	50	20	10

〈공회전 시 연료소모량에 대한 구간별 탄소포인트〉

구분	99cc 이하	100 ~ 199cc	200 ~ 299cc	300 ~ 399cc	400cc 이상
탄소포인트(P)	100	75	50	25	0

※ [공회전 발생률(%)]=$\dfrac{(총 공회전 시간)}{(주행시간)} \times 100$

※ [공회전 시 연료소모량(cc)]=(총 공회전 시간)×20

① D>C>A>B>E   ② D>C>A>E>B

③ D>A>C>B>E   ④ A>D>B>E>C

⑤ A>B>E>C>D

21 K부서에서는 연말 부서 성과급을 직원들에게 나누어 주려고 한다. 한 사람에게 50만 원씩 주면 100만 원이 남고, 60만 원씩 주면 500만 원이 부족하다고 할 때, 직원은 모두 몇 명인가?

① 50명   ② 60명

③ 70명   ④ 80명

⑤ 90명

22 다음은 6개국의 국방비와 연구개발 투자 현황을 나타낸 자료이다. 〈조건〉을 참고하여 표의 A ~ E에 해당하는 국가를 바르게 나열한 것은?

〈6개국 국방비와 연구개발 투자 현황〉

구분 국가 / 연도	국민1인당 국방비($) 2021년	국민1인당 국방비($) 2022년	국방비(백만 $) 2021년	국방비(백만 $) 2022년	연구개발비(백만 $) 2021년	연구개발비(백만 $) 2022년	연구개발 비율(%) 2021년	연구개발 비율(%) 2022년
미국	1,078	1,128	287,300	296,200	38,700	40,800	13.5	13.8
A	357	310	4,560	4,040	108	90	2.4	2.2
B	358	440	140,850	218,940	15,600	21,894	11.1	10.0
C	601	583	33,890	32,608	4,026	3,986	11.9	12.2
D	575	553	26,538	24,257	3,053	3,145	11.5	13.0
E	341	328	22,871	20,154	1,299	1,286	5.7	6.4

─〈조건〉─
- 영국과 프랑스는 2021년에 비해 2022년에 국민 1인당 국방비가 감소하였으나, 연구개발 비율은 증가하였다.
- 러시아와 미국은 2021년에 비해 2022년에 국방비와 연구개발비 모두 증가하였다.
- 스위스와 독일은 연구개발 비율이 다른 네 개 국가들보다 낮다.
- 영국과 독일은 2021년에 비해 2022년에 연구개발비는 감소했으나, 연구개발 비율은 증가하였다.

	A	B	C	D	E
①	독일	러시아	프랑스	영국	스위스
②	스위스	러시아	프랑스	영국	독일
③	러시아	독일	프랑스	영국	스위스
④	스위스	러시아	영국	프랑스	독일
⑤	러시아	스위스	영국	프랑스	독일

23 K유통회사는 LED전구를 수입하여 국내에 판매할 계획을 세우고 있다. 다음 자료는 동급의 LED전구를 생산하는 해외업체들의 가격정보이다. 판매단가의 가격경쟁력이 가장 높은 기업은?

구분	A기업	B기업	C기업	D기업	E기업
판매단가(개당)	8 USD	50 CNY	270 TWD	30 AED	550 INR
교환비율	1	6	35	3	70

※ 교환비율 : USD를 기준으로 다른 화폐와 교환할 수 있는 비율

① A기업
② B기업
③ C기업
④ D기업
⑤ E기업

24 K은행은 다년간의 고객 신용등급 변화를 분석한 확률 자료를 통해 고객의 신용등급 변화를 예측하는 데 활용하고 있다. 2022년에 Y대리가 관리하는 고객의 신용등급이 B등급일 때, 2024년에도 B등급일 확률은?

〈고객 신용등급 변화 확률〉

구분		$t+1$년			
		A	B	C	D
t년	A	0.70	0.20	0.08	0.02
	B	0.14	0.65	0.16	0.05
	C	0.05	0.15	0.55	0.25

※ 고객 신용등급은 매년 1월 1일 0시에 연 1회 산정되며, A등급이 가장 높고 B등급 – C등급 – D등급 순서임
※ 한번 D등급이 되면 고객 신용등급은 5년 동안 D등급을 유지함
※ 고객 신용등급 변화 확률은 매년 동일함

① 약 40%
② 약 42%
③ 약 47%
④ 약 49%
⑤ 약 52%

25 다음 표는 특정 기업 47개를 대상으로 제품 전략, 기술 개발 종류 및 기업형태별 기업 수에 대해 조사한 결과이다. 이에 대한 설명으로 옳은 것은?

〈제품 전략, 기술 개발 종류 및 기업형태별 기업 수〉

(단위 : 개)

제품 전략	기술 개발 종류	기업형태	
		벤처기업	대기업
시장 견인	존속성 기술	3	9
	와해성 기술	7	8
기술 추동	존속성 기술	5	7
	와해성 기술	5	3

※ 각 기업은 한 가지 제품 전략을 취하고 한 가지 종류의 기술을 개발함

① 와해성 기술을 개발하는 기업 중에서 벤처기업의 비율이 대기업의 비율보다 낮다.
② 기술 추동 전략을 취하는 기업 중에는 존속성 기술을 개발하는 비율이 와해성 기술을 개발하는 비율보다 낮다.
③ 존속성 기술을 개발하는 기업의 비율이 와해성 기술을 개발하는 기업의 비율보다 높다.
④ 벤처기업 중에는 기술 추동 전략을 취하는 비율이 시장 견인 전략을 취하는 비율보다 높다.
⑤ 대기업 중에는 시장 견인 전략을 취하는 비율이 기술 추동 전략을 취하는 비율보다 낮다.

26 다음은 K국의 월별 최대전력 수요와 전력수급 현황에 대한 자료이다. 이에 대한 설명으로 옳은 것은?

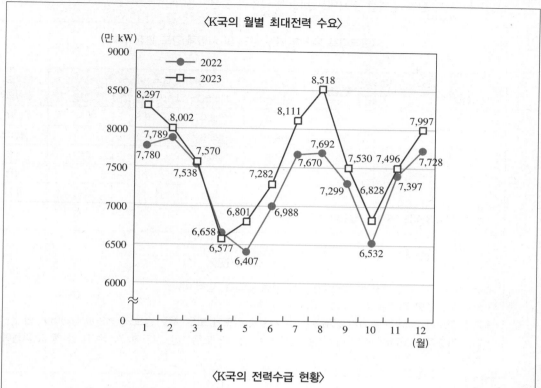

〈K국의 월별 최대전력 수요〉

〈K국의 전력수급 현황〉

(단위 : 만 kW)

구분 　　　　　　 시기	2022년 2월	2023년 8월
최대전력 수요	7,879	8,518
전력공급 능력	8,793	9,240

※ (공급예비력)=(전력공급 능력)−(최대전력 수요)

※ [공급예비율(%)]=$\dfrac{(공급예비력)}{(최대전력\ 수요)}$×100

① 공급예비력은 2022년 2월이 2023년 8월보다 작다.

② 공급예비율은 2022년 2월이 2023년 8월보다 낮다.

③ 2023년 1∼12월 동안 최대전력 수요의 월별 증감 방향은 2022년과 동일하다.

④ 해당 연도 1∼12월 중 최대전력 수요가 가장 큰 달과 가장 작은 달의 최대전력 수요 차이는 2022년이 2023년보다 작다.

⑤ 2023년 최대전력 수요의 전년 동월 대비 증가율이 가장 높은 달은 1월이다.

27 다음은 콘크리트 유형별 기준 강도 및 시험체 강도 판정 결과에 대한 자료이다. 이에 근거하여 (가) ~ (다)에 해당하는 강도 판정 결과를 순서대로 바르게 나열한 것은?

〈콘크리트 유형별 기준 강도 및 시험체 강도 판정 결과〉

(단위 : MPa)

구분 콘크리트 유형	기준 강도	시험체 강도				강도 판정결과
		시험체 1	시험체 2	시험체 3	평균	
A	24	22.8	29.0	20.8	( )	(가)
B	27	26.1	25.0	28.1	( )	불합격
C	35	36.9	36.8	31.6	( )	(나)
D	40	36.4	36.3	47.6	40.1	합격
E	45	40.3	49.4	46.8	( )	(다)

※ 강도 판정 결과는 '합격'과 '불합격'으로 구분된다.

〈판정기준〉

다음 조건을 모두 만족하는 경우에만 강도 판정 결과가 '합격'이다.
• 시험체 강도의 평균은 기준 강도 이상이어야 한다.
• 기준 강도가 35MPa 초과인 경우에는 각 시험체 강도가 모두 기준 강도의 90% 이상이어야 한다.
• 기준 강도가 35MPa 이하인 경우에는 각 시험체 강도가 모두 기준 강도에서 3.5MPa을 뺀 값 이상이어야 한다.

	(가)	(나)	(다)
①	합격	합격	합격
②	합격	합격	불합격
③	합격	불합격	불합격
④	불합격	합격	합격
⑤	불합격	합격	불합격

28 다음은 소프트웨어 경쟁력 종합점수 산출을 위한 영역별 가중치와 소프트웨어 경쟁력 종합순위 1 ~ 10위 국가의 영역별 순위 및 원점수에 대한 자료이다. 이에 대한 설명으로 옳지 않은 것은?

〈소프트웨어 경쟁력 종합점수 산출을 위한 영역별 가중치〉

영역	환경	인력	혁신	성과	활용
가중치	0.15	0.20	0.25	0.15	0.25

〈소프트웨어 경쟁력 평가대상 국가 중 종합순위 1 ~ 10위 국가의 영역별 순위 및 원점수〉

(단위 : 점)

종합순위	종합점수	국가	환경		인력		혁신		성과		활용	
			순위	원점수	순위	원점수	순위	원점수	순위	원점수	순위	원점수
1	72.41	미국	1	67.1	1	89.6	1	78.5	2	54.8	2	66.3
2	47.04	중국	28	20.9	8	35.4	2	66.9	18	11.3	1	73.6
3	41.48	일본	6	50.7	10	34.0	3	44.8	19	10.5	7	57.2
4	( )	호주	5	51.6	6	37.9	7	33.1	22	9.2	3	62.8
5	( )	캐나다	17	37.7	15	29.5	4	42.9	16	13.3	6	57.6
6	38.35	스웨덴	9	42.6	5	38.9	8	28.1	3	26.5	10	52.7
7	38.12	영국	12	40.9	3	46.3	12	20.3	6	23.3	8	56.6
8	( )	프랑스	11	41.9	2	53.6	11	22.5	15	13.8	11	49.3
9	( )	핀란드	10	42.5	14	30.5	10	22.6	4	24.9	4	59.4
10	( )	한국	2	62.9	19	27.5	5	41.5	25	6.7	21	41.1

※ 점수가 높을수록 순위가 높다.
※ (영역점수)=(영역 원점수)×(영역 가중치)
※ 종합점수는 5개 영역점수의 합이다.

① 종합순위가 한국보다 낮은 국가 중에 성과 영역 원점수가 한국의 8배 이상인 국가가 있다.
② 종합순위 3 ~ 10위 국가의 종합점수 합은 320점 이하이다.
③ 소프트웨어 경쟁력 평가대상 국가는 28개국 이상이다.
④ 한국은 5개 영역점수 중 혁신 영역점수가 가장 높다.
⑤ 일본의 활용 영역 원점수가 중국의 활용 영역 원점수로 같아지면 국가별 종합순위는 바뀐다.

29 다음은 물질 1 ~ 4에 대한 측정 결과이다. 자료에 대한 설명으로 옳지 않은 것은?

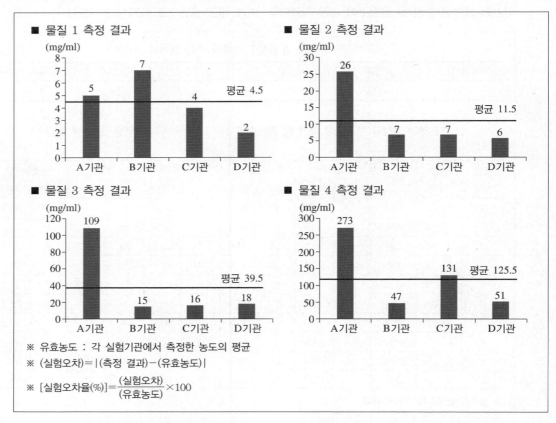

① 물질 1에 대한 B기관과 D기관의 실험오차율은 동일하다.

② 물질 3에 대한 실험오차율은 A기관이 가장 크다.

③ 물질 1에 대한 B기관의 실험오차율은 물질 2에 대한 A기관의 실험오차율보다 작다.

④ 물질 2에 대한 A기관의 실험오차율은 물질 2에 대한 B, C, D기관의 실험오차율 합보다 크다.

⑤ A기관의 실험 결과를 제외하면, 4개 물질의 유효농도 값은 제외하기 이전보다 작아진다.

30 다음은 K시 5개 구 주민의 돼지고기 소비량에 대한 자료이다. 〈조건〉을 이용하여 변동계수가 3번째로 큰 구를 바르게 구한 것은?

〈5개 구 주민의 돼지고기 소비량 통계〉

(단위 : kg)

구분	평균(1인당 소비량)	표준편차
A구	( )	5.0
B구	( )	4.0
C구	30.0	6.0
D구	12.0	4.0
E구	( )	8.0

※ (변동계수)=$\dfrac{(표준편차)}{(평균)}\times100$

〈조건〉
- A구의 1인당 소비량과 B구의 1인당 소비량을 합하면 C구의 1인당 소비량과 같다.
- A구의 1인당 소비량과 D구의 1인당 소비량을 합하면 E구의 1인당 소비량의 2배와 같다.
- E구의 1인당 소비량은 B구의 1인당 소비량보다 6.0kg 더 많다.

① A구
② B구
③ C구
④ D구
⑤ E구

31 세 상품 A ~ C에 대한 선호도 조사를 실시했다. 조사에 응한 사람이 가장 좋아하는 상품부터 1 ~ 3순위를 부여했다. 조사의 결과가 다음 〈조건〉과 같을 때, C에 3순위를 부여한 사람의 수는?(단, 두 상품에 같은 순위를 표시할 수는 없다)

─────〈조건〉─────

- 조사에 응한 사람은 20명이다.
- A를 B보다 선호한 사람은 11명이다.
- B를 C보다 선호한 사람은 14명이다.
- C를 A보다 선호한 사람은 6명이다.
- C에 1순위를 부여한 사람은 없다.

① 4명 ② 5명
③ 6명 ④ 7명
⑤ 8명

32 다음은 A업체의 직원들이 매출 감소를 분석한 내용이다. 각 직원들의 문제해결 장애요소로 바르게 연결된 것은?

Z대표 : 매출이 계속하여 감소하는데, 이 문제에 대해 여러분의 의견을 듣고 싶습니다.
A직원 : 디자인을 더 다양하게 하는 게 어떨까요? 제가 전 세계 유명 브랜드의 다자인을 30개 정도 가져왔습니다.
B직원 : 제 생각에는 독특한 디자인을 하는 게 좋을 것 같습니다. 요즘 젊은 사람들은 개성 있는 디자인을 좋아한다고 합니다.
C직원 : 제가 갑자기 아이디어가 떠올랐습니다. 가격을 낮추고 광고를 더 늘리는 게 좋을 것 같습니다.

	고정관념에 얽매이는 경우	쉽게 떠오르는 단순한 생각에 의지하는 경우	너무 많은 자료를 수집하는 경우
①	A직원	B직원	C직원
②	A직원	C직원	B직원
③	B직원	A직원	C직원
④	B직원	C직원	A직원
⑤	C직원	A직원	B직원

33 다음 〈보기〉는 문제의 유형에 대한 자료이다. 이를 참고할 때 사례의 문제유형을 바르게 구분한 것은?

---〈보기〉---

업무수행 과정 중 발생한 문제를 효과적으로 해결하기 위해서는 문제의 유형을 파악하는 것이 우선시되어야 하며, 이러한 문제의 유형은 발생형 문제, 탐색형 문제, 설정형 문제의 세 가지로 분류할 수 있다.

〈사례〉

ㄱ. 지속되는 경기 악화에 따라 새로운 신약 개발에 사용되는 원료 중 일부의 단가가 상승할 것으로 예상되어 다른 공급처를 물색할 필요성이 대두되고 있다.

ㄴ. 새로운 신약 개발과정 중에서의 임상시험 중 임상시험자의 다수가 부작용을 보이고 있어 신약 개발이 전면 중단되었다.

ㄷ. 현재는 신약개발이 주 업무인 제약회사이지만, 매년 새로운 감염병이 발생하고 있는 현 실정에 진단키트 개발도 추진한다면, 회사의 성장가능성은 더 커질 것으로 보고 있다.

	발생형 문제	탐색형 문제	설정형 문제
①	ㄱ	ㄴ	ㄷ
②	ㄱ	ㄷ	ㄴ
③	ㄴ	ㄱ	ㄷ
④	ㄴ	ㄷ	ㄱ
⑤	ㄷ	ㄴ	ㄱ

34 다음 글의 내용이 참일 때, 반드시 채택되는 업체의 수는?

K기업에서는 신제품에 들어갈 부품을 조달할 업체를 채택하려고 한다. 예비 후보로 A ~ E 총 다섯 개의 업체들이 선정되었으며, 그 외에 다른 업체가 채택될 가능성은 없다. 각각의 업체에 대해 K기업은 채택하거나 채택하지 않거나 어느 하나의 결정만을 내린다.

기업 내부방침에 따라, 일정 규모 이상의 중견기업인 A가 채택되면 소기업인 B도 채택된다. A가 채택되지 않으면 D와 E 역시 채택되지 않는다. 그리고 K기업의 생산공장과 동일한 단지에 속한 업체인 B가 채택된다면, 같은 단지의 업체인 C가 채택되거나 혹은 타지역 업체인 A는 채택되지 않는다. 마지막으로 부품 공급위험을 분산하기 위해 D가 채택되지 않는다면, A는 채택되지만 C는 채택되지 않는다.

① 1곳
② 2곳
③ 3곳
④ 4곳
⑤ 5곳

35 다음은 K국 A ~ E지역의 산사태 위험인자 현황에 대한 자료이다. 평가 방법에 근거하여 산사태 위험 점수가 가장 높은 지역과 가장 낮은 지역을 바르게 나열한 것은?

〈A ~ E지역의 산사태 위험인자 현황〉

위험인자＼지역	A	B	C	D	E
경사길이(m)	180	220	150	80	40
모암	화성암	퇴적암	변성암 (편마암)	변성암 (천매암)	변성암 (편마암)
경사위치	중하부	중상부	중하부	상부	중상부
사면형	상승사면	복합사면	하강사면	복합사면	평형사면
토심(cm)	160	120	70	110	80
경사도(°)	30	20	25	35	55

〈평가 방법〉

• 산사태 위험인자의 평가점수는 다음과 같다.

위험인자＼평가점수	0점	10점	20점	30점
경사길이(m)	50 미만	50 이상 100 미만	100 이상 200 미만	200 이상
모암	퇴적암	화성암	변성암 (천매암)	변성암 (편마암)
경사위치	하부	중하부	중상부	상부
사면형	상승사면	평형사면	하강사면	복합사면
토심(cm)	20 미만	20 이상 100 미만	100 이상 150 미만	150 이상
경사도(°)	40 이상	30 이상 40 미만	25 이상 30 미만	25 미만

• 개별 지역의 산사태 위험 점수는 6개 위험인자에 대한 평가점수의 합이다.

	가장 높은 지역	가장 낮은 지역
①	B	A
②	B	E
③	D	A
④	D	C
⑤	D	E

36 안전본부 사고분석 개선처에 근무하는 B대리는 혁신우수 연구대회에 출전하여 첨단 장비를 활용한 차종별 보행자 사고 모형 개발을 발표했다. SWOT 분석을 통해 추진방향을 도출하기 위해 다음과 같이 표를 작성했을 때, 주어진 분석 결과에 대응하는 전략과 그 내용의 연결이 바르지 않은 것은?

<표>

〈SWOT 분석〉	
강점(Strength)	약점(Weakness)
10년 이상 지속적인 교육과 연구로 신기술 개발을 위한 인프라 구축	보행자 사고 모형 개발을 위한 예산 및 실차 실험을 위한 연구소 부재
기회(Opportunity)	위협(Threat)
첨단 과학장비(3D스캐너, MADYMO) 도입으로 정밀 시뮬레이션 분석 가능	교통사고에 대한 국민의 관심과 분석수준 향상으로 공단의 사고분석 질적 제고 필요

① SO전략 : 과학장비를 통한 정밀 시뮬레이션 분석을 토대로 국내 차량의 전면부 형상을 취득하고 보행자 사고를 분석해 신기술 개발에 도움을 준다.

② WO전략 : 실차 실험 대신 과학장비를 통한 시뮬레이션 연구로 모형을 개발한다.

③ ST전략 : 지속적 교육과 연구로 쌓아온 데이터를 바탕으로 사고분석 프로그램 신기술 개발을 통해 사고분석 질적 향상에 기여한다.

④ WT전략 : 신기술 개발을 위한 연구대회를 개최해 인프라를 더욱 탄탄히 구축한다.

⑤ WT전략 : 보행자 사고 실험을 위한 연구소를 만들어 사고 분석 데이터를 축적한다.

37 K공사는 지하철 미세먼지 정화설비 A ~ F 중 일부를 도입하고자 한다. 설비의 호환성에 따른 도입 규칙이 아래와 같을 때, 다음 중 공사에서 도입할 설비만으로 묶인 것은?

〈호환성에 따른 도입 규칙〉

• A는 반드시 도입한다.
• B를 도입하지 않으면 D를 도입한다.
• E를 도입하면 A를 도입하지 않는다.
• F, E, B 중 적어도 두 개는 반드시 도입한다.
• E를 도입하지 않고, F를 도입하면 C는 도입하지 않는다.
• 최대한 많은 설비를 도입한다.

① A, C, E
② A, B, F
③ A, B, C, E
④ A, B, D, F
⑤ A, C, D, E, F

38 다음 자료와 상황을 토대로 P씨가 취해야 할 조치로 가장 적절한 것은?

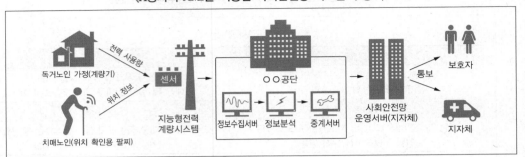

〈K공사의 AMI를 이용한 사회안전망 시스템 구성도〉

AMI 2024년까지 전국으로 확대
웨어러블 기기 찬 치매환자
전봇대에 설치된 센서가 감지
일정 거리 벗어나면 보호자에 연락

K공사, 하반기 본격 서비스
전력 사용 패턴 분석
독거노인 신변 이상도 확인

AMI(지능형 전력계량 인프라)
통신을 이용해 전기 사용량을 원격
으로 측정하고 전력 수요·공급
정보를 실시간으로 파악해 전력
망 효율을 올리는 시스템

※ AMI : Advanced Metering Infrastructure

〈상황〉

나주시에서 사회복지사로 근무하고 있는 P씨는 독거노인을 관리하는 업무를 맡고 있다. P씨의 주된 업무는 마을을 돌며 독거노인과 말동무를 해 주며 건강 상태를 체크하여 수시로 필요한 조치들을 하는 것이다. 그리고 작년부터 새로운 업무 하나가 추가되었다. 그것은 K공사에서 제공하는 원격검침시스템(AMI)에 표시되는 독거노인의 전력량을 체크하여 안전을 확인하는 업무다. 따라서 P씨는 출근하자마자 독거노인들의 전력 사용량과 패턴을 수시로 모니터링하며 변동사항을 기록한다.

P씨는 자신이 관리하는 어느 독거노인의 전력 사용량이 전날 오후부터 현저히 떨어져 있는 것을 발견했다. 확인 차 수차례 전화를 걸어보았지만, 연락이 닿지 않고 있다.

① 이상하지만 좀 더 상황을 지켜보기로 한다.
② 즉시 가까운 경찰서와 소방서에 신고하고 다른 업무를 본다.
③ 상사에게 보고 후 현장으로 출발하여 확인하고, 이상 시 119에 신고한다.
④ K공사에 전화를 걸어 기기 이상을 체크한다.
⑤ 전력 사용량을 계속 주시하면서 이전에 발생한 유사한 사례를 확인한다.

39 다음 〈조건〉을 근거로 판단할 때, 아기 돼지 삼형제에 해당하는 집을 순서대로 바르게 나열한 것은?

─〈조건〉─

- 아기 돼지 삼형제는 엄마 돼지로부터 독립하여 벽돌집, 나무집, 지푸라기집 중 각각 다른 한 채씩을 선택하여 짓는다.
- 벽돌집을 지을 때에는 벽돌만 필요하지만, 나무집은 나무와 지지대가, 지푸라기집은 지푸라기와 지지대가 재료로 필요하다. 지지대에 소요되는 비용은 집의 면적과 상관없이 나무집의 경우 20만 원, 지푸라기집의 경우 5만 원이다.
- 재료의 1개당 가격 및 집의 면적 $1m^2$당 필요 개수는 다음과 같다.

구분	벽돌	나무	지푸라기
1개당 가격(원)	6,000	3,000	1,000
$1m^2$당 필요 개수(개)	15	20	30

- 첫째 돼지 집의 면적은 둘째 돼지 집의 2배이고, 셋째 돼지 집의 3배이다. 삼형제 집 면적의 총합은 $11m^2$이다.
- 모두 집을 짓고 나니, 둘째 돼지 집을 짓는 재료 비용이 가장 많이 들었다.

	첫째	둘째	셋째
①	벽돌집	나무집	지푸라기집
②	벽돌집	지푸라기집	나무집
③	나무집	벽돌집	지푸라기집
④	지푸라기집	벽돌집	나무집
⑤	지푸라기집	나무집	벽돌집

40 다음 〈보기〉에서 창의적 사고에 대해 잘못 설명한 것을 모두 고르면?

――――――〈보기〉――――――
A : 창의적 사고는 아무것도 없는 무에서 유를 만들어 내는 것이다.
B : 창의적 사고는 끊임없이 참신한 아이디어를 산출하는 힘이다.
C : 우리는 매일매일 끊임없이 창의적 사고를 계속하고 있다.
D : 필요한 물건을 싸게 사기 위해서 하는 많은 생각들은 창의적 사고에 해당하지 않는다.
E : 창의적 사고를 대단하게 여기는 사람들의 편견과 달리 창의적 사고는 누구에게나 존재한다.

① A, C   ② A, D
③ C, D   ④ C, E
⑤ D, E

41 다음 〈조건〉에서 기존의 승점제와 새로운 승점제를 적용할 때, K팀의 순위를 기존의 승점제와 새로운 승점제의 순서대로 바르게 나열한 것은?

――――――〈조건〉――――――
• 대회에 참가하는 팀은 총 13팀이다.
• 각 팀은 다른 모든 팀과 한 번씩 경기를 한다.
• K팀의 최종성적은 5승 7패이다.
• K팀과의 경기를 제외한 12팀 간의 경기는 모두 무승부이다.
• 기존의 승점제는 승리 시 2점, 무승부 시 1점, 패배 시 0점을 부여한다.
• 새로운 승점제는 승리 시 3점, 무승부 시 1점, 패배 시 0점을 부여한다.

	기존의 승점제	새로운 승점제
①	8위	1위
②	8위	8위
③	13위	1위
④	13위	5위
⑤	13위	13위

42 K기업은 사옥 내에 구내식당을 운영하고 있다. 구내식당의 공간이 부족하여 부서별로 순서를 정하여 이용하고 있다. 올해는 A ~ E부서 순서로 식사를 했으나, 내년에는 모든 부서가 새로운 순서로 식사하기로 했다. 내년에 C부서가 E부서 바로 다음에 식사하기로 하였다면, 다음 중 옳은 것은?

① 총 4가지 방법이 있다.

② B부서는 맨 마지막에 식사할 수 없다.

③ E부서는 맨 마지막 순서를 제외한 나머지 모든 순서에 위치할 수 있다.

④ D부서가 가장 먼저 식사한다면, 바로 그다음에는 반드시 A부서가 식사한다.

⑤ A부서가 맨 마지막에 식사하는 경우는 한 가지 방법뿐이다.

43 K공사의 A대리는 보고서 작성을 위한 방향을 구상 중이다. 〈조건〉의 명제가 모두 참일 때, 공장을 짓는다는 결론을 얻기 위해 빈칸에 필요한 명제는?

───〈조건〉───

• 재고가 있다.

• 설비 투자를 늘리지 않는다면, 재고가 있지 않다.

• 건설투자를 늘릴 때에만, 설비 투자를 늘린다.

• _____

① 설비 투자를 늘린다.

② 건설투자를 늘리지 않는다.

③ 재고가 있거나 설비 투자를 늘리지 않는다.

④ 건설투자를 늘린다면, 공장을 짓는다.

⑤ 설비 투자를 늘리지 않을 때만, 공장을 짓는다.

44 지문 B는 지문 A의 점선 박스 내의 '부분 자율주행 시스템 안전기준 1 ~ 6'에 대한 내용이다. 다음 중 지문 B의 ㉠ ~ ㉺은 각각 어떤 안전기준에 해당하는가?

지문 A

2020년 7월부터는 자동차로 유지 기능이 탑재된 레벨3 자율차의 출시·판매가 가능해진다. '자동차로 유지 기능'은 운전자가 운전대를 잡지 않더라도 자율주행 시스템이 스스로 안전하게 차선을 유지하면서 주행하고 긴급 상황 등에 대응하는 기능이다. 국토교통부는 자율주행차가 안전하게 제작되고 상용화될 수 있도록 부분 자율주행차(레벨3) 안전기준을 세계 최초로 도입했다고 밝혔다.

기존 안전기준상의 첨단 조향장치(레벨2)는 운전자를 "지원"하는 기능으로, 차로 유지 기능을 작동시키더라도 운전자의 책임 아래 운전을 수행하므로 운전대를 잡은 채로 운행해야 하며, 운전대에서 손을 떼면 잠시 후 경고 알람이 울리게 되어 있었다. 이번 부분 자율주행(레벨3) 안전기준 도입을 통해, 지정된 작동 영역 안에서는 자율차의 책임 아래 손을 떼고도 지속적인 차로유지 자율주행이 가능해진다.

이번에 제정된 레벨3 안전기준은 국토교통부가 추진한 연구의 성과를 바탕으로 UN 산하 자동차 안전기준국 제조화포럼(UN / ECE / WP.29)에서 논의되고 있는 국제 동향과 국내 업계·학계 등 의견수렴을 거쳐 마련되었다.

> 안전기준 1
> 부분 자율주행 시스템으로 운행 중 운전자가 운전전환을 받아야 하는 고속도로 출구, 예기치 못한 전방의 도로 공사 등 시스템 작동 영역을 벗어난 상황에 대비하여 운전자 착석 여부 등을 감지하여 운전 가능 여부가 확인되었을 경우에만 작동한다.

> 안전기준 2
> 부분 자율주행 시스템이 안전하게 자동차로 유지 기능을 구현할 수 있도록 감지 성능에 따른 최대속도 및 속도에 따른 앞 차량과의 최소안전거리를 제시한다.

> 안전기준 3
> 자율주행 중 고속도로 출구와 같이 작동 영역을 벗어날 것이 예정된 경우 운전자가 운전하도록 15초 전 경고(운전전환 요구)를 발생시키고, 예상되지 않은 상황(갑작스러운 도로 공사 등)이 발생한 경우에는 즉시 경고(운전전환 요구)한다.

> 안전기준 4
> 충돌이 임박한 상황 등 운전자가 운전전환 요구에 대응할 수 있는 시간이 충분하지 않은 경우에는 시스템이 비상운행 기준에 따라 최대한 감속 및 비상조향 등으로 대응한다.

> 안전기준 5
> 운전전환 요구에도 불구하고 10초 이내에 운전자의 대응이 없으면 안전을 위해 감속, 비상경고신호 작동 등 위험 최소화 운행을 시행한다.

> 안전기준 6
> 자율주행 시스템에 고장이 발생하더라도 안전에 중대한 위험을 끼치지 않도록 시스템 이중화 등을 고려하여 설계한다.

지문 B
㉠ 긴급한 비상 상황의 경우
㉡ 운전전환 요구 시 경고 방법
㉢ 운전전환 작동 전 준수사항
㉣ 시스템 고장에 대비하기 위한 방안
㉤ 자율주행 시 안전 확보가 필요한 경우
㉥ 운전자 대응이 필요한 상황에서 반응이 없는 경우

	안전기준 1	안전기준 2	안전기준 3	안전기준 4	안전기준 5	안전기준 6
①	㉠	㉡	㉣	㉥	㉢	㉤
②	㉡	㉤	㉢	㉣	㉠	㉥
③	㉢	㉤	㉡	㉠	㉥	㉣
④	㉤	㉣	㉡	㉥	㉢	㉠
⑤	㉥	㉣	㉢	㉠	㉤	㉡

45 어느 회사의 시설과에 A ~ F의 총 6명의 직원이 있다. 이들 가운데 반드시 4명의 직원으로만 팀을 구성하여 회의에 참석해 달라는 요청이 있었다. 만일 E가 불가피한 사정으로 그 회의에 참석할 수 없게 된 상황에서 다음 〈조건〉을 모두 충족시킬 때, 몇 개의 팀이 구성될 수 있는가?

─〈조건〉─
• A 또는 B는 반드시 참석해야 한다. 하지만 A, B가 함께 참석할 수 없다.
• D 또는 E는 반드시 참석해야 한다. 하지만 D, E가 함께 참석할 수 없다.
• 만일 C가 참석하지 않게 된다면 D도 참석할 수 없다.
• 만일 B가 참석하지 않게 된다면 F도 참석할 수 없다.

① 0개   ② 1개
③ 2개   ④ 3개
⑤ 4개

46 P씨의 회사에서 생산하는 제품의 권장 소비자가격은 25,000원으로 책정되어 있다. 그러나 시장에서 소비자가 실제로 부담하는 가격은 이와 차이가 난다. P씨는 유통과정을 추적하여 실제로 고객이 부담하는 가격과 권장 소비자가격의 차이를 파악하고자 한다. 다음 자료를 참고하였을 때, P씨의 분석내용으로 옳지 않은 것은?

유통과정	가격결정
1) 제조업체	제조원가 : 10,000원, 판매가격 : 제조원가의 120%
2) 도매상	20 ~ 30% 이윤 반영
3) 중간도매상	10 ~ 20% 이윤 반영
4) 소매상	10 ~ 20% 이윤 반영
5) 소비자	?

※ 권장 소비자가격 부당표시 규제는 고려하지 않음

① 도매상이 제품을 확보하는 데 들어가는 비용은 개당 12,000원이다.
② 중간도매상이 얻을 수 있는 최대 이윤은 제품당 3,120원이다.
③ 모든 유통과정에서 최소 이윤을 반영했을 경우, 소비자는 권장 소비자가격에 비해 약 20% 정도 할인된 가격으로 제품을 구매할 수 있다.
④ 소비자가 가장 비싸게 구매한 가격은 제조업체에서의 판매가격보다 약 1.9배 더 비싸다.
⑤ 유통단계를 축소하여 중간도매상을 거치지 않는다면 소비자는 15,840 ~ 18,720원 사이의 가격으로 제품을 구매할 수 있다.

47 다음 중 시간 관리에 대해 바르게 이해한 사람은?

> 윤아 : 시간이 촉박하면 넉넉할 때보다 오히려 집중이 더 잘 되는 것 같아.
> 태현 : 시간 관리는 꼼꼼히 하면 너무 부담이 되니까 간단히 일정 체크만 해도 충분해.
> 지현 : 시간 관리가 중요하다고 해도, 막상 계획대로 진행하면 손해가 더 많았어.
> 성훈 : 창의적인 일을 할 때는 오히려 시간을 관리하는 것이 방해될 것 같아. 관리와 창의는 상대되는 개념이니까.

① 윤아   ② 태현
③ 지현   ④ 성훈
⑤ 없음

48 K사에 근무하는 L주임은 입사할 신입사원에게 지급할 볼펜과 스케줄러를 구매하기 위해 A ~ C 세 도매업체의 판매정보를 아래와 같이 정리하였다. 입사예정인 신입사원은 총 600명이고, 신입사원 1명당 볼펜과 스케줄러를 각각 1개씩 증정한다고 할 때, 가장 저렴하게 구매할 수 있는 업체와 구매가격을 바르게 나열한 것은?

〈세 업체의 상품가격표〉

업체명	품목	수량(1SET당)	가격(1SET당)
A도매업체	볼펜	150개	13만 원
	스케줄러	100권	25만 원
B도매업체	볼펜	200개	17만 원
	스케줄러	600권	135만 원
C도매업체	볼펜	100개	8만 원
	스케줄러	300권	65만 원

〈세 업체의 특가상품 정보〉

업체명	볼펜의 특가상품 구성	특가상품 구매 조건
A도매업체	300개 25.5만 원 or 350개 29만 원	스케줄러 150만 원 이상 구입
B도매업체	600개 48만 원 or 650개 50만 원	스케줄러 100만 원 이상 구입
C도매업체	300개 23.5만 원 or 350개 27만 원	스케줄러 120만 원 이상 구입

※ 특가상품 구매조건을 만족했을 때 볼펜을 특가로 구매할 수 있다.
※ 각 물품은 묶음 단위로 판매가 가능하며, 개당 판매는 불가하다.
※ 업체별 특가상품은 둘 중 한 가지만 선택해 1회 구입 가능하다.

	도매업체	구매가격
①	A업체	183만 원
②	B업체	177.5만 원
③	B업체	183만 원
④	C업체	177.5만 원
⑤	C업체	183만 원

49 어느 버스회사에서 (가)시에서 (나)시를 연결하는 버스 노선을 개통하기 위해 새로운 버스를 구매하려고 한다. 다음 〈조건〉과 같이 노선을 운행하려고 할 때, 최소 몇 대의 버스를 구매해야 하며 이때 필요한 운전사는 최소 몇 명인가?

〈조건〉

1) 새 노선의 왕복 시간 평균은 2시간이다(승하차 시간을 포함).
2) 배차시간은 15분 간격이다.
3) 운전사의 휴식시간은 매 왕복 후 30분씩이다.
4) 첫차는 05시 정각에, 막차는 23시에 (가)시를 출발한다.
5) 모든 차는 (가)시에 도착하자마자 (나)시로 곧바로 출발하는 것을 원칙으로 한다.
   즉, (가)시에 도착하는 시간이 바로 (나)시로 출발하는 시간이다.
6) 모든 차는 (가)시에서 출발해서 (가)시로 복귀한다.

	버스	운전사			버스	운전사
①	6대	8명		②	8대	10명
③	10대	12명		④	12대	14명
⑤	14대	16명				

50 해외의 교량 건설 사업을 수주한 K건설사가 자원을 효과적으로 관리하기 위해 다음과 같은 과정을 거친다고 할 때, 〈보기〉 중 (가) ~ (라)에 해당하는 내용을 바르게 연결한 것은?

〈효과적 자원관리 과정〉

순서	(가)	(나)	(다)	(라)
내용	필요한 자원의 종류와 양 확인	이용 가능한 자원 수집하기	자원 활용 계획 세우기	계획대로 수행하기

〈보기〉

(가) 근로자들의 순환 일정 및 공정 진행에 따른 설비 투입 계획을 세운다.
(나) 국내에서 파견할 근로자들을 선발하고, 현지 업체를 통해 현지 근로자들을 고용한다.
(다) 교량 건설에 필요한 자재 및 인력을 동원하기 위한 비용을 조사한다.
(라) 기존 계획을 필요에 따라 수정하기도 하면서 교량 건설 계획을 시행한다.
---

① (가), (나)　　　　　　　　　　② (가), (다)
③ (나), (다)　　　　　　　　　　④ (나), (라)
⑤ (다), (라)

51 K사는 사원들의 복지 증진을 위해 안마의자를 구매할 계획이다. K사의 평가 기준이 다음과 같을 때, 〈보기〉에서 구매할 안마의자는 무엇인가?

〈K사의 안마의자 구입 시 평가 기준〉

• 사원들이 자주 사용할 것으로 생각되니 A/S 기간이 2년 이상이어야 한다.
• 사무실 인테리어를 고려하여 안마의자의 컬러는 레드보다는 블랙이 적절한 것으로 보인다.
• 겨울철에도 이용할 경우를 위해 안마의자에 온열 기능이 있어야 한다.
• 안마의자의 구입 예산은 최대 2,500만 원이며, 가격이 예산 안에만 해당하면 모두 구매 가능하다.
• 안마의자의 프로그램 개수는 최소 10개 이상은 되어야 하며, 많으면 많을수록 좋다.

〈보기〉

구분	가격	컬러	A/S 기간	프로그램	옵션
A안마의자	2,200만 원	블랙	2년	12개	온열 기능
B안마의자	2,100만 원	레드	2년	13개	온열 기능
C안마의자	2,600만 원	블랙	3년	15개	–
D안마의자	2,400만 원	블랙	2년	13개	온열 기능

① A안마의자　　　　　　　　② B안마의자
③ C안마의자　　　　　　　　④ D안마의자
⑤ 없음

52 지게차의 평균 적재운반거리와 평균 공차이동거리는 각각 200m이고, 적재와 하역 시 소요되는 시간은 각각 30초이다. 지게차의 평균 속도가 6km/h일 때, 하역장에서 1분당 1회의 운반을 위해 필요한 지게차의 총 소요대수는?

① 4대　　　　　　　　② 5대
③ 6대　　　　　　　　④ 7대
⑤ 8대

※ 다음은 경쟁관계에 있는 K기업과 B기업이 각각의 제품을 광고할 때의 수익구조를 나타낸 표이다. 이어지는 질문에 답하시오. **[53~54]**

〈제품별 수익구조〉

구분		B기업	
		M제품	H제품
K기업	M제품	(6, 1)	(−2, 8)
	H제품	(−2, 6)	(6, 4)

〈분기별 매출증감률〉

시기	M제품	H제품
1분기	0%	50%
2분기	−50%	0%
3분기	0%	−50%
4분기	50%	0%

※ 수익구조에서 괄호 안의 숫자는 각 기업의 홍보로 인한 월 수익(단위 : 억 원)을 의미한다.
※ 분기별 매출액 50% 증가 시 : 월 수익 50% 증가, 월 손해 50% 감소
※ 분기별 매출액 50% 감소 시 : 월 수익 50% 감소, 월 손해 50% 증가

53 1분기에 광고를 하는 경우, K기업과 B기업의 수익의 합이 가장 클 때와 작을 때의 합은?

① 18억 원
② 20억 원
③ 24억 원
④ 28억 원
⑤ 30억 원

54 K기업과 B기업이 3분기에 서로 수익이 가장 최소가 되는 제품의 광고를 피하기로 한 경우, 선택하지 말아야 하는 것은?

	K기업	B기업
①	H제품	H제품
②	H제품	M제품
③	M제품	H제품
④	M제품	M제품
⑤	상관 없음	

55 본점 해외사업팀에서 근무하는 A대리는 자택에서 출발하여 뉴욕에서 열리는 포럼에 참석한 후 자신의 사무실로 복귀하고자 한다. 이동경로에 따른 정보가 다음과 같을 때, A대리가 포럼 장소에 뉴욕에 도착할 일시로 옳은 것은?(단, 현지 시간을 기준을 구한다)

〈정보〉

- A대리는 인천국제공항에서 뉴욕행 항공편을 이용하여 뉴욕에 도착한 후, 현지 시간으로 4월 28일 오후 4시에 있는 포럼에 참석하고자 한다.
- A대리는 지체 없이 포럼 장소로 이동하며, 포럼 장소에 4월 28일 오후 3시 이후에서 포럼 시작 전에 도착하고자 한다.
- 인천국제공항에서 뉴욕으로 향하는 항공편 일정은 다음과 같으며, A대리는 주어진 항공편 중 하나에 탑승한다(인천 시간 기준).

항공편명	출발일	시간	도착일	시간
ZC4012	10월 27일	09:20	10월 27일	22:00
TY2980	10월 27일	17:20	10월 28일	06:30
QE9301	10월 28일	15:40	10월 29일	04:00
TI9381	10월 28일	20:20	10월 29일	09:00

- 뉴욕 시간은 인천 시간보다 13시간 빠르다.
- 뉴욕 공항에 도착한 후, 30분의 수속 시간이 소요된다.
- 포럼 장소는 뉴욕 공항에서 차량으로 10분 거리이며, A대리는 대기시간 없이 미리 렌트해 둔 차량으로 이동한다.

① 10월 28일 15:10

② 10월 28일 15:20

③ 10월 28일 15:30

④ 10월 28일 15:40

⑤ 10월 28일 15:50

56 글로벌 기업인 K공사는 외국 지사와 화상 회의를 진행하기로 하였다. 모든 국가는 오전 8시부터 오후 6시까지가 업무 시간이고 한국 현지 시각 기준으로 오후 4시부터 5시까지 회의를 진행한다고 할 때, 다음 중 회의에 참석할 수 없는 국가는?(단, 서머타임을 시행하는 국가는 +1:00을 반영한다)

국가	시차	국가	시차
파키스탄	−4:00	불가리아	−6:00
오스트레일리아	+1:00	영국	−9:00
싱가포르	−1:00	−	−

※ 낮 12시부터 1시까지는 점심시간이므로 회의를 진행하지 않는다.
※ 서머타임 시행 국가 : 영국

① 파키스탄

② 오스트레일리아

③ 싱가포르

④ 불가리아

⑤ 영국

57 K공사 인재개발원에 근무하고 있는 A대리는 〈조건〉에 따라 신입사원 교육을 위한 스크린을 구매하려고 한다. 다음 중 가장 적절한 제품은 무엇인가?

─────────〈조건〉─────────

• 조명도는 5,000lx 이상이어야 한다.
• 예산은 150만 원이다.
• 제품에 이상이 생겼을 때 A/S가 신속해야 한다.
• 위 조건을 모두 충족할 시, 가격이 저렴한 제품을 가장 우선으로 선정한다.

※ lux(럭스) : 조명이 밝은 정도를 말하는 조명도에 대한 실용단위로 기호는 lx이다.

	제품	가격(만 원)	조명도(lx)	특이사항
①	A	180	8,000	2년 무상 A/S 가능
②	B	120	6,000	해외직구(해외 A/S)
③	C	100	3,500	미사용 전시 제품
④	D	150	5,000	미사용 전시 제품
⑤	E	130	7,000	2년 무상 A/S 가능

58 다음은 자원관리 방법의 하나인 전사적 자원관리에 대한 설명이다. 〈보기〉 중 전사적 자원관리에 대한 사례로 보기 어려운 것을 모두 고르면?

전사적 자원관리(ERP)는 기업 활동을 위해 사용되는 기업 내의 모든 인적 · 물적 자원을 효율적으로 관리하여 궁극적으로 기업의 경쟁력을 강화시켜 주는 역할을 하는 통합정보시스템을 말한다. 이 용어는 미국 코네티컷주 정보기술 컨설팅회사인 가트너 그룹이 처음 사용한 것으로 알려져 있다. 전사적 자원관리는 인사 · 재무 · 생산 등 기업의 전 부문에 걸쳐 독립적으로 운영되던 인사정보시스템 · 재무정보시스템 · 생산관리시스템 등을 하나로 통합하여 기업 내 인적 · 물적 자원의 활용도를 극대화하고자 하는 경영 혁신 기법이다.

─────────〈보기〉─────────

ㄱ. A사는 총무부 내 재무회계팀과 생산관리부의 물량계획팀을 통합하였다.
ㄴ. B사는 지점총괄부를 지점인사관리실과 지점재정관리실로 분리하였다.
ㄷ. C사는 국내 생산 공장의 물류 포털을 본사의 재무관리 포털에 흡수시켜 통합하였다.
ㄹ. D사는 신규 직원 채용에 있어 인사직무와 회계직무를 구분하여 채용하기로 하였다.

① ㄱ, ㄴ
② ㄱ, ㄷ
③ ㄴ, ㄷ
④ ㄴ, ㄹ
⑤ ㄷ, ㄹ

59 K공사 직원 10명이 부산으로 1박 2일 세미나에 가려고 한다. 부산에는 목요일 점심 전에 도착하고, 다음날 점심을 먹고 3시에 서울로 돌아오기로 계획했다. 다음은 호텔별 비용 현황과 호텔 선호도에 대한 자료이다. 아래 〈조건〉을 보고 남직원과 여직원에게 사용되는 출장비용은 각각 얼마인가?

〈호텔별 비용 현황〉

구분	P호텔		M호텔		H호텔		W호텔	
숙박비	평일	주말	평일	주말	평일	주말	평일	주말
	17만 원	30만 원	12만 원	23만원	15만 원	29만 원	15만 원	22만 원
식비	1만 원(중·석식, 조식은 숙박비에 포함)		7,000원(조·중식) 9,000원(석식)		8,000원(조·중·석식)		7,500원(조·중·석식)	
거리	20분		12분		30분		10분	
비고	1인실 또는 2인실 가능		1인실만 가능		2인실 이상 가능		2인실 이상 가능	

※ 거리는 역에서 호텔까지의 버스로 이동시간이다.

〈호텔 선호도〉

구분	P호텔	M호텔	H호텔	W호텔
남자	B	B	C	A
여자	A	B	B	C

※ A ~ C등급에서 A등급이 제일 높다.

──────〈조건〉──────
• 방은 2인 1실로 사용한다.
• 남자는 6명, 여자는 4명이다.
• 남자와 여자 모두 식사를 한다.
• 남자는 선호도가 B등급 이상이고, 숙박비용과 식비가 저렴한 호텔로 정한다.
• 여자는 선호도가 B등급 이상이고, 역에서 거리가 가장 가까운 호텔로 정한다.

	남자	여자
①	540,000원	428,000원
②	630,000원	428,000원
③	630,000원	460,000원
④	690,000원	460,000원
⑤	690,000원	510,000원

60 K공단은 연말 시상식을 개최하여 한 해 동안 모범이 되거나 훌륭한 성과를 낸 직원을 독려하고자 한다. 시상 종류 및 인원, 상품에 대한 정보가 다음과 같을 때, 총 상품 구입비로 옳은 것은?

〈시상내역〉

상 종류	수상 인원	상품
사내선행상	5	인당 금 도금 상패 1개, 식기 1세트
사회기여상	1	인당 은 도금 상패 1개, 신형노트북 1대
연구공로상	2	인당 금 도금 상패 1개, 안마의자 1개, 태블릿PC 1대
성과공로상	4	인당 은 도금 상패 1개, 만년필 2개, 태블릿PC 1대
청렴모범상	2	인당 동 상패 1개, 안마의자 1개

• 상패 제작비용
 - 금 도금 상패 : 개당 55,000원(5개 이상 주문 시 개당 가격 10% 할인)
 - 은 도금 상패 : 개당 42,000원(주문수량 4개당 1개 무료 제공)
 - 동 상패 : 개당 35,000원

• 물품 구입비용(개당)
 - 식기 세트 : 450,000원
 - 신형 노트북 : 1,500,000원
 - 태블릿PC : 600,000원
 - 만년필 : 100,000원
 - 안마의자 : 1,700,000원

① 14,085,000원
② 15,050,000원
③ 15,534,500원
④ 16,805,000원
⑤ 17,200,000원

NCS 핵심영역

정답 및 해설

2023년 주요 공기업
NCS 핵심영역 기출복원 모의고사 정답 및 해설

01	02	03	04	05	06	07	08	09	10
④	②	⑤	⑤	④	②	①	⑤	④	①
11	12	13	14	15	16	17	18	19	20
②	②	③	④	⑤	①	③	④	④	⑤
21	22	23	24	25	26	27	28	29	30
②	③	④	②	②	①	③	②	③	④
31	32	33	34	35	36	37	38	39	40
③	②	②	③	②	②	④	④	⑤	①

01 　　　　　　　　　　　　　정답 ④

제시문의 두 번째 문단에 따르면 CCTV는 열차 종류에 따라 운전실에서 실시간으로 상황을 파악할 수 있는 네트워크 방식과 각 객실에서의 영상을 저장하는 개별 독립 방식으로 설치된다고 하였다. 따라서 개별 독립 방식으로 설치된 일부 열차에서는 각 객실의 상황을 실시간으로 파악하지 못할 수 있다.

오답분석

① 첫 번째 문단에 따르면 2023년까지 현재 운행하고 있는 열차의 모든 객실에 CCTV를 설치하겠다는 내용으로 보아, 현재 모든 열차의 모든 객실에 CCTV가 설치되지 않았음을 유추할 수 있다.
② 첫 번째 문단에 따르면 2023년까지 모든 열차 승무원에게 바디 캠을 지급하겠다고 하였다. 이에 따라 승객이 승무원을 폭행하는 등의 범죄 발생 시 해당 상황을 녹화한 바디 캠 영상이 있어 수사의 증거자료로 사용할 수 있게 되었다.
③ 두 번째 문단에 따르면 CCTV는 사각지대 없이 설치되며 일부는 휴대 물품 보관대 주변에도 설치된다고 하였다. 따라서 인적 피해와 물적 피해 모두 예방할 수 있게 되었다.
⑤ 세 번째 문단에 따르면 CCTV 품평회와 시험을 통해 제품의 형태와 색상, 재질, 진동과 충격 등에 대한 적합성을 고려한다고 하였다.

02 　　　　　　　　　　　　　정답 ②

• 빈칸 (가)를 기준으로 앞의 문장과 뒤의 문장이 상반되는 내용을 담고 있기 때문에 가장 적절한 접속사는 '하지만'이다.
• 빈칸 (나)를 기준으로 앞의 문장은 기차의 냉난방시설을, 뒤의 문장은 지하철의 냉난방시설을 다루고 있으므로, 가장 적절한 접속사는 '반면'이다.
• 빈칸 (다)의 앞뒤 내용을 살펴보면 앞선 내용의 과정들이 끝나고 난 이후의 내용이 이어지므로, 이를 이어주는 접속사인 '마침내'가 들어가는 것이 가장 적절하다.

03 　　　　　　　　　　　　　정답 ⑤

제시문의 세 번째 문단에 따르면 스마트글라스 내부 센서를 통해 충격과 기울기를 감지할 수 있어, 작업자에게 위험한 상황이 발생할 경우 통보 시스템을 통해 바로 파악할 수 있게 되었음을 알 수 있다.

오답분석

① 첫 번째 문단에 따르면 스마트글라스를 통한 작업자의 음성인식만으로 철도시설물 점검이 가능해졌음을 알 수 있지만, 다섯 번째 문단에 따르면 아직 철도시설물 보수 작업은 가능하지 않음을 알 수 있다.
② 첫 번째 문단에 따르면 스마트글라스의 도입 이후에도 사람의 작업이 필요함을 알 수 있다.
③ 세 번째 문단에 따르면 스마트글라스의 도입으로 추락 사고나 그 밖의 위험한 상황을 미리 예측할 수 있어 이를 방지할 수 있게 되었음을 알 수 있지만, 실제로 안전사고 발생 횟수가 감소하였는지는 알 수 없다.
④ 두 번째 문단에 따르면 여러 단계를 거치던 기존 작업 방식에서 스마트글라스의 도입으로 작업을 한 번에 처리할 수 있게 된 것을 통해 작업 시간이 단축되었음을 알 수 있지만, 필요한 작업 인력의 감소 여부는 알 수 없다.

04

네 번째 문단에 따르면 인공지능 등의 스마트 기술 도입으로 까치집 검출 정확도는 95%까지 상승하였으므로, 까치집 제거율 또한 상승할 것임을 예측할 수 있으나, 근본적인 문제인 까치집 생성의 감소를 기대할 수는 없다.

오답분석

① 세 번째 문단과 네 번째 문단에 따르면, 정확도가 65%에 불과했던 인공지능의 까치집 식별 능력이 딥러닝 방식의 도입으로 95%까지 상승했음을 알 수 있다.
② 세 번째 문단에서 시속 150km로 빠르게 달리는 열차에서의 까치집 식별 정확도는 65%에 불과하다는 내용으로 보아, 빠른 속도에서 인공지능의 사물 식별 정확도는 낮음을 알 수 있다.
③ 네 번째 문단에 따르면, 작업자의 접근이 어려운 곳에는 드론을 띄워 까치집을 발견 및 제거하는 기술도 시범 운영하고 있다고 하였다.
④ 세 번째 문단에 따르면, 실시간 까치집 자동 검출 시스템 개발로 실시간으로 위험 요인의 위치와 이미지를 작업자에게 전달할 수 있게 되었다.

05
정답 ④

4월 회원 수의 남녀의 비가 2:3이므로 각각 $2a$명, $3a$명이라 하고, 5월에 더 가입한 남녀 회원의 수를 각각 x명, $2x$명으로 놓으면

$$\begin{cases} 2a+3a<260 \\ (2a+x)+(3a+2x)=5a+3x>320 \end{cases}$$

5월에 남녀의 비가 5 : 8이므로
$(2a+x):(3a+2x)=5:8 \rightarrow a=2x$
이를 연립방정식에 대입하여 정리하면

$$\begin{cases} 4x+6x<260 \\ 10x+3x>320 \end{cases} \rightarrow \begin{cases} 10x<260 \\ 13x>320 \end{cases}$$

공통 부분을 구하면 $24.6\cdots<x<260$이며 x는 자연수이므로 25이다.
따라서 5월 전체 회원 수는 $5a+3x=13x=325$명이다.

06
정답 ②

마일리지 적립 규정에 회원 등급에 관련된 내용은 없으며, 마일리지 적립은 지불한 운임의 액수, 더블적립 열차 탑승 여부, 선불형 교통카드 Rail+ 사용 여부에 따라서만 결정된다.

오답분석

① KTX 마일리지는 KTX 열차 이용 시에만 적립된다.
③ 비즈니스 등급은 기업회원 여부와 관계없이 최근 1년간의 활동내역을 기준으로 부여된다.
④ 추석 및 설 명절 특별수송 기간 탑승 건을 제외하고 4만 점을 적립하면 VIP 등급을 부여받는다.
⑤ VVIP 등급과 VIP 등급 고객은 한정된 횟수 내에서 무료 업그레이드 쿠폰으로 KTX 특실을 KTX 일반실 가격에 구매할 수 있다.

07
정답 ①

A씨는 장애의 정도가 심하지 않으므로 KTX 이용 시 평일 이용에 대해서만 30% 할인을 받으며, 동반 보호자에 대한 할인은 적용되지 않는다. 따라서 3월 11일(토) 서울 → 부산 구간의 이용 시에는 할인이 적용되지 않고, 3월 13일(월) 부산 → 서울 구간 이용 시에는 보호자 운임을 할인 적용에서 제외하여 총운임의 15%만 할인받는다. 따라서 두 사람은 왕복 운임을 기준으로 총 7.5% 할인받았음을 알 수 있다.

08
정답 ⑤

한국조폐공사를 통한 예약 접수는 온라인 쇼핑몰 홈페이지를 통해 가능하며, 오프라인(방문) 접수는 우리·농협은행의 창구를 통해서만 이루어진다.

오답분석

① 구매자를 대한민국 국적자로 제한한다는 내용은 없다.
② 단품으로 구매 시 화종별 최대 3장으로 총 9장, 세트로 구매할 때도 최대 3세트로 총 9장까지 신청이 가능하며, 세트와 단품은 중복신청이 가능하므로, 구매 가능한 최대 개수는 18장이다.
③ 우리·농협은행의 계좌가 없다면, 한국조폐공사 온라인 쇼핑몰을 이용하거나, 우리·농협은행에 직접 방문하여 구입할 수 있다.
④ 총 발행량은 예약 주문 이전부터 화종별 10,000장으로 미리 정해져 있다.

09
정답 ④

우리·농협은행 계좌 미보유자인 외국인 A씨가 예약 신청을 할 수 있는 방법은 두 가지이다. 하나는 신분증인 외국인등록증을 지참하고 우리·농협은행의 지점을 방문하여 신청하는 것이고, 다른 하나는 한국조폐공사 온라인 쇼핑몰에서 가상계좌 방식으로 신청하는 것이다.

오답분석

① A씨는 외국인이므로 창구 접수 시 지참해야 하는 신분증은 외국인등록증이다.
② 한국조폐공사 온라인 쇼핑몰에서는 가상계좌 방식을 통해서만 예약 신청이 가능하다.
③ 홈페이지를 통한 신청이 가능한 은행은 우리은행과 농협은행 뿐이다.
⑤ 우리·농협은행의 홈페이지를 통해 예약 접수를 하려면 해당 은행에 미리 계좌가 개설되어 있어야 한다.

10　정답 ①

3종 세트는 186,000원, 단품은 각각 63,000원이므로 5명의 구매 금액을 계산하면 다음과 같다.

- A : $(186,000 \times 2) + 63,000 = 435,000$원
- B : $63,000 \times 8 = 504,000$원
- C : $(186,000 \times 2) + (63,000 \times 2) = 498,000$원
- D : $186,000 \times 3 = 558,000$원
- E : $186,000 + (63,000 \times 4) = 438,000$원

따라서 가장 많은 금액을 지불한 사람은 D이며, 구매 금액은 558,000원이다.

11　정답 ②

$1^2 - 2^2$, $3^2 - 4^2$, $\cdots$, $(2n-1)^2 - (2n)^2$의 수열의 합으로 생각한다.

$1^2 - 2^2 + 3^2 - 4^2 + \cdots + 199^2$

$= 1^2 - 2^2 + 3^2 - 4^2 + \cdots + 199^2 - 200^2 + 200^2$

$= \left[\sum_{n=1}^{100} \{(2n-1)^2 - (2n)^2\} \right] + 200^2$

$= \left\{ \sum_{n=1}^{100} (-4n+1) \right\} + 200^2$

$= \left\{ \left(-4 \times \dfrac{100 \times 101}{2} \right) + 100 \right\} + 40,000$

$= -20,200 + 100 + 40,000$

$= 19,900$

12　정답 ②

5명 중에서 3명을 순서와 상관없이 뽑을 수 있는 경우의 수는 $_5C_3$

$= \dfrac{5 \times 4 \times 3}{3 \times 2 \times 1} = 10$가지이다.

13　정답 ③

A원두의 100g당 원가를 a원, B원두의 100g당 원가를 b원이라고 하면

$\begin{cases} 1.5(a+2b) = 3,000 & \cdots \ \text{㉠} \\ 1.5(2a+b) = 2,850 & \cdots \ \text{㉡} \end{cases}$

$\begin{cases} a + 2b = 2,000 & \cdots \ \text{㉠}' \\ 2a + b = 1,900 & \cdots \ \text{㉡}' \end{cases}$

$3a + 3b = 3,900 \rightarrow a + b = 1,300$이므로 이를 ㉠'와 연립하면 $b = 700$이다. 따라서 B원두의 100g당 원가는 700원이다.

14　정답 ④

제시문은 2019년 발생한 코로나19 대유행과 이에 따른 공공의료의 중요성과 필요성에 대해 강조하는 글이다.

15　정답 ⑤

예방을 위한 검사 및 검체 체취, 밀접 접촉자 추적, 격리 및 치료 등의 과정에 필요한 인력과 시간이 요구된다는 내용이므로 ㉠에 들어갈 가장 적절한 단어는 '소요(필요로 하거나 요구되는 바)'이다.

오답분석

① 대비 : 앞으로 일어날지도 모르는 어떠한 일에 대응하기 위하여 미리 준비함
② 대체 : 다른 것으로 대신함
③ 제공 : 무엇을 내주거나 갖다 바침
④ 초과 : 일정한 수나 한도 따위를 넘음

16　정답 ①

주어진 양수의 합을 각각 $a+b$, $a+c$, $a+d$, $\cdots$, $d+e$라고 할 때, 주어진 양수 2개의 합을 모두 더하면 $4(a+b+c+d+e) = 132$

이므로 $a+b+c+d+e = 33$이고, 평균(m)은 $\dfrac{a+b+c+d+e}{5}$

$= 6.6$이다.

분산(s)은 편차의 제곱의 평균이므로

$s = \dfrac{(a-m)^2 + (b-m)^2 + (c-m)^2 + (d-m)^2 + (e-m)^2}{5}$

이다.

이는

$\dfrac{a^2 + b^2 + c^2 + d^2 + e^2 - 2am - 2bm - 2cm - 2dm - 2em + 5m^2}{5}$

이고

$\dfrac{a^2 + b^2 + c^2 + d^2 + e^2}{5} - 2 \times m \times \dfrac{a+b+c+d+e}{5} + \dfrac{5m^2}{5}$

$= \dfrac{a^2 + b^2 + c^2 + d^2 + e^2}{5} - m^2$이다.

따라서 분산은 (변량의 제곱의 평균) $-$ (평균의 제곱)으로도 구할 수 있다.

주어진 양수 2개의 합의 제곱을 모두 더하면 $4(a^2 + b^2 + c^2 + d^2 + e^2) + (2ab + 2ac + \cdots + 2de) = 1,830$이고

$(a+b+c+d+e)^2 = a^2 + b^2 + c^2 + d^2 + e^2 + (2ab + 2ac + \cdots + 2de) = 1,089$이므로

$a^2 + b^2 + c^2 + d^2 + e^2 = \{4(a^2 + b^2 + c^2 + d^2 + e^2) + (2ab + 2ac + \cdots + 2de) - (a+b+c+d+e)^2\} \div 3 = 247$이다.

$\dfrac{a^2 + b^2 + c^2 + d^2 + e^2}{5} = 247 \div 5 = 49.4$이므로

$\dfrac{a^2 + b^2 + c^2 + d^2 + e^2}{5} - m^2 = 49.4 - 6.6^2 = 5.84$이다.

따라서 $a \sim e$의 평균은 6.6이고, 분산은 5.84이다.

17

처음 사탕의 개수를 x개라 하면 처음으로 사탕을 먹고 남은 사탕의 개수는 $\left(1-\dfrac{1}{3}\right)x=\dfrac{2}{3}x$개이다.

그다음 날 사탕을 먹고 남은 사탕의 개수는 $\dfrac{2}{3}x\times\left(1-\dfrac{1}{2}\right)=\dfrac{1}{3}x$개이고, 또 그다음 날 사탕을 먹고 남은 사탕의 개수는 $\dfrac{1}{3}x\times\left(1-\dfrac{1}{4}\right)=\dfrac{1}{4}x$개이다.

따라서 처음 사탕 바구니에 들어있던 사탕의 개수는 $\dfrac{1}{4}x=18$이므로 $x=72$이다.

18

정답 ④

2013년 대비 2023년 각 학년의 평균 신장 증가율은 다음과 같다.

• 1학년 : $\dfrac{162.5-160.2}{160.2}\times100≒1.44\%\text{p}$

• 2학년 : $\dfrac{168.7-163.5}{163.5}\times100≒3.18\%\text{p}$

• 3학년 : $\dfrac{171.5-168.7}{168.7}\times100≒1.66\%\text{p}$

따라서 평균 신장 증가율이 큰 순서는 2학년 – 3학년 – 1학년 순서이다.

19

정답 ④

제시된 조건을 논리 기호화하면 다음과 같다.
• 첫 번째 조건의 대우 : A → C
• 두 번째 조건 : ~E → B
• 세 번째 조건의 대우 : B → D
• 네 번째 조건의 대우 : C → ~E
위의 조건식을 정리하면 A → C → ~E → B → D이므로 여행에 참가하는 사람은 A, B, C, D 4명이다.

20

정답 ⑤

• 10명이 탁자에 앉을 수 있는 경우의 수
  10명을 일렬로 배치하는 경우의 수는 10!가지이고, 정오각형의 각 변에 둘러앉을 수 있으므로 같은 경우 5가지씩을 제외한 경우의 수는 $\dfrac{10!}{5}$가지이다.

• 남학생과 여학생이 이웃하여 앉는 경우의 수
  남학생을 먼저 앉히고 남은 자리에 여학생을 앉힌다. 각각에 대하여 남녀의 자리를 바꿀 수 있으므로 경우의 수는 $(4!\times5!\times2^5)$가지이다.

따라서 구하고자 하는 확률은 $\dfrac{4!\times5!\times2^5}{\dfrac{10!}{5}}=\dfrac{8}{63}$이다.

21

정답 ②

42와 54의 최대공약수는 6이다. 따라서 가로에는 $2\times(54\div6)=18$그루, 세로에는 $2\times(42\div6)=14$그루를 심어야 하므로 모두 $18+14=32$그루가 필요하다.

22

정답 ③

제시된 보기의 단어들은 유의어 관계이다. 따라서 빈칸 ㉠에 들어갈 '가뭄'의 유의어는 심한 가뭄을 뜻하는 '한발(旱魃)'이 들어가야 한다.

오답분석
① 갈근(葛根) : 칡뿌리
② 해수(海水) : 바다에 괴어 있는 짠물
④ 안건(案件) : 토의하거나 조사하여야 할 사실

23

정답 ④

제시문은 메기 효과에 대한 글이므로 가장 먼저 메기 효과의 기원에 대해 설명한 (마) 문단으로 시작해야 하고, 뒤이어 메기 효과의 기원에 대한 과학적인 검증 및 논란에 대한 (라) 문단이 오는 것이 적절하다. 이어서 경영학 측면에서의 메기 효과에 대한 내용이 와야 하는데, (다) 문단의 경우 앞의 내용과 뒤의 내용이 상반될 때 쓰는 접속 부사인 '그러나'로 시작하므로 (가) 문단이 먼저 나오고 그 다음에 (다) 문단이 이어지는 것이 적절하다. 그리고 마지막으로 메기 효과에 대한 결론인 (나) 문단으로 끝내는 것이 가장 적절하다.

24

정답 ②

메기 효과는 과학적으로 검증되지 않았지만 적정 수준의 경쟁이 발전을 이룬다는 시사점을 가지고 있다고 하였으므로 낭설에 불과하다고 하는 것은 적절하지 않다.

오답분석
① (라) 문단의 거미와 메뚜기 실험에서 죽은 메뚜기로 인해 토양까지 황폐화되었음을 볼 때, 거대 기업의 출현은 해당 시장의 생태계까지 파괴할 수 있음을 알 수 있다.
③ (나) 문단에서 성장 동력을 발현시키기 위해서는 규제 등의 방법으로 적정 수준의 경쟁을 유지해야 한다고 서술하고 있다.
④ (가) 문단에서 메기 효과는 한국, 중국 등 고도 경쟁사회에서 널리 사용되고 있다고 서술하고 있다.

25 　　정답 ②

식탁 1개와 의자 2개의 합은 20만+(10만×2)=40만 원이고 30만 원 이상 구매 시 10%를 할인받을 수 있으므로 40만×0.9=36만 원이다.

가구를 구매하고 남은 돈은 50만−36만=14만 원이고 장미 한 송이당 가격은 6,500원이다.

따라서 14÷0.65≒21.53이므로 장미꽃은 21송이를 살 수 있다.

26 　　정답 ①

작년의 여자 사원 수를 x명이라 하면 남자 사원 수는 $(820-x)$명이므로

$$\frac{8}{100}(820-x)-\frac{10}{100}x=-10$$

$$x=420$$

따라서 올해 여자 사원 수는 $\frac{90}{100}\times420=378$명이다.

27 　　정답 ③

• CBP－WK4A－P31－B0803 : 배터리 형태 중 WK는 없는 형태이다.
• PBP－DK1E－P21－A8B12 : 고속충전 규격 중 P21은 없는 규격이다.
• NBP－LC3B－P31－B3230 : 생산날짜의 2월에는 30일이 없다.
• CNP－LW4E－P20－A7A29 : 제품 분류 중 CNP는 없는 분류이다.

따라서 보기에서 시리얼 넘버가 잘못 부여된 제품은 모두 4개이다.

28 　　정답 ②

고객이 설명한 제품 정보를 정리하면 다음과 같다.
• 설치형 : PBP
• 도킹형 : DK
• 20,000mAH 이상 : 2
• 60W 이상 : B
• USB－PD3.0 : P30
• 2022년 10월 12일 : B2012

따라서 S주임이 데이터베이스에 검색할 시리얼 넘버는 PBP－DK2B－P30－B2012이다.

29 　　정답 ③

흰색 공을 A, 검은색 공을 B, 파란색 공을 C로 치환한 후 논리 기호화하면 다음과 같다.
• 전제 1 : A → ~B
• 전제 2 : _____
• 결론 : A → C

따라서 필요한 전제 2는 '~B → C' 또는 대우인 '~C → B'이므로 '파란색 공을 가지고 있지 않은 사람은 모두 검은색 공을 가지고 있다.'가 전제 2로 필요하다.

오답분석
① B → C
② ~C → ~B
④ C → B

30 　　정답 ④

처음으로 오수 1탱크를 정화하는 데 소요되는 시간은 4+6+5+4+6=25시간이다.

그 후에는 A~E공정 중 가장 긴 공정 시간이 6시간이므로 남은 탱크는 6시간마다 1탱크씩 처리할 수 있다.

따라서 30탱크를 처리하는 데 소요되는 시간은 25+{6×(30−1)}=199시간이다.

31 　　정답 ③

①, ②, ④, ⑤는 하나의 계획이 틀어지더라도 모든 계획이 미루어지지 않도록 원래 계획에 여유시간을 두는 60 : 40의 법칙에 대한 예시이다. 반면, ③은 낭비되는 시간이 없도록 철저한 시간관리법으로써 원래 계획한 시간에 여유시간을 두는 나머지와는 거리가 멀다.

32 　　정답 ②

승진보상의 기본 원칙
• 적정선의 원칙 : 조직구성원이 일정한 정도의 공헌을 했을 때 적절한 승진보상을 제공해야 한다.
• 공정성의 원칙 : 조직이 조직구성원에게 나누어 줄 수 있는 보상은 적절한 사람에게 배분하여야 한다.
• 합리성의 원칙 : 조직은 조직의 목표달성을 위해 어떤 것을 공헌한 것으로 볼 것인지 정해야 한다.

33
정답 ②

A회사, B회사 우유의 1g당 열량과 단백질을 환산하면 다음과 같다.

성분 식품	열량(kcal)	단백질(g)
A회사 우유	1.5	0.12
B회사 우유	2	0.05

A회사, B회사 우유를 각각 xg, $(300-x)$g 구매했다면

$$\begin{cases} 1.5x+2(300-x) \geq 490 \\ 0.12x+0.05(300-x) \geq 29 \end{cases}$$

$$\begin{cases} 1.5x+600-2x \geq 490 \\ 0.12x+15-0.05x \geq 29 \end{cases}$$

$$\begin{cases} 0.5x \leq 110 \\ 0.07x \geq 14 \end{cases}$$

따라서 $200 \leq x \leq 220$이므로 A회사 우유를 200g, B회사 우유를 $300-200=100$g 구매하는 것이 가장 저렴하며, 그 가격은 $(80 \times 200)+(50 \times 100)=21,000$원이다.

34
정답 ③

30명의 80%는 $30 \times \dfrac{80}{100}=24$명이므로

$1+3+8+A=24 \rightarrow A=12$

$24+B=30 \rightarrow B=6$

따라서 $A-B=12-6=6$이다.

35
정답 ②

연필을 x자루 구매한다면 A가게에서 주문할 때 필요한 금액은 $500x$원이고, B가게에서 주문할 때 필요한 금액은 $(420x+2,500)$원이다.

$500x \geq 420x+2,500$

$80x \geq 2,500 \rightarrow x \geq \dfrac{125}{4}=31.25$이므로

32자루 이상 구매해야 B가게에서 주문하는 것이 유리하다.

36
정답 ②

지난달 A, B의 생산량을 각각 x개, y개라 하면 지난달에 두 제품 A, B를 합하여 6,000개를 생산하였으므로 총 생산량은 $x+y=6,000$개이다.

이번 달에 생산한 제품 A의 양은 지난달에 비하여 6% 증가하였으므로 증가한 생산량은 $0.06x$이고, 생산한 제품 B의 양은 지난 달에 비하여 4% 감소하였으므로 감소한 생산량은 $0.04y$이다.

전체 생산량은 2% 증가하였으므로 $6,000 \times 0.02=120$개가 증가했음을 알 수 있다.

이를 식으로 정리하면 다음과 같다.

$$\begin{cases} x+y=6,000 \\ 0.06x-0.04y=120 \end{cases}$$

x, y의 값을 구하면 $x=3,600$, $y=2,400$이다.

따라서 지난달 A의 생산량은 3,600개이고 B의 생산량은 2,400개이므로, 이번 달 A의 생산량은 6% 증가한 $3,600 \times (1+0.06)=3,816$개이고 이번 달 B의 생산량은 4% 감소한 $2,400 \times (1-0.04)=2,304$개이다. 그러므로 두 제품의 생산량의 차를 구하면 $3,816-2,304=1,512$개이다.

37
정답 ④

세 번째 문단을 통해 정부가 철도 중심 교통체계 구축을 위해 노력하고 있음을 알 수 있으나, 구체적으로 시행된 조치는 언급되지 않았다.

오답분석

① 첫 번째 문단을 통해 전 세계적으로 탄소중립이 주목받자 이에 대한 방안으로 등장한 것이 철도 수송임을 알 수 있다.

② 첫 번째 문단과 두 번째 문단을 통해 철도 수송의 확대가 온실가스 배출량의 획기적인 감축을 가져올 것임을 알 수 있다.

③ 네 번째 문단을 통해 '중앙선 안동 ~ 영천 간 궤도' 설계 시 탄소 감축 방안으로 저탄소 자재인 유리섬유 보강근이 철근 대신 사용되었음을 알 수 있다.

⑤ 네 번째 문단에서 S철도공사는 철도 중심 교통체계 구축을 위해 건설 단계에서부터 친환경 · 저탄소 자재를 적용하였고, 탄소 감축을 위해 2025년부터는 모든 철도 건축물을 일정한 등급 이상으로 설계하기로 결정하였음을 알 수 있다.

38

정답 ④

목차의 내용과 보기의 논문 내용을 연결하면 다음과 같다. 먼저 ㄱ은 도로와 철도 수송시스템의 구성과 수송시스템의 환경영향을 저감시키는 방법에 대해 언급하고 있으므로 목차의 2. 수송시스템 (1)과 (2)에 해당하는 내용이고, ㄴ은 우리나라의 온실가스 배출량에 대한 통계치를 제시하며 왜 이 연구를 진행하게 되었는지에 대한 배경을 다루고 있으므로 목차의 1. 서론에 해당하는 내용임을 알 수 있다. 다음으로 ㄷ은 본 연구를 각 단계로 나누어 분석해 본 결과 Modal Shift를 통한 효과가 확인되었다는 내용이므로 목차의 4. 사례연구에 해당하는 내용이고, ㄹ은 도로와 철도의 온실가스배출이 어느 과정에서 어떠한 수치를 보이는지에 대한 구체적인 수치자료이므로 목차의 2. 수송시스템의 (3)에 해당하는 내용이다. 마지막으로 ㅁ은 Modal Shift가 무엇이며 이를 활성화하기 위해 어떻게 해야 하는지에 대해 언급하고 있으므로 목차의 3. Modal Shift(전환교통)에 해당하는 내용이다. 따라서 보기의 문단 순서를 바르게 나열한 것은 ㄴ - ㄱ - ㄹ - ㅁ - ㄷ이다.

39

정답 ⑤

마지막 문단의 '도시권역 간 이동시간을 단축해 출퇴근 교통체증을 해소할 수 있고'라는 내용을 통해 도심항공교통의 상용화를 통해 도심지상교통이 이전보다 원활해질 것임을 예측할 수 있다.

오답분석

① 첫 번째 문단과 두 번째 문단에서 알 수 있듯이, 도심항공교통 UAM은 비행기와 달리 '저고도 상공'에서 사람이나 물품 등을 운송하는 교통수단, 또는 이와 관련된 모든 사업을 통틀어 말하는 용어로, 모든 항공교통수단 시스템을 지칭한다고 보기는 어렵다.

② 도심항공교통은 지상교통수단의 이용이 불가능해진 것이 아니라, 인구 증가와 인구 과밀화 등 여러 요인으로 인해 지상교통수단만으로는 한계에 다다라 이에 대한 해결책으로 등장한 기술이다.

③ 두 번째 문단을 통해 도심항공교통은 수직이착륙 기술을 가지고 있어 활주로의 필요성이 없는 것은 맞지만, 세 번째 문단의 '핵심 인프라 중 하나인 플라잉카 공항 에어원 건설 중에 있다.'라는 내용을 통해 해당 교통수단을 위한 별도의 공항이 필요한 것을 짐작할 수 있다.

④ 제시된 글에서 공기업과 사기업, 그리고 각 시가 도심항공교통의 상용화를 목표로 박차를 가하고 있음은 알 수 있으나, 그들이 역할을 분담하여 공동의 목표를 향한다는 내용은 찾을 수 없다.

40

정답 ①

제시문을 살펴보면, 첫 번째 문단에서는 이산화탄소로 메탄올을 만드는 곳이 있다며 관심을 유도하고, 두 번째 문단에서 해당 원료를 어떻게 만들며 어디서 사용하는지 구체적으로 설명함으로써 이산화탄소 재활용의 긍정적인 측면을 부각하고 있다. 하지만 세 번째 문단에서는 앞선 내용과 달리 이렇게 만들어진 이산화탄소의 부정적인 측면을 설명하고, 마지막 문단에서는 이와 같은 이유로 결론이 나지 않았다며 글이 마무리되고 있다. 따라서 제시문의 주제로 가장 적절한 것은 이산화탄소 재활용의 이면을 모두 포함하는 내용인 '탄소 재활용의 득과 실'이다.

오답분석

② 두 번째 문단에 한정된 내용으로써 글 전체를 다루는 주제로 보기에는 적절하지 않다.

③ 지열발전소의 부산물을 통해 메탄올이 만들어진 것은 맞지만, 새롭게 탄생되어진 연료로 보기는 어려우며, 제시문의 전체를 다루는 주제로 보기에도 적절하지 않다.

④·⑤ 제시문의 첫 번째, 두 번째 문단을 통해 버려진 이산화탄소 및 부산물의 재활용을 통해 '메탄올'을 제조함으로써 미래 원료를 해결할 것처럼 보이지만, 이어지는 두 문단을 이렇게 만들어진 '메탄올'이 과연 미래 원료로 적합한지 의문점이 제시되고 있다. 따라서 제시문의 주제로 보기에는 적절하지 않다.

제1회 모의고사 정답 및 해설

01	02	03	04	05	06	07	08	09	10
①	③	⑤	①	②	③	③	①	②	②
11	12	13	14	15	16	17	18	19	20
③	③	①	③	②	⑤	⑤	③	④	④
21	22	23	24	25	26	27	28	29	30
④	①	①	③	①	③	②	①	⑤	⑤
31	32	33	34	35	36	37	38	39	40
⑤	④	②	④	⑤	②	④	⑤	①	②
41	42	43	44	45	46	47	48	49	50
①	⑤	③	④	④	④	③	②	①	②

01
정답 ①

첫 번째 문단에서 주시경이 늣씨 개념을 도입한 것은 서양의 블룸 필드보다 훨씬 이전이라고 하였으므로 적절하지 않다.

오답분석

② 첫 번째 문단의 '과학적 연구 방법이 전무하다시피 했던 국어학 연구에서, 그는 단어의 원형을 밝혀 적는 형태주의적 입장을 가지고 독자적으로 문법 현상을 분석하고 이론으로 체계화하는 데 힘을 쏟았다.'라는 내용으로 알 수 있다.

③ 세 번째 문단의 '그는 맞춤법을 확립하는 정책에도 자신의 학문적 성과를 반영하고자 했다.'라는 내용으로 알 수 있다.

④ 두 번째 문단의 '그는 언어를 민족의 정체성을 나타내는 징표로 보았으며, 국가와 민족의 발전이 말과 글에 달려 있다고 생각하여 국어 교육에 온 힘을 다하였다.'라는 내용으로 알 수 있다.

⑤ 세 번째 문단의 '1907년에 설치된 국문 연구소의 위원으로 국어 정책을 수립하는 일에도 적극 참여하였다.'라는 내용으로 알 수 있다.

02
정답 ③

제시문은 최근 식도암 발병률이 늘고 있는데, K병원의 조사 결과를 근거로 식도암을 조기 발견하여 치료하면 치료 성공률을 높일 수 있다고 말하고 있다. 따라서 (라) 최근 서구화된 식습관으로 식도암이 증가 → (가) 식도암은 조기에 발견하면 치료 성공률을 높일 수 있음 → (마) K병원이 조사한 결과 초기에 치료할 경우 생존율이 높게 나옴 → (나) 식도암은 조기에 발견할수록 치료 효과가 높았지만 실제로 초기에 치료받는 환자의 수는 적음 → (다) 식도암을 조기에 발견하기 위해서 50대 이상 남성은 정기적으로 검사를 받을 것을 강조 순으로 나열되어야 한다.

03
정답 ⑤

좋은 경청은 상대방과 상호작용하고, 말한 내용에 관해 생각하고, 무엇을 말할지 기대하는 것을 의미한다. 질문에 대한 답이 즉각적으로 이루어질 수 없다고 하더라도 질문을 하려고 하면 오히려 경청하는 데 적극적 태도를 갖게 되고 집중력이 높아질 수 있다.

04
정답 ①

보고서의 형식이나 내용은 누구에게 보고하느냐에 따라 크게 달라지며, 보고 대상이 명시적으로 드러날 수 있도록 주제를 더 구체적으로 표현하면 좋겠다고 하였는데 이러한 논의 내용이 반영되지 않았다.

오답분석

② 특강을 평일에 개최하되 참석 시간을 근무시간으로 인정해 준다면 참석률이 높아질 것 같다고 하였다.

③·④ K공기업 소속 직원에게는 광주광역시가 접근성이 더 좋으며, 특강 참석 대상이 누구인가에 따라 장소를 조정할 필요가 있다고 하였다.

⑤ 강의에 관심이 있는 사람이라면 별도 비용이 있는지, 있다면 구체적으로 금액은 어떠한지 등이 궁금할 것이라고 하였다.

05
정답 ②

- 2021년 대구 지역의 인구 : 982천 명
- 2022년 대구 지역의 인구 : 994천 명
- ∴ 전년 대비 2022년 대구 지역의 인구 증가율 :

$$\frac{994-982}{982} \times 100 ≒ 1.2\%p$$

06
정답 ③

2022년 말 가맹점 52개점을 기준으로 매년 말의 가맹점 수를 계산하면 다음과 같다.

- 2021년 말 : 52−(11−5)=46개점
- 2020년 말 : 46−(1−6)=51개점
- 2019년 말 : 51−(0−7)=58개점
- 2018년 말 : 58−(5−0)=53개점
- 2017년 말 : 53−(1−2)=54개점

따라서 가장 많은 가맹점을 보유하고 있었던 시기는 2019년 말이다.

07
정답 ③

조건의 진술을 순서대로 1), 2), 3)이라 하자.
1) A가 찬성하면 B, C도 찬성한다(A → B∩C).
2) C는 반대한다(~C).
3) D가 찬성한다면 A와 E 중 한 개 이상은 찬성한다(D → A∪E).
따라서 2)에서 C는 반대하므로 1)에서 A도 반대한다.
ㄱ. A, C가 반대이므로 B, D, E 모두 찬성해야 안건이 승인된다.
ㄷ. 'D가 찬성한다면 A와 E 중 한 개 이상의 구는 찬성한다.'가 참이므로 대우 명제 역시 참이다.

오답분석

ㄴ. C가 반대이므로 A도 반대이며 남은 B, D, E 중 B, E가 찬성하는 경우와 D가 반대하는 경우도 있으므로 언제나 B, D, E가 찬성이라 할 수는 없다.

08
정답 ①

첫 번째 조건에서 3종류의 과자를 2개 이상씩 구입했으며, 두 번째 조건을 보면 B과자를 A과자보다 많이 샀고, 세 번째 조건까지 적용하면 3종류의 과자를 구입한 개수는 'A<B≤C'임을 알 수 있다. 따라서 가장 적게 산 A과자를 2개 또는 3개 구입했을 때 구입 방법을 정리하면 다음 표와 같다.

(단위 : 개)

구분	A과자	B과자	C과자
경우 1	2	4	9
경우 2	2	5	8
경우 3	2	6	7
경우 4	2	7	6
경우 5	3	6	6

경우 1은 마지막 조건을 만족시키지 못하므로 제외된다. 그리고 경우 4는 C과자 개수보다 B과자 개수가 더 많으므로 세 번째 조건에 맞지 않는다. 따라서 가능한 방법은 경우 2, 경우 3, 경우 5로 총 3가지이다.
ㄱ. B과자를 살 수 있는 개수는 5개 또는 6개이다.

오답분석

ㄴ. 경우 5에서 C과자는 6개 구입 가능하다.
ㄷ. 경우 5에서 A과자는 3개 구입 가능하다.

09
정답 ②

- 국문 명함 중 50장이 고급 종이로 제작되었으므로 일반 종이로 제작된 명함의 장수는 130−50=80장이다.
  ∴ (1인당 국문 명함 제작비)=10,000+(2,500×3)+(10,000×1.1)=28,500원
- 영문 명함의 장수는 70장이다.
  ∴ (1인당 영문 명함 제작비)=15,000+(3,500×2)=22,000원

따라서 1인당 명함 제작비는 28,500+22,000=50,500원이다.
총비용이 808,000원이므로 신입사원의 수는 808,000÷50,500=16명이다.

10

주어진 내용을 표로 나타내면 다음과 같다.

구분	A	B	C	D	E	합계
가	48	(9)	0	1	7	65
나	2	(3)	(23)	0	0	(28)
기타	55	98	2	1	4	160
전체	105	110	25	2	11	253

ㄱ. E정당은 전체 11명이 당선되었고 그중 가권역에서는 7명이 당선되었으므로 약 64%이다.

ㄷ. C정당 전체 당선자 중 나권역 당선자가 차지하는 비중은 $(23/25) \times 100 = 92\%$이고 A정당 전체 당선자 중 가권역 당선자가 차지하는 비중은 $(48/105) \times 100 = 45.7\%$이므로 2배 이상이다.

오답분석

ㄴ. 가권역의 당선자 수의 합은 65명이고 나권역의 당선자 수의 합은 28명이므로 당선자 수의 합은 가권역이 나권역의 3배 미만이다.

ㄹ. B정당의 당선자 수 중 나권역은 3명이고 가권역은 9명이므로 가권역이 더 많다.

11
정답 ③

주어진 조건에 따라 A ~ E의 이번 주 당직일을 정리하면 다음과 같다.

구분	월	화	수	목	금
경우 1	A, B, E	B	C	D	A, D
경우 2	A, B	B	C	D	A, D, E
경우 3	A, D, E	D	C	B	A, B
경우 4	A, D	D	C	B	A, B, E

따라서 C는 항상 수요일에 혼자 당직을 서므로 반드시 참이 되는 것은 ③이다.

오답분석

① 경우 3·4의 경우 B는 월요일에 당직을 서지 않는다.
② 경우 1·2의 경우 B는 금요일에 당직을 서지 않는다.
④ 경우 3·4의 경우 D는 금요일에 당직을 서지 않는다.
⑤ 경우 1·3의 경우 E는 금요일에 당직을 서지 않는다.

12
정답 ③

A와 B음식점 간 가장 큰 차이를 보이는 부문은 분위기이다(A : 약 4.5, B : 1).

13
정답 ①

조건을 반영하여 B의 판매량을 기준으로 표를 정리하면 다음과 같다.

간편식	A	B	C	D	E	F	평균
판매량	95	b	95	b	b−23	43	70

이 값을 토대로 평균을 통해 B의 판매량을 구해 보면 70개가 되며 E의 판매량은 47개가 된다.

14
정답 ③

제시된 자료와 상황의 내용을 이용해 투자액에 따른 득실을 정리하면 다음과 같다.

구분		투자액	감면액	득실
1등급	최우수	2억 1천만 원	2억 4천만 원	+3,000만 원
	우수	1억 1천만 원	1억 6천만 원	+5,000만 원
2등급	최우수	1억 9천만 원	1억 6천만 원	−3,000만 원
	우수	9천만 원	8천만 원	−1,000만 원

따라서 옳은 것은 ㄱ, ㄴ이다.

오답분석

ㄷ. 2등급을 받기 위해 투자한 경우, 최소 1,000만 원에서 최대 3,000만 원의 경제적 손실을 입는다.

15
정답 ②

예상되는 평가점수는 63점이고 에너지 효율이 3등급이기 때문에 취·등록세액 감면 혜택을 받을 수 없다. 추가 투자를 통해서 평가점수와 에너지 효율을 높여야 취·등록세액 감면 혜택을 받게 된다.

오답분석

① 현재 신축 건물의 예상되는 친환경 건축물 평가점수는 63점으로 우량 등급이다.
③ 친환경 건축물 우수 등급, 에너지 효율 1등급을 받을 때, 경제적 이익이 극대화된다.
④·⑤ 예산 관리는 활동이나 사업에 소요되는 비용을 산정하고, 예산을 편성하는 것뿐만 아니라 예산을 통제하는 것 모두를 포함한다고 할 수 있다.

16
정답 ⑤

ㄱ. 미생물 종류에 관계없이 평상시 미생물 밀도가 가장 낮은 지역은 B이고, 황사 발생 시 미생물 밀도가 가장 낮은 지역도 B이다.

ㄷ. 황사 발생 시 미생물 Y의 밀도를 평상시와 비교해 볼 때, 증가율이 가장 큰 곳은 B지역(약 26.4배 증가)이다.

ㄹ. 황사 발생 시에는 지역과 미생물의 종류에 관계없이 평상시보다 미생물 밀도가 높다.

오답분석

ㄴ. 지역에 관계없이 미생물 X는 다른 미생물에 비해 평상시와 황사 발생 시 밀도 차이가 가장 작다.

17

그래프를 보면 A국과 C국의 웰빙지수 차이가 가장 작은 항목은 '안전'이다. 그러나 B국과 D국의 '안전' 항목에서의 웰빙지수의 차이는 '교육', '건강' 항목에서의 차이보다 크다.

오답분석

① 그래프를 통해 A국의 항목당 웰빙지수의 근삿값을 구하면

항목	지수	항목	지수
소득	5.5	사회관계	8
노동시장	7.8	시민참여	6.5
주거	6.8	환경	8.7
일·가정 양립	8.9	안전	9
건강	8	주관적 만족도	8.8
교육	7.3	–	–

각 항목의 웰빙지수의 합은 $5.5+7.8+6.8+8.9+8+7.3+8+6.5+8.7+9+8.8=85.3$이다. 따라서 A국의 종합웰빙지수는 $\frac{85.3}{11} ≒ 7.75$로, 7 이상이다.

② 그래프를 통해 B국의 항목당 웰빙지수의 근삿값을 구하면

항목	지수	항목	지수
소득	4.2	사회관계	7.2
노동시장	6.1	시민참여	5
주거	5.7	환경	7.5
일·가정 양립	8	안전	8.8
건강	7.1	주관적 만족도	5.6
교육	6	–	–

각 항목의 웰빙지수의 합은 $4.2+6.1+5.7+8+7.1+6+7.2+5+7.5+8.8+5.6=71.2$이다. 그러므로 B국의 종합웰빙지수는 $\frac{71.2}{11} ≒ 6.47$이다.

그래프를 통해 D국의 항목당 웰빙지수의 근삿값을 구하면

항목	지수	항목	지수
소득	3.8	사회관계	6.3
노동시장	6.4	시민참여	5.2
주거	5.5	환경	7.2
일·가정 양립	7	안전	8.4
건강	6.8	주관적 만족도	6.5
교육	6.2	–	–

각 항목의 웰빙지수의 합은 $3.8+6.4+5.5+7+6.8+6.2+6.3+5.2+7.2+8.4+6.5=69.3$이다. 그러므로 D국의 종합웰빙지수는 $\frac{69.3}{11}=6.3$이다. 따라서 B국과 D국의 종합웰빙지수의 차는 $6.47-6.3=0.17$이므로 1 미만이다.

③ D국의 웰빙지수가 B국보다 높은 항목은 '노동시장', '교육', '시민참여', '주관적 만족도'이다. 즉, 전체 11개 항목 중 4개의 항목의 웰빙지수가 B국보다 높으므로 D국의 웰빙지수가 B국보다 높은 항목의 수는 전체 항목 수의 50% 미만이다.

④ 그래프를 통해 A국과 C국 모두 웰빙지수가 가장 낮은 항목은 '소득'임을 알 수 있다.

18
정답 ③

1일 구입량을 x개, 1일 판매량을 y개, 현재 보유량을 A개라 하면

$A+60x=60y \cdots \text{㉠}$

$A+(0.8x×40)=40y \rightarrow A+32x=40y \cdots \text{㉡}$

㉠−㉡을 하면

$28x=20y \rightarrow 7x=5y \cdots \text{㉢}$

60일 동안 판매하기 위한 감소 비율을 k라 하면

$A+(0.8x×60)=(1-k)×y×60$

$\rightarrow 60y-60x+48x=(1-k)×y×60 \ (∵ \text{㉠})$

$\rightarrow 12x=60ky$

$\rightarrow \frac{60}{7}y=60ky \ (∵ \text{㉢})$

$∴ k=\frac{1}{7}$

19
정답 ④

게임 규칙과 결과를 토대로 경우의 수를 따져보면 다음과 같다.

라운드	벌칙 제외	총 퀴즈 개수
3	A	15개
4	B	19개
5	C	21개
	D	
	C	22개
	E	
	D	22개
	E	

ㄴ. 총 22개의 퀴즈가 출제되었다면, E는 정답을 맞혀 벌칙에서 제외된 것이다.

ㄷ. 게임이 종료될 때까지 총 21개의 퀴즈가 출제되었다면 C, D가 벌칙에서 제외된 경우로 5라운드에서 E에게는 정답을 맞힐 기회가 주어지지 않았다. 따라서 퀴즈를 푸는 순서가 벌칙을 받을 사람 선정에 영향을 미친다.

오답분석

ㄱ. 5라운드까지 4명의 참가자가 벌칙에서 제외되었으므로 정답을 맞힌 퀴즈는 8개, 벌칙을 받을 사람은 5라운드까지 정답을 맞힌 퀴즈는 0개나 1개이므로 총 정답을 맞힌 퀴즈는 8개나 9개이다.

20

도표의 작성 절차
1. 어떠한 도표로 작성할 것인지 결정
2. 가로축과 세로축에 나타낼 것을 결정
3. 가로축과 세로축의 눈금의 크기를 결정
4. 자료를 가로축과 세로축이 만나는 곳에 표시
5. 표시된 점에 따라 도표 작성
6. 도표의 제목 및 단위 표시

21

정답 ④

D는 부양능력이 있는 며느리와 함께 살고 있으므로 기초생활수급자 선정 기준에 해당되지 않는다.

오답분석

① A의 소득인정액은 $(100-20)+12=92$만 원인데, 이는 3인 가구의 최저생계비인 94만 원보다 적으므로 기초생활수급자에 해당한다.
② B의 소득인정액은 $(0-30)+36=6$만 원인데, 이는 1인 가구의 최저생계비인 42만 원보다 적으므로 기초생활수급자에 해당한다.
③ C의 소득인정액은 $(80-22)+24=82$만 원인데, 이는 3인 가구의 최저생계비인 94만 원보다 적으므로 기초수급자에 해당한다.
⑤ E의 소득인정액은 $(60-30)+36=66$만 원인데, 이는 2인 가구의 최저생계비인 70만 원보다 적으므로 기초수급자에 해당한다.

22

정답 ①

지급 방식에 따라 가입자 A ~ D의 탄소포인트를 계산하면 다음과 같다.

구분	A	B	C	D
전기	0	10,000	10,000	5,000
수도	2,500	2,500	1,250	2,500
가스	5,000	5,000	5,000	2,500
총합	7,500	17,500	16,250	10,000

따라서 탄소포인트를 가장 많이 지급받는 가입자는 B, 가장 적게 지급받는 가입자는 A임을 알 수 있다.

23

정답 ①

5급 공무원과 7급 공무원 채용 인원 모두 2016년부터 2019년까지 전년 대비 증가했고, 2020년에는 전년 대비 감소했다.

오답분석

ⓒ 2020년 채용 인원은 5급 공무원이 23백 명, 7급 공무원이 47백 명으로 7급 공무원 채용인원이 5급 공무원 채용 인원의 2배인 $23\times2=46$백 명보다 많다.
ⓒ 2013년부터 2022년까지 전년 대비 채용 인원의 증감량이 가장 많은 해는 5급 공무원의 경우 2020년일 때 전년 대비 $23-28=-5$백 명이 감소했고, 7급 공무원의 경우 2013년일 때 전년 대비 $38-31=7$백 명이 증가했다.
ⓒ 2012년부터 2022년까지 채용 인원이 가장 적은 해는 5급과 7급 공무원 모두 2012년이며, 가장 많은 해는 2019년이다. 따라서 2019년과 2012년의 채용 인원 차이는 5급 공무원이 $28-18=10$백 명, 7급 공무원은 $49-31=18$백 명으로 7급 공무원이 더 크다.

24

정답 ③

비싼 순서로 나열하면 소고기＞오리고기＞돼지고기＞닭고기 순서임을 알 수 있다. 따라서 A와 B 모두 옳은 내용이다.

25

정답 ①

폐렴 보균자일 확률을 $P(A)$, 항생제 내성이 있을 확률을 $P(B)$라고 가정하면 항생제 내성이 있는 사람들 중 폐렴 보균자인 사람의 확률은 $P(A\,|\,B)=\dfrac{P(A\cap B)}{P(B)}=\dfrac{P(A)\times P(B)}{P(B)}=\dfrac{0.2\times0.75}{0.75}=0.2$, 즉 20%이다(두 사건은 독립이므로 공식이 성립한다).

26

정답 ③

적극적 경청의 4가지 구성요소는 몰입, 입장 전환, 수용, 완전성이다.

27

정답 ②

지방자치단체가 동일한 공립 박물관 설립에 대해서 3회 연속으로 사전평가 부적정 판정을 받은 경우, 그 박물관 설립에 대해 향후 1년간 사전평가 신청이 불가능하므로 C는 병 박물관에 대한 2024년 상반기 사전평가를 신청할 수 없다.

오답분석

ㄱ. 국비 지원 여부와 관계없이 지방자치단체가 공립 미술관을 설립하려는 경우 사전평가를 받아야 한다.
ㄴ. 사전평가에서 적정으로 판정되는 경우, 지방자치단체는 부지 매입비를 제외한 건립비의 최대 40%를 국비로 지원받을 수 있으므로 B는 건물 건축비 40억 원에 대해 최대 16억 원까지 국비를 지원받을 수 있다.

28
정답 ①

제시문의 내용은 청나라에 맞서 싸우자는 척화론이다. ①은 척화론과 동일한 주장을 하고 있으므로 비판 내용으로 적절하지 않다.

29
정답 ⑤

제시문은 미세먼지 특별법 제정과 시행 내용에 대해 설명하고 있다. 따라서 ⑤가 기사의 제목으로 가장 적절하다.

30
정답 ⑤

세 번째 문단에서 저작권의 의의는 인류의 지적 자원에서 영감을 얻은 결과물을 다시 인류에게 되돌려 주는 데 있다고 하였으므로 ⑤의 내용은 적절하지 않다.

31
정답 ⑤

ⓒ 이미 우수한 연구개발 인재를 확보한 것이 강점이므로, 추가로 우수한 연구원을 채용하는 것은 WO전략으로 적절하지 못하다. 기회인 예산을 확보하면, 약점인 전력 효율성이나 국민적 인식 저조를 해결하는 전략을 세워야 한다.

ⓔ 세계의 신재생에너지 연구(O)와 전력 효율성 개선(W)을 활용하므로 WT전략이 아닌 WO전략에 대한 내용이다. WT전략은 위협인 높은 초기 비용에 대한 전략이 나와야 한다.

32
정답 ④

ㄴ. • 2021년 : $279 \times 17.1 ≒ 4,771$개
   • 2022년 : $286 \times 16.8 ≒ 4,805$개

ㄹ. • 2020년 : $273 \times 85 = 23,205$억 원
   • 2021년 : $279 \times 91 = 25,389$억 원
   • 2022년 : $286 \times 86.7 = 24,796.2$억 원

오답분석

ㄱ. • 2022년 창업보육센터 지원금액의 전년 대비 증가율
   : $\frac{353-306}{306} \times 100 ≒ 15.4\%p$

   • 2022년 창업보육센터 수의 전년 대비 증가율
   : $\frac{286-279}{279} \times 100 ≒ 2.5\%p$

   따라서 $2.5 \times 5 = 12.5 < 15.4$이므로 옳은 설명이다.

ㄷ. 자료를 통해 쉽게 확인할 수 있다.

33
정답 ②

ㄱ. 기술개발을 통해 연비를 개선하는 것은 막대한 R&D 역량이라는 강점으로, 휘발유의 부족 및 가격의 급등이라는 위협을 회피하거나 최소화하는 전략에 해당하므로 적절하다.

ㄹ. 생산설비에 막대한 투자를 했기 때문에 차량모델 변경의 어려움이라는 약점이 있는데, 레저용 차량 전반에 대한 수요 침체 및 다른 회사들과의 경쟁이 심화되고 있으므로 생산량 감축을 고려할 수 있다.

ㅁ. 생산 공장을 한 곳만 가지고 있다는 약점이 있지만 새로운 해외시장이 출현하고 있는 기회를 살려서 국내 다른 지역이나 해외에 공장들을 분산 설립할 수 있을 것이다.

ㅂ. 막대한 R&D 역량이라는 강점을 이용하여 휘발유의 부족 및 가격의 급등이라는 위협을 회피하거나 최소화하기 위해 경유용 레저 차량 생산을 고려할 수 있다.

오답분석

ㄴ. 소형 레저용 차량에 대한 수요 증대라는 기회 상황에서 대형 레저용 차량을 생산하는 것은 적절하지 않은 전략이다.

ㄷ. 차량모델 변경의 어려움이라는 약점을 보완하는 전략도 아니고, 소형 또는 저가형 레저용 차량에 대한 선호가 증가하는 기회에 대응하는 전략도 아니다. 또한, 차량 안전 기준의 강화 같은 규제 강화는 기회 요인이 아니라 위협 요인이다.

ㅅ. 기회는 새로운 해외 시장의 출현인데 내수 확대에 집중하는 것은 기회를 살리는 전략이 아니다.

34
정답 ④

사냥꾼은 사냥감으로 자기 자루를 최대한 채우는 것, 즉 세상을 이용하는 것에만 관심이 있으므로 옳은 내용이다.

오답분석

① 유토피아는 인간의 지혜로 설계된 세계라는 점에서 인간이 지향하는 것이라는 것까지는 알 수 있으나 그것을 신이 완성하는지의 여부는 언급되어 있지 않다.

② 정원사는 자신이 생각해 놓은 대로 대지를 디자인한다는 점에서 인간의 적극적인 개입을 지향한다는 점을 알 수 있다.

③ 산지기는 신의 설계에 담긴 자연적 균형을 유지하는 태도를 지니고 있다. 그런데 유토피아라는 것은 인간이 원하는 대로 인간의 지혜로 설계된 세계이므로 산지기는 이러한 유토피아를 꿈꾸는 것 자체를 하지 않는다고 볼 수 있다.

⑤ 산지기는 신이 부여한, 즉 신의 설계에 담긴 지혜와 조화, 질서가 존재한다고 하였으나 나머지 두 유형에서는 그에 대한 언급이 없다. 오히려 정원사는 그런 질서가 존재하지 않으므로 인간이 개입해야 한다는 입장이고, 사냥꾼은 아예 그런 질서에 대해서 관심 자체가 없다.

35

오답분석

ⓛ 자신에게 직접적인 도움을 줄 수 있는 사람들을 관리하는 것은 개인 차원에서의 인적자원관리로 인맥 관리이다.

> **효율적이고 합리적인 인사관리 원칙**
> • 공정 보상의 원칙 : 근로자의 인권을 존중하고, 공헌도에 따라 노동의 대가를 공정하게 지급해야 한다.
> • 적재적소 배치의 원리 : 해당 직무 수행에 가장 적합한 인재를 배치해야 한다.
> • 종업원 안정의 원칙 : 직장에서 신분이 보장되고, 계속해서 근무할 수 있다는 믿음을 갖게 하여 근로자가 안정된 회사 생활을 할 수 있도록 해야 한다.
> • 창의력 계발의 원칙 : 근로자가 창의력을 발휘할 수 있도록 새로운 제안, 건의 등의 기회를 마련하고, 적절한 보상을 하여 인센티브를 제공해야 한다.
> • 단결의 원칙 : 직장 내에서 구성원들이 소외감을 갖지 않도록 배려하고, 서로 유대감을 가지고 협동·단결하는 체제를 이루도록 해야 한다.
> • 공정 인사의 원칙 : 직무 배당, 승진, 상벌, 근무 성적의 평가, 임금 등을 공정하게 처리해야 한다.

36

첫 번째 문단의 '제로섬(Zero - sum)적인 요소를 지니는 경제 문제'와 두 번째 문단의 '우리 자신의 수입을 보호하기 위해 경제적 변화가 일어나는 것을 막거나, 사회가 우리에게 손해를 입히는 공공정책이 강제로 시행되는 것을 막기 위해 싸울 것'에 대한 것이 글의 핵심 주장이다. 따라서 제시문은 사회경제적인 총합이 많아지는 정책, 즉 '사회의 총 생산량이 많아지게 하는 정책이 좋은 정책'이라는 주장에 대한 비판이라고 할 수 있다.

37

주어진 조건을 표로 나타내면 다음과 같다.

구분	월요일	화요일	수요일	목요일	금요일
A	○		×	○	
B	○	×	×	○	○
C	○		×	○	
D			○	○	
E	○	○	×	○	×

따라서 수요일에 야근하는 사람은 D이다.

38

볼펜 1자루, A4 용지 1set, 공책 1set, 형광펜 1set의 단가를 각각 a, b, c, d원이라 하자. 4개의 영수증의 금액을 식으로 나타내면 다음과 같다.

$a+b+c=9,600 \cdots$ ㉠
$a+b+d=5,600 \cdots$ ㉡
$b+c+d=12,400 \cdots$ ㉢
$a+2d=6,800 \cdots$ ㉣

㉣과 ㉠을 연립하면 $b+c-2d=2,800 \cdots$ ㉤
㉤과 ㉢을 연립하면 $3d=9,600 \rightarrow d=3,200$
이를 ㉣에 대입하면 $a=400$, $b=2,000$, $c=7,200$
따라서 볼펜 2자루와 형광펜 3set의 합계 금액은 $2\times400+3\times3,200=10,400$원이고, 공책 4set의 금액은 $4\times7,200=28,800$원이다.

39

'3·1운동!' 중 마지막 부호는 느낌표이고 느낌표는 '6600'이라고 했으므로 보기 중 6600으로 끝나는 경우는 ①, ②, ④이다. '3·1'에서 가운뎃점은 8000이므로 ①, ②가 후보가 된다. 두 수를 비교할 때 차이가 나는 부분은 '동'의 모음인 'ㅗ'(34)이다. 따라서 바르게 변환한 것은 ①이다.

40

ㄴ. '모든 숫자를 붙여 쓰기 때문에 상당히 길지만 네 자리씩 끊어 읽으면 된다.'를 통해 W - K 암호체계에서 한글 단어를 변환한 암호문의 자릿수는 4의 배수라는 것을 알 수 있다.
ㄷ. 1830/0015/2400에서 다음과 같다.

18 〈자음〉	30 〈모음〉	0015 〈받침〉	24 〈자음〉	00 〈모음〉
ㅇ	ㅏ	ㅁ	ㅎ	없음

모음은 '30 ~ 50'에 순서대로 대응하며 '24' 뒤에는 모음이 와야 하는데 '00'이 왔으므로 한글 단어로 대응되지 않아 해독될 수 없다.

오답분석

ㄱ. 1945년 3월 중국에서 광복군과 함께 특수훈련을 하고 있었으며 이 시기에 선생은 한글 암호인 W - K(우전킴) 암호를 만들었다고 하였다.
ㄹ. W - K 암호체계에서 한글 '궤'는 '11363239'가 아니라 '1148'이다.

11〈자음〉	48〈모음〉	3239
ㄱ	ㅞ	x

41
정답 ①

두 번째 문단에 따르면 직계존비속 증여의 경우 5,000만 원까지 증여세를 면제받을 수 있다.

오답분석
② 두 번째 문단에 따르면 부부간 증여의 경우 6억 원까지 증여세를 면제받을 수 있다.
③ 첫 번째 문단에 따르면 정부의 '12·16 대책'에 따라 투기과열지구에서 9억 원을 초과하는 주택을 구매한 경우 자금조달계획서와 함께 증빙서류를 제출해야 한다.
④ 세 번째 문단에 따르면 앞으로는 계획서에 조달한 자금을 어떻게 지급할지에 대한 구체적인 계획을 계좌이체, 대출 승계, 현금 지급 등으로 나누어 상세히 밝혀야 한다.
⑤ 세 번째 문단에 따르면 기존에는 현금과 그와 비슷한 자산은 '현금 등'으로 기재하였으나, 앞으로는 현금과 기타자산을 나누고 기타자산은 무엇인지 구체적으로 밝혀야 한다.

42
정답 ⑤

오답분석
ㄴ. 방송에서 착공 후 가장 많이 보도된 분야는 공정이다.

43
정답 ③

ⅰ) A씨(8개월)
- 처음 3개월 : 220만×0.8=176만 원 → 150만 원(∵ 상한액)
  ∴ 150만×3=450만 원
- 나머지 기간 : 220만×0.4=88만 원
  → 88만×5=440만 원
  그러므로 450만+440만=890만 원

ⅱ) B씨(1년, 아빠의 달+둘째)
- 처음 3개월 : 300만×1.0=300만 원 → 200만 원(∵ 상한액)
  ∴ 200만×3=600만 원
- 나머지 기간 : 300만×0.4=120만 원 → 100만 원(∵ 상한액)
  ∴ 100만×9=900만 원
  그러므로 600만+900만=1,500만 원

ⅲ) C씨(6개월)
- 처음 3개월 : 90만×0.8=72만 원
  ∴ 72만×3=216만 원
- 나머지 기간 : 90만×0.4=36만 원 → 50만 원(∵ 하한액)
  ∴ 50만×3=150만 원
  그러므로 216만+150만=366만 원

따라서 세 사람이 받을 수 있는 육아휴직 급여는 890만+1,500만+366만=2,756만 원이다.

44
정답 ④

중요도와 긴급성에 따라 우선순위를 둔다면 1순위는 회의 자료 준비이다. 업무 보고서는 내일 오전까지 시간이 있으므로 회의 자료를 먼저 준비해야 한다. 그러므로 4번이 가장 좋은 행동이라 할 수 있다. 반면 1번은 첫 번째 우선순위로 놓아야 할 회의 자료 작성을 전혀 고려하지 않고 있으므로 적절하지 않은 행동이라 할 수 있다.

45
정답 ④

논리의 흐름에 따라 순서를 나열해 보면, '문화 변동은 수용 주체의 창조적·능동적 측면과 관련되어 이루어짐 → (나) 수용 주체의 창조적·능동적 측면은 외래문화 요소의 수용을 결정지음 → (다) 즉, 문화의 창조적·능동적 측면은 내부의 결핍 요인을 자체적으로 극복하려 노력하나 그렇지 못할 경우 외래 요소를 수용함 → (가) 결핍 부분에 유용한 부분만을 선별적으로 수용함 → 다시 말해 외래문화는 수용 주체의 내부 요인에 따라 수용 여부가 결정됨'의 순서로 나열해야 한다.

46
정답 ④

첫 번째와 두 번째 구매 지침은 A∼E제품 모두 만족한다. 세 번째 구매 지침에 따라 지폐 두께 조절이 불가능한 C제품과 E제품이 제외되고, 네 번째 구매 지침에 따라 A제품도 제외된다. 따라서 B제품과 D제품 중에 가격이 더 저렴한 D제품을 선택할 것이다.

47
정답 ③

과업세부도는 세부 과업을 체계적으로 구분해 놓은 그래프를 말한다. 과업세부도를 활용함으로써 과제에 필요한 활동이나 과업을 구체적으로 파악할 수 있고, 이에 따라 정확한 예산 배분이 가능하다.

48
정답 ②

먼저 단일 항목을 언급하고 있는 세 번째 조건을 살펴보면, 명절 인사를 할 때 B를 1차 선택한 사람이 461명이라고 하였으므로 x는 45.6이다.
다음으로 마지막 조건을 살펴보면 사과할 때 문자메시지의 사용 비율이 모든 매체와 상황의 조합 중에서 가장 낮다(3.0)고 하였으므로 E는 사과, A는 문자메시지임을 알 수 있다.
이제 두 번째 조건을 살펴보면, D와 F 중 2차 선택에서 문자메시지(A)를 가장 많이 이용하는 것은 F뿐이므로 F를 약속 변경과 연결시킬 수 있으며, 약속 변경을 할 때 1차 선택에서 전화를 가장 많이 이용한다고 하였으므로 B를 전화로 연결시킬 수 있다.
따라서 남은 D는 부탁, C는 면 대 면이 된다.

49

보기에서 활용된 분리 원칙은 '전체와 부분의 분리'이다. 이는 모순되는 요구를 전체와 부분으로 분리해 상반되는 특성을 모두 만족시키는 원리이다. 보기에서는 안테나 전체의 무게를 늘리지 않고 가볍게 유지하면서 안테나의 한 부분인 기둥의 표면을 거칠게 만들어 눈이 달라붙도록 하여 지지대를 강화하였다. ①의 경우 자전거 전체의 측면에서는 동력을 전달하기 위해서 유연해야 하고, 부분의 측면에서는 내구성을 갖추기 위해 단단해야 하는 2개의 상반되는 특성을 지닌다. 따라서 보기와 ①은 '전체와 부분에 의한 분리'의 사례이다.

오답분석
②·④ '시간에 의한 분리'에 대한 사례이다.
③·⑤ '공간에 의한 분리'에 대한 사례이다.

50
정답 ②

ㄱ. 전체 경쟁력 점수는 E국(460점)이 D국(459점)보다 높다.
ㄷ. C국을 제외하고, 각 부문에서 경쟁력 점수가 가장 높은 국가와 가장 낮은 국가의 차이가 가장 큰 부문은 변속감(19점)이고, 가장 작은 부문은 연비(9점)이다.
ㄹ. 내구성 부문에서 경쟁력 점수가 가장 높은 국가는 B국(109점)이고, 경량화 부문에서 경쟁력 점수가 가장 낮은 국가는 D국(85점)이다.

오답분석
ㄴ. 경쟁력 점수가 가장 높은 부문과 가장 낮은 부문의 차이가 가장 큰 국가는 D국(22점)이고, 가장 작은 국가는 C(8점)이다.
ㅁ. 전체 경쟁력 점수가 가장 높은 국가는 A국(519점)이다.

NCS 핵심영역 최종모의고사

제2회 모의고사 정답 및 해설

01	02	03	04	05	06	07	08	09	10
②	⑤	④	③	①	②	③	②	①	②
11	12	13	14	15	16	17	18	19	20
②	⑤	①	③	①	④	①	②	②	③
21	22	23	24	25	26	27	28	29	30
①	③	④	④	⑤	⑤	④	③	②	⑤
31	32	33	34	35	36	37	38	39	40
⑤	④	④	②	①	②	①	③	①	④
41	42	43	44	45	46	47	48	49	50
③	④	④	③	③	⑤	④	①	④	⑤

01
정답 ②

㉠, ㉢, ㉣, ㉤은 문서적인 의사소통 활동인 반면, ㉡은 언어적인 의사소통 활동에 해당한다.

02
정답 ⑤

제시문에서 주어진 조건들을 만족하는 원형 판의 형태는 다음과 같다. 비율만 같다면 아래의 수치가 아니라 어떠한 수치일지라도 상관없다.

구분	지름	두께
A	2	1
B	1	1
C	2	2

다음으로 B의 진동수를 1로 놓고 나머지 A와 C의 진동수를 계산해보면 다음과 같다.

구분	지름	두께	진동수
A	2	1	1/4
B	1	1	1
C	2	2	1/2

이를 정리하면 B의 진동수는 A의 4배이며, C의 진동수는 A의 2배임을 알 수 있다. 여기서 제시문의 마지막 문장을 활용하면 B는 A보다 두 옥타브 높은 음을 내고, C는 A보다 한 옥타브 높은 음을 낸다는 것을 추론할 수 있다.

03
정답 ④

- 원금 : 1,000,000원
- 첫째 날 주식가격(10% 상승)
 : 1,000,000×(1+0.1)=1,100,000원
- 둘째 날 주식가격(20% 상승)
 : 1,100,000×(1+0.2)=1,320,000원
- 셋째 날 주식가격(10% 하락)
 : 1,320,000×(1−0.1)=1,188,000원
- 넷째 날 주식가격(20% 하락)
 : 1,188,000×(1−0.2)=950,400원

따라서 손실액은 1,000,000−950,400=49,600원이다.

오답분석

① 둘째 날 매도하였을 때 매도가격은 1,320,000원이다. 따라서 수익률은 $\frac{1,320,000-1,000,000}{1,000,000}×100=32\%$이다.

② 셋째 날의 수익률은 $\frac{1,188,000-1,000,000}{1,000,000}×100=18.8\%$ 이다.

③·⑤ 매도가격은 950,400원으로 원금보다 적기 때문에 손실을 보았다.

04
정답 ③

퍼실리테이션(Facilitation)은 '촉진, 간편화' 등을 의미하며, 어떤 그룹이나 집단이 의사결정을 잘할 수 있도록 도와주는 일을 가리킨다. 소프트 어프로치나 하드 어프로치 방법은 타협점의 단순 조정에 그치지만, 퍼실리테이션에 의한 방법은 초기에 생각하지 못했던 창조적인 해결 방법을 도출한다. 동시에 구성원의 동기가 강화되고 팀워크도 한층 강화된다는 특징을 보인다.

오답분석

① 델파이법 : 전문가들에게 개별적으로 설문을 전하고 의견을 받고 반복 수정하는 절차를 거쳐서 문제해결에 대한 의사결정을 하는 방법이다.

② 명목집단법 : 참석자들로 하여금 서로 대화에 의한 의사소통을 못하게 하고, 서면으로 의사를 개진하게 함으로써 집단의 각 구성원들이 마음속에 생각하고 있는 바를 끄집어내 문제해결을 도모하는 방법이다.

④ 하드 어프로치 : 문화적 토양이 서로 다른 구성원을 가정해 서로의 생각을 직설적으로 주장하고 논쟁이나 협상을 통해 의견을 조정해 가는 방법이다. 이러한 방법은 합리적이지만, 잘못하면 단순한 이해관계의 조정에 머무를 수 있으므로 그것만으로는 창조적인 아이디어나 높은 만족감을 이끌어 내기 어렵다.

⑤ 소프트 어프로치 : 대부분의 기업에서 볼 수 있는 전형적인 스타일로, 조직 구성원들은 같은 문화적 토양을 가지고 이심전심으로 서로를 이해하는 상황을 가정한다. 소프트 어프로치에서는 문제해결을 위해서 직접 표현하는 것이 바람직하지 않다고 여기며, 무언가를 시사하거나 암시를 통하여 의사를 전달하고 기분을 서로 통하게 함으로써 문제해결을 도모하려 한다.

05   정답 ①

흔히 우리는 창의적 사고가 특별한 사람들만이 할 수 있는 대단한 능력이라고 생각하지만, 우리는 일상생활에서 창의적 사고를 끊임없이 하고 있으며, 이러한 창의적 사고는 누구에게나 있는 능력이다. 예를 들어 어떠한 일을 할 때 더 쉬운 방법이 없을까 고민하는 것 역시 창의적 사고 중 하나로 볼 수 있다.

오답분석
② · ③ · ④ · ⑤ 모두 창의적 사고에 대한 옳은 설명이다. 이밖에도 창의적 사고란 발산적(확산적) 사고로서, 아이디어가 많고 다양하고 독특한 것을 의미한다. 이때 아이디어란 통상적인 것이 아니라 기발하거나 신기하며 독창적인 것이어야 하며, 또한 유용하고 적절하며 가치가 있어야 한다.

06   정답 ②

고객이 5일 이내에 안전하게 배송을 받으려면 D센터 또는 G센터를 이용해야 한다. 또한, 물품의 부피 무게는 약 10.8lbs, 실무게는 7.5lbs이다. 그러므로 D센터를 이용할 경우 배송 요금은 부가세를 포함하여 26+7.5=33.5$, G센터를 이용할 경우 배송 요금은 32+(2×2)+3.75=39.75$가 된다. 따라서 D센터를 이용하면 가장 저렴한 가격인 33.5$에 이용할 수 있다.

07   정답 ③

먼저 박스 안에 모든 상품이 들어갈 수 있는지 확인해야 하므로, 각 상품을 통틀어 길이가 가장 긴 상품을 기준으로 박스를 선택하여 상품을 그 안에 나열해 보고, 공간이 부족하면 그보다 큰 박스를 고려해 본다.

1) 합포장 상자의 크기
- A고객 : $21 \times 21 \times 21$(인치)
- B고객 : $15 \times 15 \times 15$(인치)
- C고객 : $18 \times 18 \times 18$(인치)

2) 실무게
- A고객 : $12.5+33.3+10.2+0.84 ≒ 56.9$lbs
- B고객 : $4.5+2.7+0.5+4.2+0.15 ≒ 12.1$lbs
- C고객 : $24.3+15.1+0.31 ≒ 39.7$lbs

3) 부피 무게
- A고객 : $\dfrac{21 \times 21 \times 21}{166} ≒ 55.8$lbs
- B고객 : $\dfrac{15 \times 15 \times 15}{166} ≒ 20.3$lbs
- C고객 : $\dfrac{18 \times 18 \times 18}{166} ≒ 35.1$lbs

그러므로 A고객과 C고객의 상품은 실무게로, B고객의 상품은 부피 무게로 요금을 계산해야 한다. 각각의 배송 요금을 구하면 다음과 같다.
- A고객의 배송 요금 : $32+(47÷0.5)×2=220$$
- B고객의 배송 요금 : $32+(10÷0.5)×2=72$$
- C고객의 배송 요금 : $32+(30÷0.5)×2=152$$

따라서 배송 요금의 총합은 220+72+152=444$이다.

08   정답 ②

㉠ · ㉡ 10진법은 0, 1, 2, ⋯, 9의 10개의 숫자를 한 묶음으로 하여 1자리씩 올려가는 방법으로 1, 10, 100, 1,000, ⋯ 과 같이 10배마다 새로운 자리로 옮겨가는 기수법이다. 이는 사람의 손가락 수에 의해 유래하였으며 현재 가장 널리 사용되고 있다.

오답분석
㉢ 2진법은 0, 1의 2개의 숫자를 한 묶음으로 하여 1자리씩 올려가는 기수법인데, 2진법에서 10001을 10진법으로 변환하면 $10001_{(2)} = (1×2^4)+(0×2^3)+(0×2^2)+(0×2^1)+(1×2^0)$ $=16+1=17$이다.

09   정답 ①

사은품 구성 물품과 수량이 1개라도 부족해서는 안 되므로, 각 물품마다 몇 명에게 줄 수 있는지 먼저 산출한 뒤 사은품을 줄 수 있는 최대 인원을 결정한다. 각티슈는 1개씩 들어가므로 200명, 위생장갑은 1팩씩 들어가므로 250명, 롤팩은 3개씩 들어가므로 200명, 물티슈는 2개씩 들어가므로 200명, 머그컵은 1개씩 들어가므로 150명에게 줄 수 있다. 따라서 사은품을 줄 수 있는 최대 인원은 150명이다.

10   정답 ②

일반열차가 쉬지 않고 부산에 도착하는 데 걸리는 시간은 400km÷160km/h=2.5h, 즉 2시간 30분이고, 중간에 4개 역에서 10분씩 정차하므로 총 40분의 지연이 발생한다. 그러므로 A씨가 부산에 도착하는 시각은 오전 10시+2시간 30분+40분=오후 1시 10분이다.

반면에, 급행열차가 쉬지 않고 부산에 도착하는 데 걸리는 시간은 400km÷200km/h=2h, 즉 2시간이다.

따라서 B씨가 급행열차를 타고 A씨와 동시에 부산에 도착하려면 오후 1시 10분−2시간=오전 11시 10분에 급행열차를 타야 한다.

11
정답 ②

제시문의 실험 결과에 따르면 학습 위주 경험을 하도록 훈련시킨 실험군 1의 쥐는 뇌 신경세포 한 개당 시냅스의 수가, 운동 위주 경험을 하도록 훈련시킨 실험군 2의 쥐는 모세혈관의 수가 크게 증가했다고 나와 있다.

오답분석

① 실험 결과에 따르면 실험군 1의 쥐는 대뇌 피질의 지각 영역에서, 실험군 2의 쥐는 대뇌 피질의 운동 영역에서 구조 변화가 나타났지만 어느 구조 변화가 더 크게 나타났는지는 알 수 없다.
③ 실험 결과에 따르면 대뇌 피질과 소뇌의 구조 변화는 나타났지만 신경세포의 수에 대한 정보는 알 수 없다.
④ · ⑤ 실험군 1과 2의 쥐에서 뇌 신경세포 한 개당 시냅스 혹은 모세혈관의 수가 증가했고 대뇌 피질 혹은 소뇌의 구조 변화가 나타났지만 둘 사이의 인과관계는 알 수 없다.

12
정답 ⑤

제시문의 '5. 임금 굴절점 결정'에 따르면 임금 굴절점인 만 55세가 되는 날의 익년부터 임금 피크제가 적용된다. 또한 '8. 직무 · 직책'의 조정에 따르면 임금 피크제 적용에 따른 직무 · 직책의 조정은 변동이 없다.

오답분석

① '1. 사전 준비'의 ⓒ에 따르면 임금 피크제 도입 시 별도의 명예퇴직은 실시하지 않는다.
② '7. 근로 조건 등의 조정'의 ⓒ에 따르면 수당 · 성과급도 임금 피크가 적용된다.
③ '3. 적용 대상 및 감액 기준의 결정'에 따르면 K기업의 임금 피크제 적용 대상은 정규직 직원이다.
④ '7. 근로 조건 등의 조정'의 ⓔ에 따르면 급여를 제외한 나머지 인사 운영은 이전과 동일하게 유지된다.

13
정답 ①

먼저 세 번째 조건을 살펴보면, 세 개의 항목을 합한 것보다도 더 많은 영업이익을 기록한 것은 '가'일 수밖에 없다. 따라서 가를 D로 먼저 확정지어 놓도록 하자.
이제 첫 번째 조건을 살펴보면, 직원 수는 '(영업이익)÷(직원 1인당 영업이익)'으로 구할 수 있는데 나~마 중 이 수치가 가장 큰 것은 '라'이므로 이것이 A와 연결됨을 알 수 있다. 여기까지만 판단하면 선택지 소거법을 이용해 정답을 찾을 수 있다.
따라서 나에는 B, 라에는 A가 해당된다.

14
정답 ③

정육면체는 면이 6개이고 회전이 가능하므로 윗면을 기준면으로 삼았을 때, 경우의 수는 다음과 같다.
• 기준면에 색을 칠하는 경우의 수 : 6=6가지
• 아랫면에 색을 칠하는 경우의 수 : 6−1=5가지
• 옆면에 색을 칠하는 경우의 수 : (4−1)!=3!=6가지
따라서 6×5×6=180가지의 서로 다른 정육면체를 만들 수 있다.

15
정답 ①

제시문의 첫 번째 문단이 도입부이고, 두 번째 문단의 첫 문장이 글의 주제문이며, 이어서 서구와의 비교로 연고주의의 장점을 강화하고 있다.

16
정답 ④

A~E의 진술을 차례대로 살펴보면, A는 B보다 먼저 탔으므로 서울역 또는 대전역에서 승차하였다. 이때, A는 자신이 C보다 먼저 탔는지 알지 못하므로 C와 같은 역에서 승차하였음을 알 수 있다. 다음으로 B는 A와 C보다 늦게 탔으므로 첫 번째 승차 역인 서울역에서 승차하지 않았으며, C는 가장 마지막에 타지 않았으므로 마지막 승차 역인 울산역에서 승차하지 않았다. 한편, D가 대전역에서 승차하였으므로 같은 역에서 승차하는 A와 C는 서울역에서 승차하였음을 알 수 있다. 또한 마지막 역인 울산역에서 혼자 승차하는 경우에만 자신의 정확한 탑승 순서를 알 수 있으므로 자신의 탑승 순서를 아는 E가 울산역에서 승차하였다. 이를 표로 정리하면 다음과 같다.

구분	서울역		대전역		울산역
탑승객	A	C	B	D	E

따라서 'E는 울산역에서 승차하였다.'는 항상 참이 된다.

오답분석

① A는 서울역에서 승차하였다.
② B는 대전역, C는 서울역에서 승차하였으므로 서로 다른 역에서 승차하였다.
③ C는 서울역, D는 대전역에서 승차하였으므로 서로 다른 역에서 승차하였다.
⑤ D는 대전역, E는 울산역에서 승차하였으므로 서로 다른 역에서 승차하였다.

17
정답 ①

ㄱ. 공급자 취급 부주의의 경우 2022년과 2018년의 발생 건수 차이는 6건이며, 시설 미비의 경우도 2022년과 2018년의 발생 건수 차이는 6건으로 동일하다. 이 경우 분자값이 같으므로 개별 계산 없이 분모값이 작은 시설 미비의 경우가 증가율이 더 크다.
ㄴ. 주택의 연도별 사고 건수 증감 방향은 '증가 → 감소 → 증가 → 증가'이고, 차량의 연도별 사고 건수 증감 방향도 '증가 → 감소 → 증가 → 증가'이다.

오답분석

ㄷ. 2019년 사고 건수 상위 2가지는 사용자 취급 부주의(41건)와 시설 미비(20건)이며 전체 발생 건수는 120건이므로 상위 2가지 사고 건수의 합(61건)은 나머지 발생 건수의 합보다 크다.
ㄹ. 전체 사고 건수에서 주택이 차지하는 비중이 35% 이상인지를 판단하려면 '(전체 사고 건수)×0.35<(주택 사고 건수)'인지를 판별하면 된다. 계산해 보면 다음과 같다.

구분	2018년	2019년	2020년	2021년	2022년
전체 사고 건수	121	120	118	122	121
전체×0.35	42.35	42	41.3	42.7	42.35
주택 사고 건수	48	50	39	42	47

따라서 2020년과 2021년은 35% 미만이므로 옳지 않다.

18 정답 ②

특정 소비자(13 ~ 18세 청소년)를 한정하여 판매하는 마케팅 전략을 구사하고 있는 것은 ②이다.

오답분석

①·③ 제품의 특성을 반영한 마케팅
④·⑤ 기업 혹은 상품의 역사를 나타낸 마케팅

19 정답 ②

논쟁에서는 먼저 상대방의 주장을 들어 주어야 한다.

20 정답 ③

제시된 조건을 정리해 보면 다음과 같다.
1) 심리학을 수강한 학생 중 몇 명은 한국사를 수강
2) 경제학을 수강한 학생은 모두 정치학을 수강
3) 경제학을 수강하지 않은 학생은 아무도 한국사를 수강하지 않음 → (대우) 한국사를 수강한 학생은 모두 경제학을 수강
이를 종합하면 한국사를 수강한 학생은 모두 경제학을 수강했고, 경제학을 수강한 학생은 모두 정치학을 수강했다는 것을 알 수 있다.
따라서 심리학을 수강한 학생 중 몇 명은 한국사를 수강하였고, 한국사를 수강한 학생은 정치학을 수강했다.

21 정답 ①

ㄱ. 2022년 상위 10개 스포츠 구단 중 전년보다 순위가 상승한 구단은 C, D, E, I로 4개이며, 순위가 하락한 구단은 F, J, H로 3개이다.
ㄴ. 2022년 상위 10개 스포츠 구단 중 미식축구 구단은 A, G, I이며 구단 가치액 합은 58+40+37=135억 달러이다. 농구 구단은 C, D, E이며 구단 가치액 합은 45+44+42=131억 달러이다.

오답분석

ㄷ. 2022년 상위 10개 스포츠 구단 중 전년 대비 가치액 상승률이 가장 큰 구단은 E구단으로, $\frac{9}{33}\times100 \fallingdotseq 27.27\%$p 상승했으며, 종목은 농구이다.

ㄹ. 제시된 표는 2022년 가치액 기준 상위 10개 구단에 대한 자료이므로 2021년 가치액 10위의 구단에 대한 정보는 알 수 없다. 2021년 9위인 E구단의 가치액이 33억 달러, 11위인 I구단의 가치액이 31억 달러이므로 2021년 10위 구단의 가치액은 31억 달러보다 많고 33억 달러보다 적을 것이다. 이를 고려해 판단하면 2022년 상위 10개 스포츠 구단의 가치액 합이 2021년 상위 10개 스포츠 구단의 가치액 합보다 크다.

22 정답 ③

더 넣어야 할 물의 양을 xg이라 하면

$\frac{9}{100}\times100=\frac{6}{100}\times(100+x) \rightarrow 900=600+6x \rightarrow 300=6x$

$\therefore x=50$

23 정답 ④

ㄱ. 1라운드 때 K팀의 선수를 C선수로 정하면 나머지 라운드에 출전할 수 있는 선수는 다음과 같다.
• 2라운드 : A선수, B선수
• 3라운드 : D선수, F선수, G선수
따라서 1라운드에서 K팀의 선수를 C선수로 정할 때, K팀이 선발할 수 있는 출전 선수의 조합은 2×3=6가지이다.
ㄷ. C선수는 1라운드와 2라운드에 출전할 수 있다. 그러나 첫 번째 조건에 의하여 한 명의 선수는 하나의 라운드에만 출전할 수 있으므로 C선수의 1라운드 출전 여부에 따라 출전 선수 조합의 수를 구해야 한다.
• C선수가 1라운드에 출전할 때
ㄱ에 따라 K팀이 선발할 수 있는 출전 선수의 조합은 6가지이다.
• C선수가 1라운드에 출전하지 않을 때
라운드별 출전할 수 있는 선수는 다음과 같다.
 – 1라운드 : E선수
 – 2라운드 : A선수, B선수, C선수
 – 3라운드 : D선수, F선수, G선수
C선수가 1라운드에 출전하지 않을 때 K팀이 선발할 수 있는 출전 선수의 조합은 1×3×3=9가지이다.
따라서 K팀이 선발할 수 있는 출전 선수의 조합은 6+9=15가지이다.

오답분석

ㄴ. 2라운드 때 K팀의 선수를 A선수로 정하면 나머지 라운드에 출전할 수 있는 선수는 다음과 같다.
• 1라운드 : C선수, E선수
• 3라운드 : D선수, F선수, G선수
따라서 2라운드에서 K팀의 선수를 A선수로 정할 때, K팀이 선발할 수 있는 출전 선수의 조합은 2×3=6가지이다.

24

정답 ④

① 분석 자료에서 자사의 유통 및 생산 노하우가 부족하다고 분석하였으므로 적절하지 않다.
② 디지털마케팅 전략을 구사하기에 역량이 미흡하다고 분석하였으므로 적절하지 않다.
③ 분석 자료를 살펴보면, 경쟁자 중 상위 업체가 하위 업체와의 격차를 확대하기 위해서 파격적인 가격정책을 펼치고 있다고 하였으므로 적절하지 않다.
⑤ 브랜드 경쟁력을 유지하기 위해 20대 SPA 시장 진출이 필요하며, 자사가 높은 브랜드 이미지를 가지고 있다는 내용은 자사의 상황분석과 맞지 않는 내용이기에 적절하지 않다.

25

정답 ⑤

완성품 납품 수량은 총 100개이다. 완성품 1개당 부품 A는 10개가 필요하므로 총 1,000개가 필요하고, B는 300개, C는 500개가 필요하다. 그런데 A는 500개, B는 120개, C는 250개의 재고를 가지고 있으므로, 부족한 나머지 부품, 즉 A는 500개, B는 180개, C는 250개를 주문해야 한다.

26

정답 ⑤

현재 A의 부서 배치는 그의 성격을 고려하지 않아 A의 업무 능력을 떨어뜨리고 있다. 따라서 이에 팀의 효율성을 높이기 위해 팀원의 능력 · 성격을 고려해 배치하는 '적재적소 배치' 방법이 필요하다.

① 능력 배치 : 개인에게 능력을 발휘할 수 있는 기회와 장소를 부여한 뒤, 그 성과를 바르게 평가하고 평가된 능력과 실적에 대해 상응하는 보상을 하는 원칙을 말한다.
② 균형 배치 : 모든 팀원에 대한 평등한 적재적소, 즉 팀 전체의 적재적소를 고려하는 것으로 팀 전체의 능력 향상, 의식 개혁, 사기 양양 등을 도모하는 의미에서 전체와 개체의 균형을 이루도록 하는 배치이다.
③ 양적 배치 : 작업량과 조업도, 여유 또는 부족 인원을 감안해 소요 인원을 결정해 배치하는 것을 말한다.
④ 적성 배치 : 팀원의 적성 및 흥미에 따라 배치하는 것으로, 이는 적성에 맞고 흥미를 가질 때 성과가 높아진다는 것을 가정한 배치 방법이다.

27

정답 ④

부서별로 총 투입시간을 계산해 보면 다음과 같다.

부서	인원	개인별 총 투입시간	총 투입시간
A	2	$41+(3\times1)=44$	88
B	3	$30+(2\times2)=34$	102
C	4	$22+(1\times4)=26$	104
D	3	$27+(2\times1)=29$	87
E	5	$17+(3\times2)=23$	115

표준 업무시간은 80시간으로 동일하다. 따라서 업무효율이 가장 높은 부서는 총 투입시간이 가장 낮은 부서인 D가 된다.

28

정답 ③

B가 위촉되지 않는다면 첫 번째 조건의 대우에 의해 A는 위촉되지 않는다. A가 위촉되지 않으므로 두 번째 조건에 의해 D가 위촉된다. D가 위촉되므로 다섯 번째 조건에 의해 F도 위촉된다. 세 번째 조건과 네 번째 조건의 대우에 의해 C나 E 중 한 명이 위촉된다. 따라서 위촉되는 사람은 모두 3명이다.

29

정답 ②

마지막 문단에 따르면 우리 춤은 정지 상태에서 몰입을 통해 상상의 선을 만들어 내는 과정을 포함한다. 따라서 처음부터 끝까지 쉬지 않고 곡선을 만들어 낸다는 설명은 적절하지 않다.

① 첫 번째 문단에서 '우리 춤은 옷으로 몸을 가린 채 손만 드러내 놓고 추는 경우가 많기 때문이다.'를 통해 알 수 있다.
③ 두 번째 문단에서 '예컨대 승무에서 ~ 완성해 낸다.'를 통해 알 수 있다.
④ 세 번째 문단에서 '그러나 이때의 ~ 이해해야 한다.'를 통해 알 수 있다.
⑤ 마지막 문단에서 '이런 동작의 ~ 몰입 현상이다.'를 통해 알 수 있다.

30

정답 ⑤

A가 3번이면, 세 번째 조건에 따라 C는 2번이고, D는 4번이다. 또한 네 번째 조건에 따라 B는 6번이고, 두 번째 조건에 따라 F는 1번, E는 5번이다. 따라서 첫 번째로 면접을 보는 사람은 F이다.

31
정답 ⑤

- 10% 할인
  - K회사 : $700 \times 500,000 \times (1-0.1)=31.5$천만 원
  - L회사 : $500 \times 500,000 \times (1-0.1)=22.5$천만 원
  - ∴ (매출액 차이)$=31.5-22.5=9$천만 원
- 20% 할인
  - K회사 : $900 \times 500,000 \times (1-0.2)=36$천만 원
  - L회사 : $700 \times 500,000 \times (1-0.2)=28$천만 원
  - ∴ (매출액 차이)$=36-28=8$천만 원
- 30% 할인
  - K회사 : $1,000 \times 500,000 \times (1-0.3)=35$천만 원
  - L회사 : $800 \times 500,000 \times (1-0.3)=28$천만 원
  - ∴ (매출액 차이)$=35-28=7$천만 원

따라서 두 회사가 동일한 가격 할인 정책을 실시할 때, 30% 할인 인 경우가 7천만 원으로 월 매출액 차이가 가장 적다.

32
정답 ④

L회사에서 20% 가격 할인을 진행할 경우, K회사에서의 대응(가격할인)에 따라 L회사의 판매량은 달라지지만 K회사의 대응은 각 할인율에 대해 문제에서 확률이 제시되어 있으므로, 이를 활용하여 다음과 같이 L회사의 기대 매출액을 산출한다.

K회사 할인	0%	10%	20%	30%
확률	20%	40%	30%	10%
L회사 판매량(a)	1,000개	800개	700개	600개
L회사 상품 가격(b)	$500,000 \times (1-0.2)=400,000$원			
매출액 ($a \times b$)	40천만 원	32천만 원	28천만 원	24천만 원
L회사 기대 매출액	$(40 \times 0.2)+(32 \times 0.4)+(28 \times 0.3)+(24 \times 0.1)$ $=31.6$천만 원			

따라서 L회사가 기대할 수 있는 월 기대 매출액은 31.6천만 원이다.

33
정답 ④

ㄴ. B작업장은 생물학적 요인(바이러스)에 해당하는 사례 수가 가장 많다.
ㄷ. 화학적 요인에 해당하는 분진은 집진 장치를 설치하여 예방할 수 있다.

오답분석

ㄱ. A작업장은 물리적 요인(소음, 진동)에 해당하는 사례 수가 가장 많다.

34
정답 ②

(가) 작업을 수행하면 A－B－C－D 순서로 접시 탑이 쌓인다.
(나) 작업을 수행하면 철수는 D접시를 사용한다. 그러므로 A－B －C접시 순서로 남는다.
(다) 작업을 수행하면 A－B－C－E－F 순서로 접시 탑이 쌓인다.
(라) 작업을 수행하면 철수는 C, E, F접시를 사용한다. 그러므로 A－B접시 순서로 남는다.
따라서 B접시가 접시 탑의 맨 위에 있게 된다.

35
정답 ①

할인되지 않은 KTX표의 가격을 x원이라 하자.
표를 40% 할인된 가격으로 구매하였으므로
구매 가격은 $(1-0.4)x=0.6x$원이다.
환불 규정에 따르면 하루 전에 표를 취소하는 경우 70%의 금액을 돌려받을 수 있으므로
$0.6x \times 0.7=16,800$
$\rightarrow 0.42x=16,800$
∴ $x=40,000$
따라서 할인되지 않은 KTX표의 가격은 40,000원이다.

36
정답 ②

ㄱ. 이조는 주로 인사를 담당하였지만 과거 관리의 업무는 예조에서 담당하고 있었다.
ㄷ. 당상관은 정3품 이상의 판서, 참판, 참의를 지칭하는데 조마다 정2품의 판서 1인, 종2품의 참판 1인, 정3품의 참의 1인 등으로 구성되었다고 하였으므로 육조에 속한 당상관은 18명 이다. 또한 육관은 육조의 별칭이고, 육조의 서열은 1418년까지는 이, 병, 호, 예, 형, 공조의 순서였고, 이후에는 이, 호, 예, 병, 형, 공조의 순서가 되었다고 하였다.

오답분석

ㄴ. 병조의 정랑·좌랑은 문관만 재직할 수 있도록 되어 있었다.
ㄹ. 조선 후기에 호조의 역할이 강화된 것은 맞지만 실학사상의 영향인지는 알 수 없다.
ㅁ. 육조의 정랑과 좌랑은 임기제로 운영되었으나 당상관이 어떠했는지는 알 수 없다.

37 정답 ①

기존 생산 조건과 개선 후 생산 조건의 이익은 다음과 같이 산출한다.

• 매출액

구분	기존	개선 후
하루 생산량	10,000개	
불량률	10%	0.1%
정상품(a)	9,000개	9,990개
판매 가격(b)	5,000원	
매출액($a\times b$)	45,000,000원	49,950,000원

• 비용

구분	기존	개선 후
하루 생산량(a)	10,000개	
원재료비(b)	1,000원	
생산 비용(c)	300원	$300\times(1+0.5)$ $=450$원
비용[$a\times(b+c)$]	13,000,000원	14,500,000원

• 이익

구분	기존	개선 후
매출액(a)	45,000,000원	49,950,000원
비용(b)	13,000,000원	14,500,000원
이익($a-b$)	32,000,000원	35,450,000원
차이	+3,450,000원(약 11% 증가)	

따라서 개선 후의 이익은 기존보다 약 11% 정도 증가하였다.

38 정답 ③

보기의 줄 친 부분을 반박하는 주장은 '인간에게 동물의 복제 기술을 적용해서는 안 된다.'이므로, 이를 뒷받침하는 근거이되 인터뷰의 내용과 부합하지 않는 것을 찾아야 한다. 인터뷰에서 복제 기술을 인간에게 적용했을 때 발생할 수 있는 문제점으로 지적한 것은 '기존 인간관계의 근간을 파괴하는 사회 문제'와 '바이러스 등 통제 불능한 생물체가 만들어질 가능성', 그리고 '어느 국가 또는 특정 집단이 복제 기술을 악용할 위험성' 등이다. 그러나 인터뷰에는 ③이 인간에게 복제 기술을 적용했을 때 나타날 수 있는 부작용인지를 판단할 자료가 제시되지 않았다. 또한 상식적인 수준에서도 생산되는 복제 인간의 수는 통제할 수 있으므로 밑줄 친 부분을 반박할 근거로는 부적절하다.

39 정답 ①

을은 월요일에 12시간, 화요일에 12시간, 목요일에 12시간, 금요일에 4시간을 근무할 계획이며 이는 총 40시간이다.

오답분석

• 갑 : 수요일 근무는 09 ~ 13시까지로 4시간이나 12 ~ 13시까지는 점심시간이므로 인정 근무는 3시간이어서 총 근무시간은 39시간이다.

• 병 : 월요일 08 ~ 24시까지 시간은 16시간이며 점심과 저녁시간 2시간을 제외한 인정근무 시간은 14시간이나 1일 근무시간은 12시간을 넘을 수 없다.

• 정 : 월요일 9시간, 화요일 12시간, 목요일 10시간, 금요일 8시간으로 총 39시간이다.

40 정답 ①

최단시간으로 가는 방법은 택시만 이용하는 방법이고, 최소비용으로 가는 방법은 버스만 이용하는 방법이다. 따라서 (최단시간으로 가는 방법의 비용)−(최소비용으로 가는 방법의 비용)=2,400−500=1,900원이다.

41 정답 ③

대중교통 이용 방법이 정해져 있을 경우, 비용을 최소화하기 위해서는 회의장에서의 대기시간을 최소화하는 동시에 지각하지 않아야 한다. 거래처에서 회의장까지 2분이 소요되므로 정민이는 오후 1시 58분에 거래처에 도착해야 한다. B지점까지는 버스를, 나머지는 택시를 타고 이동한다고 하였으므로 환승시간을 포함하여 걸리는 시간은 $(3\times2)+2+(1\times3)=11$분이다. 따라서 오후 1시 58분−11분=오후 1시 47분에 출발해야 한다.

42 정답 ④

A ~ C의 청소 주기 6일, 8일, 9일의 최소공배수는 $2\times3\times4\times3=72$이다. 9월은 30일, 10월은 31일까지 있으므로 9월 10일에 청소를 하고 72일 이후인 11월 21일에 세 사람이 같이 청소하게 된다.

43 정답 ④

기본요금을 x원, 1kWh당 단위요금을 y원이라 하면
$x+60y=15,000 \cdots ㉠$
$x+90y+(20\times1.2y)=42,000 \rightarrow x+114y=42,000 \cdots ㉡$
㉡−㉠을 하면
$54y=27,000$
$\therefore y=500$
따라서 1kWh당 단위요금에 20% 가산한 금액은 $500\times1.2=600$원이다.

44
정답 ③

①은 영어, ②는 한국어, ④는 프랑스어로 서로 대화할 수 있다.

45
정답 ③

1라운드와 2라운드의 결과를 토대로 각 참여자가 얻을 수 있는 점수를 정리하면 다음과 같다.

구분	1라운드	2라운드	총점
갑	−3, 0	−3, 0	−6, −3, 0
을	2	−3, 0	−1, 2
병	2	2	4
정	5	−3, 0	2, 5

ㄱ. 정(5점), 병(4점), 갑(0점), 을(−1점)의 경우가 가능하다.
ㄹ. 병이 4점을 얻은 것이 확정되어 있으므로 정이 우승할 수 있는 경우는 5점을 얻는 경우뿐이다.

ㄴ. 정이 5점을 얻었다면 병(4점)이 2위로 확정되므로 을과 정이 모두 2점을 얻은 경우를 살펴보자. 이 경우에는 병이 4점으로 1위가 되고 을과 정이 2점으로 동점이 되지만, 동점인 경우는 1라운드 고득점 순으로 순위를 결정한다고 하였으므로 정(1라운드 5점)이 을(1라운드 2점)에 앞서게 된다. 따라서 을이 준우승을 할 수 있는 경우는 없다.
ㄷ. ㄴ에서 살펴본 것처럼 병이 우승했다면 정이 2점을 얻어야 하는데 이렇게 되기 위해서는 정이 2라운드에서 공을 넣지 못해야 한다. 따라서 이 경우 가능한 최솟값은 갑(0개), 을(1개), 병(2개), 정(1개)의 합인 4개이다.

46
정답 ⑤

두 번째 문단에 따르면 정부는 의료 기관 중심의 돌봄에서 벗어나 지역 사회가 함께 노인을 돌보는 지역 주도형 사회 서비스인 커뮤니티 케어 정책을 실시할 예정이다. 즉, 의료 기관이 아니라 지역 사회가 직접 의료 서비스를 제공하므로 병원의 비중이 높아질 것이라는 ⑤의 추론은 적절하지 않다.

① 마지막 문장에 따르면 정부는 2023년까지 모든 시·군·구에 '주민건강센터'를 구축할 예정이다.
② 세 번째 문단에 따르면 정부의 '커뮤니티 케어형 도시재생 뉴딜 사업'은 지역 주민의 참여를 기반으로 의료·복지 등의 돌봄 서비스를 제공하는 사업이다.
③ 세 번째 문단에서 정부는 고령화로 인해 마을이 사라지는 것을 방지하기 위해 '커뮤니티 케어형 도시재생 뉴딜 사업'을 시작한다고 하였으므로 고령화 현상의 심화로 농·어촌의 작은 마을들이 사라지고 있는 것을 추론할 수 있다.
④ 첫 문장에 따르면 2026년 초고령사회에 진입할 것으로 예측됨에 따라 노인 돌봄 서비스에 대한 중요성이 커지고 있다. 따라서 고령화 현상은 계속해서 심화되고 있으므로 노인 돌봄 서비스의 중요성이 갈수록 커지고 있음을 추론할 수 있다.

47
정답 ④

집에서 출발하여 모든 유적지를 경유한 뒤 다시 집으로 돌아오는 최단 경로는 집(출발) → 가 → 라 → 마 → 다 → 나 → 집(도착)이다. 따라서 40+120+60+72+40+80=412km이다.

48
정답 ①

연결로 길이를 도로별 연비를 이용해서 휘발유 소비량으로 바꾸면 다음과 같다.

(단위 : L)

구분	집	가	나	다	라	마
마	12(비)	10(국)		6(국)	3(고)	
라	5(고)	6(고)				3(고)
다			10(시)			6(국)
나	4(고)			10(시)		
가	10(시)				6(고)	10(국)

표를 참고하여 연료가 가장 적게 드는 경로를 찾으면 집(출발) → 나 → 다 → 마 → 라 → 가(도착)이다. 따라서 휘발유 소비량은 4+10+6+3+6=29L이고, 비용은 29×1,000=29,000원이다.

49
정답 ④

선정자에게 개별적으로 연락을 하지 않으므로 홈페이지에서 확인해야 한다.

① 신청 대상은 초등학생, 청소년, 일반인이므로 유치원생은 해당이 되지 않는다.
② 체험 인원은 30명이다.
③ 체험 시간은 13시에서 16시 40분까지 총 3시간 40분이다.
⑤ 15시 8분에서 16시 40분에 체험하는 프로그램을 보면 후부운전실 방송 체험이 있다.

50
정답 ⑤

ㄱ. K국이 B국과 FTA를 체결하는 경우 A국에서 수입하는 1톤당 비용과 B국에서 수입하는 1톤당 비용은 15달러로 동일하다. 따라서 K국이 B국과도 FTA를 체결한다면, 기존에 A국에서 수입하던 것과 동일한 비용으로 X를 수입할 수 있다.
ㄷ. A국에서 수입하는 1톤당 비용은 21달러이고, B국에서 수입하는 1톤당 비용은 20달러이다.

ㄴ. C국에서 수입하는 1톤당 비용은 15.4달러인데, A국에서 수입하는 1톤당 비용은 15달러이다.

제3회 모의고사 정답 및 해설

01	02	03	04	05	06	07	08	09	10
②	④	⑤	②	②	③	④	②	⑤	③
11	12	13	14	15	16	17	18	19	20
①	②	③	④	③	①	③	①	④	④
21	22	23	24	25	26	27	28	29	30
④	②	④	④	⑤	③	③	③	①	③
31	32	33	34	35	36	37	38	39	40
③	①	③	⑤	④	③	③	③	①	③
41	42	43	44	45	46	47	48	49	50
④	④	⑤	②	③	①	③	④	①	③
51	52	53	54	55	56	57	58	59	60
⑤	①	③	⑤	②	④	②	⑤	⑤	④

01　　　　　　　　　　　정답 ②

제시문은 첫 문단에서 유행에 따라 변화하는 흥행영화 제목의 글자 수에 대한 이야기를 언급한 뒤 다음 문단에서 2000년대에 유행했던 영화의 제목 글자 수와 그 예시를, 그 다음 문단에서는 2010년대에 유행했던 영화의 제목 글자 수와 그 사례, 그리고 흥행에 실패한 사례를 예시로 들고 있다.

02　　　　　　　　　　　정답 ④

ㄴ. ② 뼈대 근육은 수의근, 줄무늬근이고, ⑪ 심장 근육은 불수의근, 줄무늬근이므로 '수의근'인지 여부가 다르다. 따라서 B에는 근육의 움직임을 의식적으로 통제할 수 있는지를 따지는 기준이 들어간다.

ㄷ. 우선 ㉠에 수의근이 들어가면 대립되는 기준인 B에는 '불수의근'이 들어가야 한다. 이 기준에 민무늬근, 줄무늬근의 조건을 대입해 보면 다음과 같다.

종류 기준	뼈대 근육	내장 근육	심장 근육
A (수의근)	㉠ ○ 줄무늬근	㉡ ×	㉢ × 줄무늬근
B (불수의근)	② ×	㉤ ○ 민무늬근	⑪ ○

ㄱ. ㉡ 내장 근육은 불수의근, 민무늬근이고, ㉢ 심장 근육은 불수의근, 줄무늬근이므로 '㉡, ㉢이 같은 성질을 갖는다.'라고 함은 '불수의근'이라는 점이다. 따라서 A에는 '근육의 움직임을 우리가 의식적으로 통제할 수 있는지의 여부'가 들어가야 한다.

03　　　　　　　　　　　정답 ⑤

제시문의 중심 내용은 '과학적 용어'이다. 제시문에서는 '모래언덕'의 높이, '바람'의 세기, '저온'의 온도를 사례로 들어 과학자들은 모호한 것은 싫어하지만 '대화를 통해 그 상황에 적절한 합의를 도출'하는 것으로 문제화하지 않는다고 한다. 따라서 제시문은 과학적 용어가 엄밀하고 보편적인 정의에 의해 객관성이 보장된다는 ⑤의 주장에 대한 비판적 논거이다.

04　　　　　　　　　　　정답 ②

제시문의 밑줄 친 부분에서 전달하고자 하는 바는 우리가 의도하는 바와 그 결과가 반드시 일치(동일)하지는 않는다는 것이다.

05　　　　　　　　　　　정답 ②

㉠ K공사와 정부가 동일한 사업에 대하여 투자 자금을 함께 조성한다는 의미가 되어야 하므로 '공동'이 적절하다.

　• 공통(共通) : 둘 또는 그 이상의 여럿 사이에 두루 통하고 관계됨
　• 공동(共同) : 둘 이상의 사람이나 단체가 함께 일을 하거나, 같은 자격으로 관계를 가짐

㉢ 원가를 줄인다는 의미가 되어야 하므로 '절감'이 적절하다.

　• 연축(攣縮) : 당기고 켕기어 오그라들거나 줄어듦
　• 절감(節減) : 아끼어 줄임

㉤ 중소기업 후보들을 가려내어 중소벤처기업부에 전달하는 것, 즉 가려내는 것뿐 아니라 천거의 의미를 포함해야 하므로 '추천'이 적절하다.

　• 추발(抽拔) : 골라서 추려 냄
　• 추천(推薦) : 어떤 조건에 적합한 대상을 책임지고 소개함

ⓒ 해결 대상인 과제를 새로이 찾아내는 것을 의미하므로 적절하게 사용되었다.
- 발굴(發掘) : 세상에 널리 알려지지 않거나 뛰어난 것을 찾아 밝혀냄

ⓔ 과제를 선정한다는 의미이므로 적절하게 사용되었다.
- 채택(採擇) : 작품, 의견, 제도 따위를 골라서 다루거나 뽑아 씀

06　　　　　　　　　　　　　　　　　정답 ③

조선통어장정에 따르면 어업준단을 발급받고자 하는 일본인은 소정의 어업세를 먼저 내야 했으며 이 장정 체결 직후에 조선해통어조합연합회가 만들어졌다.

① '어업에 관한 협정'에 따라 일본인의 어업 면허 신청을 대행하는 일을 한 곳은 조선해수산조합이다.
② 조일통어장정에 일본인의 어업 활동에 대한 어업준단 발급 내용이 담겨있음을 알 수 있지만 조선인의 어업 활동 금지에 대해 규정하고 있는지는 알 수 없다.
④ 조선해통어조합연합회가 조일통상장정에 근거하여 조직되었거나 이를 근거로 일본인의 한반도 연해 조업을 지원했는지는 알 수 없다.
⑤ 한반도 해역에서 조업하는 일본인은 조일통어장정에 따라 어업준단을 발급받거나 어업에 관한 협정에 따라 어업법에 따른 어업 면허를 발급받아야 했다.

07　　　　　　　　　　　　　　　　　정답 ④

제시문은 통계 수치의 의미를 정확하게 이해하고 도구와 방법을 올바르게 사용해야 하며, 특히 아웃라이어의 경우를 생각해야 한다고 주장하고 있다.

08　　　　　　　　　　　　　　　　　정답 ②

ㄱ. 의사소통은 어떤 개인 혹은 집단이 다른 개인 혹은 집단에 대해서 정보, 감정, 사상, 의견 등을 전달하고 그것을 받아들이는 과정이라 정의할 수 있다.
ㄹ. 조직구성원 개개인의 사회적 경험과 지위가 상이한 만큼, 이를 바탕으로 동일한 내용이라도 다양하게 이해하고 반응한다.

ㄴ. 직업생활에서의 의사소통이란 공식조직 내부에서 이루어지는 의사소통을 의미한다. 물론 조직 내부에서의 공식적 대화뿐만 아니라 비공식적 의사소통도 포함되나, 이는 모두 공식조직 내부에서 이루어지는 의사소통에 포함된다.
ㄷ. 의사소통은 개인 간 정보 교환 등을 통해 조직의 효율성을 높여 조직 내 공통 목표에 대한 성과를 직접적으로 결정하는 핵심요소이다.

09　　　　　　　　　　　　　　　　　정답 ⑤

기단의 성질을 기호로 표시할 때의 순서는 습도 – 기단의 온도 – 열역학적 특성이다. 마지막 문단에 설명된 시베리아기단의 성질은 지표면보다 차가운 대륙성한대기단이므로 기호는 cPk가 된다. 북태평양기단의 성질은 지표면보다 더운 해양성열대기단이므로 mTw이며, 지표면보다 차가운 해양성한대기단인 오호츠크해기단은 mPk로 표기한다.

10　　　　　　　　　　　　　　　　　정답 ③

제시문은 오브제의 정의와 변화 과정에 대한 글이다. 네 번째 문단의 빈칸 앞에서는 예술가의 선택에 의해 기성품 그 본연의 모습으로 예술작품이 되는 오브제를, 빈칸 이후에는 나아가 진정성과 상징성이 제거된 팝아트에서의 오브제 기법에 대하여 서술하고 있다. 즉, 빈칸에는 예술가의 선택에 의해 기성품 본연의 모습으로 오브제가 되는 ③의 사례가 오는 것이 가장 적절하다.

11　　　　　　　　　　　　　　　　　정답 ①

'가옥(家屋)'은 '집'을 뜻하는 한자어이므로 ⓐ과 ⓒ은 한자어에 대응하는 유사한 뜻의 고유어의 관계를 이룬다. ①의 '수확(收穫)'은 익은 농작물을 거두어들이는 것 또는 거두어들인 농작물을 뜻하므로 '벼'는 수확의 대상이 될 뿐이며 '수확'과 유사한 의미를 지니지 않는다.

12　　　　　　　　　　　　　　　　　정답 ②

제시문은 우리나라 여성의 고용 비율이 남성보다 낮기 때문에 여성의 고용에 대한 배려가 필요하다는 글이다. 따라서 (다) 우리나라는 남성에 비해 여성의 고용 비율이 현저히 낮음 → (가) 남녀고용 평등의 확대를 위한 채용 목표제의 강화 필요 → (마) 역차별이라는 주장과 현실적인 한계 → (나) 대졸 이상 여성의 고용 비율이 OECD 국가 중 최하위인 대한민국의 현실 → (라) 강화된 법규가 준수될 수 있도록 정부의 계도와 감독 기능이 강화의 순서로 나열해야 한다.

13　　　　　　　　　　　　　　　　　정답 ③

ⓒ 미쁘다 : 믿음성이 있다.
ⓔ 믿음직하다 : 매우 믿을 만하다.
ⓜ 야무지다 : 사람의 성질이나 행동, 생김새 따위가 빈틈이 없이 꽤 단단하고 굳세다.

ⓐ 예쁘다 : 생긴 모양이 아름다워 눈으로 보기에 좋다. 행동이나 동작이 보기에 사랑스럽거나 귀엽다.
ⓔ 굳세다 : 힘차고 튼튼하다. 뜻한 바를 굽히지 않고 밀고 나아가는 힘이 있다.
ⓗ 미약(微弱)하다 : 미미하고 약하다.

14

정답 ④

K구 건강관리센터 운영규정은 '출산일을 기준으로 6개월 전부터 계속하여 K구에 주민등록을 두고 실제로 K구에 거주하고 있는 산모'에 한해 산모·신생아 건강관리 서비스를 이용할 수 있다. 따라서 사례의 갑은 2023년 6월 28일 아이를 출산했으므로 6개월 전인 2022년 12월 28일 이전에 K구에 주민등록이 되고 실제 거주해야 한다. 그러므로 변경 전 규정에 의하면 갑은 2023년 1월 1일에 K구에 주민등록이 되었기에 산모·신생아 건강관리 서비스를 이용할 수 없다. 만약 K구 건강관리센터 운영규정의 '출산일'을 모두 '출산 예정일 또는 출산일'로 개정한다면 갑은 출산 예정일인 2023년 7월 2일을 기준으로 6개월 전인 2023년 1월 2일 이전인 2023년 1월 1일에 K구에 주민등록을 했고 실거주했으므로 해당 서비스를 이용할 수 있다.

15

정답 ③

제시문에서 해당 프로모션은 지정된 행사 매장에 방문 또는 상담하는 고객에게 구매 여부와 관계없이 다이어리를 증정한다고 되어 있으므로 전국 매장이라는 표현은 적절하지 않다.

16

정답 ①

먼저 첫 번째 조건을 살펴보면 두 개의 국가의 제조업 생산액 비중을 더한 것이 다른 국가의 제조업 생산액 비중이 되는 것은 A와 (D, E)의 관계뿐이므로 A가 헝가리, D, E가 각각 루마니아 또는 세르비아임을 알 수 있다.
다음으로 두 번째 조건을 살펴보면, 세르비아(D 혹은 E)와 B, C 중 하나를 더해 남은 하나의 값이 되는 것은 B와 (C, E)의 관계뿐이므로 E는 세르비아, C는 불가리아, B는 체코가 된다.

17

정답 ③

4%의 소금물의 양은 xg이며
10%의 소금물의 양은 $(600-x)$g이다.

$\dfrac{4}{100}x + \dfrac{10}{100}(600-x) = \dfrac{8}{100} \times 600$

$\rightarrow 4x + 10(600-x) = 4,800 \rightarrow 6x = 1,200$

$\therefore x = 200$

따라서 처음 컵에 들어있던 4% 소금물의 양은 200g이다.

18

정답 ①

ㄱ. 춘궁농가 비율이 가장 높은 도는 충청남도(69.7%)이고 가장 낮은 도는 함경북도(20.5%)이다.
ㄴ. 모든 도에서 소작농의 경작 유형별 춘궁농가 비율이 가장 높았다.
ㄷ. 경상북도의 농가 호수를 구하면 약 344,169호(=144,895÷0.421)이고, 전라남도는 약 302,015호(=170,337÷0.564)이다.

오답분석

ㄹ. 직접 계산할 필요 없이 (전라북도, 경상남도)와 (전라남도, 경상북도)로 짝지어 비교해 보면 각각 전라북도와 전라남도가 크다.
ㅁ. 전국의 춘궁농가 비율은 48.3%이다.

19

정답 ④

형의 나이 중 십의 자리 숫자를 A, 일의 자리 숫자를 B, 동생의 나이 중 십의 자리 숫자를 C, 일의 자리 숫자를 D라고 하자.
$A + C = 5 \cdots \text{㉠}$
$B + D = 11 \cdots \text{㉡}$
$A \cdot C$는 1~9인 자연수이고, $B \cdot D$는 0~9의 정수이다.
$(A, C) = (4, 1), (3, 2) (\because A > C)$
$(B, D) = (5, 6) (4, 7) (3, 8) (2, 9) (B < D)$
형과 동생의 나이 차가 최소이려면 십의 자리가 (3, 2)여야 한다. 이를 바탕으로 (B, D)를 적용하여 형과 동생의 나이와 차를 나타내면 다음과 같다.

(단위 : 세)

형	동생	나이 차
35	26	9
34	27	7
33	28	5
32	29	3

따라서 형과 동생의 나이 차이가 최소일 때는 3살 차이이고, 이때 동생의 나이는 29세이다.

20

정답 ④

• 변동 후 요금이 가장 비싼 노선은 D이므로 D가 2000번이다.
• 요금 변동이 없는 노선은 B이므로 B가 42번이다.
• 연장운행을 하기로 결정한 노선은 C이므로, C가 6번이다.
• A가 남은 번호인 3100번이다.

21

정답 ④

제시된 문제는 단순한 덧셈과 뺄셈이다. 단순한 덧셈, 뺄셈 문제에서는 먼저 선택지에 제시된 숫자의 일의 자리를 확인하여 다를 경우 계산 시 일의 자리만 비교하여 알맞은 선택지를 추려 답을 고르면 시간을 단축할 수 있다.
수송인원은 승차인원과 유입인원의 합이므로 빈칸을 모두 구하면
• (A) : 208,645=117,450+A → A=91,195
• (B) : B=189,243+89,721 → B=278,964
• (C) : 338,115=C+89,209 → C=248,906
따라서 옳은 것은 ④이다.

22
정답 ②

(일교차)는 (최고기온)−(최저기온)이고, $a-(-b)=a+b$에 따라 요일별 일교차를 구하면 다음과 같다.

• 월요일 : $10.7-(-1.8)=12.5℃$
• 화요일 : $12.3-(-1.3)=13.6℃$
• 수요일 : $11.4-2.0=9.4℃$
• 목요일 : $6.6-(-1.1)=7.7℃$
• 금요일 : $10.4-(-3.1)=13.5℃$
• 토요일 : $12.7-0.1=12.6℃$
• 일요일 : $10.1-(-1.5)=11.6℃$

따라서 일교차가 가장 큰 요일은 화요일이다.

23
정답 ④

첫 번째 조건에 따라 E의 재정 자립도는 58.5와 65.7 사이에 위치해야 하므로 ⑤를 소거한다.

두 번째 조건에 따라 주택노후화율이 가장 높은 지역이 I이므로 I의 시가화 면적 비율이 가장 낮아야 한다. 그러기 위해서는 (나)에 20.7보다 적은 수치가 들어가야 하므로 ①을 소거한다.

세 번째 조건에 따라 10만 명당 문화시설 수가 가장 적은 지역이 B이다. 따라서 (다)에는 114.0과 119.2 사이의 숫자가 들어가야 하므로 ②를 소거한다.

네 번째 조건에 따라 H의 주택보급률은 도로포장률보다 높아야 한다. 따라서 (라)에는 92.5보다 큰 수치가 들어가야 하므로 ③을 소거한다.

24
정답 ④

ㄱ. 2022년 상업용 무인기의 국내 시장 판매량 대비 수입량의 비율은 $\frac{5}{202}×100≒2.5\%$이다.

ㄴ. 2019 ~ 2022년 상업용 무인기 국내 시장 판매량의 전년 대비 증가율은 다음과 같다.

• 2019년 : $\frac{72-53}{53}×100≒35.8\%$p
• 2020년 : $\frac{116-72}{72}×100≒61.1\%$p
• 2021년 : $\frac{154-116}{116}×100≒32.8\%$p
• 2022년 : $\frac{202-154}{154}×100≒31.2\%$p

따라서 2020년의 증가율이 가장 높다.

ㄹ. 2020년 상업용 무인기 수출량의 전년 대비 증가율은 $\frac{18-2.5}{2.5}$ $×100=620\%$p이고, 2020년 K사의 상업용 무인기 매출액의 전년 대비 증가율은 $\frac{304.4-43}{43}×100≒607.9\%$p이다. 따라서 그 차이는 $620-607.9=12.1\%$p이므로 30%p 이하이다.

오답분석

ㄷ. 2019 ~ 2022년 상업용 무인기 수입량의 전년 대비 증가율이 가장 작은 해는 2022년 $\frac{5-4.2}{4.2}×100≒19\%$p이며, 상업용 무인기 수출량의 전년 대비 증가율은 2020년이 620%p로 가장 크다.

25
정답 ⑤

돼지고기는 2.5인분인 $90×2.5=225$g이 필요하다. 현재 냉장고에는 필요한 양의 절반인 112.5g 이하의 돼지고기 100g이 있으므로 $225-100=125$g을 구매해야 한다.

오답분석

① 면은 2.5인분인 $200×2.5=500$g이 필요하다. 현재 냉장고에는 필요한 양의 절반인 250g 이하의 면 200g이 있으므로 300g을 구매해야 한다.

② 양파는 2.5인분인 $60×2.5=150$g이 필요하다. 현재 냉장고에는 양파 100g이 있으므로 50g을 구매해야 한다. 그러나 필요한 양의 절반인 75g 이상 냉장고에 있으므로 양파는 구매하지 않는다.

③ 아들이 성인 1인분의 새우를 먹으므로 새우는 3인분인 $40×3=120$g이 필요하다. 현재 냉장고에는 새우가 없으므로 새우 120g을 구매해야 한다.

④ 매운 음식을 잘 먹지 못하는 아내로 인해 건고추는 절반만 넣으므로 $4×2.5=10$g이 필요하다. 현재 냉장고에는 건고추가 없으므로 건고추 10g을 구매해야 한다.

26
정답 ③

2017 ~ 2022년의 KTX 부정승차 평균 적발 건수가 70,000건이라고 하였으므로 2017년 부정승차 적발 건수를 a건이라고 하면

$$\frac{a+65,000+70,000+82,000+62,000+67,000}{6}=70,000$$

→ $a+346,000=420,000$ → $a=74,000$

그러므로 2017년 부정승차 적발 건수는 74,000건이다.

또한, 2018 ~ 2023년의 부정승차 평균 적발 건수가 65,000건이라고 하였으므로 2023년 부정승차 적발 건수를 b건이라고 하면

$$\frac{65,000+70,000+82,000+62,000+67,000+b}{6}=65,000$$

→ $346,000+b=390,000$

→ $b=390,000-346,000$ → $b=44,000$

그러므로 2023년 부정승차 적발 건수는 44,000건이다.

따라서 2023년도 부정승차 적발 건수와 2017년도 적발 건수의 차이는 $74,000-44,000=30,000$건이다.

27

상품별 고객 만족도 1단위당 비용을 구하면 다음과 같다.
- 차량용 방향제 : $7,000 \div 5 = 1,400$원
- 식용유 세트 : $10,000 \div 4 = 2,500$원
- 유리용기 세트 : $6,000 \div 6 = 1,000$원
- 8GB USB : $5,000 \div 4 = 1,250$원
- 머그컵 세트 : $10,000 \div 5 = 2,000$원
- 육아 관련 도서 : $8,800 \div 4 = 2,200$원
- 핸드폰 충전기 : $7,500 \div 3 = 2,500$원

할당받은 예산을 고려하며 고객 만족도 1단위당 비용이 가장 낮은 상품부터 구매비용을 구하면 다음과 같다.
- 유리용기 세트
  - 최대 물량 구매비용 : $6,000 \times 200 = 1,200,000$원
  - 남은 예산 : $5,000,000 - 1,200,000 = 3,800,000$원
- 8GB USB
  - 최대 물량 구매비용 : $5,000 \times 180 = 900,000$원
  - 남은 예산 : $3,800,000 - 900,000 = 2,900,000$원
- 차량용 방향제
  - 최대 물량 구매비용 : $7,000 \times 300 = 2,100,000$원
  - 남은 예산 : $2,900,000 - 2,100,000 = 800,000$원
- 머그컵 세트
  - 최대 물량 구매비용 : $10,000 \times 80 = 800,000$원
  - 남은 예산 : $800,000 - 800,000 = 0$원

확보 가능한 상품의 개수는 $200+180+300+80=760$개이다.
따라서 나누어 줄 수 있는 고객의 수는 $760 \div 2 = 380$명이다.

28
정답 ②

제시된 인원을 합하면 다음과 같다.

구분	경증			중증		
	여자	남자	합계	여자	남자	합계
50세 미만	9명	13명	22명	8명	10명	18명
50세 이상	10명	18명	28명	8명	24명	32명
합계	19명	31명	50명	16명	34명	50명

- 경증 환자 중 남자 환자의 비율 : $\dfrac{31}{50} \times 100 = 62\%$
- 중증 환자 중 남자 환자의 비율 : $\dfrac{34}{50} \times 100 = 68\%$

따라서 경증 환자 중 남자 환자의 비율은 중증 환자 중 남자 환자의 비율보다 낮다.

오답분석
① • 여자 환자 수 : $9+10+8+8=35$명
  • 중증 여자 환자 수 : $8+8=16$명

따라서 여자 환자 중 중증 환자의 비율은 $\dfrac{16}{35} \times 100 ≒ 45.7\%$이다.

③ • 50세 이상 환자 수 : $10+18+8+24=60$명
  • 50세 미만 환자 수 : $9+13+8+10=40$명

따라서 50세 이상 환자 수가 50세 미만 환자 수의 $\dfrac{60}{40}=1.5$배이다.

④ • 전체 당뇨병 환자 수 : 100명
  • 중증 여자 환자 수 : 16명

따라서 전체 당뇨병 환자 중 중증 여자 환자의 비율은 $\dfrac{16}{100} \times 100 = 16\%$이다.

⑤ • 전체 당뇨병 환자 수 : 100명
  • 50세 이상 중증 남자 환자 수 : 24명

따라서 전체 당뇨병 환자 중 50세 이상 중증 남자 환자의 비율은 $\dfrac{24}{100} \times 100 = 24\%$이다.

29
정답 ①

해당 기간 동안의 특허 출원건수 합은 식물기원이 58건, 동물기원이 42건, 미생물효소가 40건이므로 미생물효소가 가장 작다.

오답분석
ㄴ. 연도별로 분모가 되는 전체 특허 출원건수가 동일하므로 유형별 특허 출원건수의 대소만 비교해 보면 된다. 이에 따르면 2020년은 동물기원이 가장 높다.
ㄷ. 식물기원과 미생물효소가 전년 대비 2배 이상 증가하였으므로 이 둘만 비교해 보면 된다. 그런데 두 유형 모두 2022년의 출원건수가 2021년의 2배보다 1만큼 더 많은 상황이다. 그렇다면 2021년의 출원건수가 더 작은 미생물효소의 증가율이 더 높을 것임을 계산을 하지 않고도 알 수 있다.

30
정답 ③

빨간색을 좋아하는 학생의 수를 $2k$명이라 하면 노란색과 하늘색을 좋아하는 학생의 수는 각각 $5k$명, $3k$명이다.
$$2k+5k+3k=10$$
$$\therefore k=1$$
즉, 빨간색, 노란색, 하늘색을 좋아하는 학생의 수는 각각 2명, 5명, 3명이다. 학생 2명을 선택할 때 좋아하는 색이 다른 사건을 A라 하면 A^C는 학생 2명이 좋아하는 색이 같은 사건이다.

- 빨간색을 좋아하는 학생을 2명 선택하는 확률 : $\dfrac{2}{10} \times \dfrac{1}{9} = \dfrac{1}{45}$
- 노란색을 좋아하는 학생을 2명 선택하는 확률 : $\dfrac{5}{10} \times \dfrac{4}{9} = \dfrac{2}{9}$
- 하늘색을 좋아하는 학생을 2명 선택하는 확률 : $\dfrac{3}{10} \times \dfrac{2}{9} = \dfrac{1}{15}$

즉, $\mathrm{P}(A^C) = \dfrac{1}{45} + \dfrac{2}{9} + \dfrac{1}{15} = \dfrac{14}{45}$ 이므로

$$\therefore \mathrm{P}(A) = 1 - \mathrm{P}(A^C) = 1 - \dfrac{14}{45} = \dfrac{31}{45}$$

31
정답 ③

조건을 논리기호로 정리하여 보면 다음과 같다.
- 첫 번째 조건 : 삼선짬뽕
- 마지막 조건의 대우 : 삼선짬뽕 → 팔보채
- 다섯 번째 조건의 대우 : 팔보채 → 양장피

세 번째, 네 번째 조건의 경우 자장면에 대한 단서가 없으므로 전건 및 후건의 참과 거짓을 판단할 수 없다. 그러므로 탕수육과 만두도 주문 여부를 알 수 없다. 따라서 반드시 주문할 메뉴는 삼선짬뽕, 팔보채, 양장피이다.

32
정답 ①

세 사람의 판단 및 진술은 눈에 보이는 것은 물론 다른 사람의 대답을 모두 기반으로 한다는 것을 고려해야 한다.
- i) C는 A와 B의 모자 색깔을 볼 수 있다. 만약 A와 B의 모자가 분홍색 – 노란색 또는 노란색 – 분홍색이었다면 C는 자신의 모자가 하늘색이라는 것을 알 수 있었을 것이다. 그러나 그렇지 않기 때문에 C는 자신의 모자 색깔을 알 수 없다고 답한 것이다. 따라서 A와 B의 모자 중에 하늘색 모자가 적어도 1개 이상 있다.
- ii) B는 A의 모자 색깔을 볼 수 있고, 머릿속에서 i)의 사고과정을 거친다. 따라서 만약 A의 모자가 노란색이나 분홍색이라면 자신의 모자 색깔이 하늘색이라는 것을 알 수 있다. 그러나 A의 모자가 노란색이나 분홍색이 아니기 때문에 자신의 모자 색깔을 모른다고 대답했음을 추론해 볼 수 있다.
- iii) A는 눈앞에 바로 벽이 있으므로, C와 B의 말만 듣고 자신의 모자 색깔을 추측할 수밖에 없다. ii)의 사고과정을 거치며 자신의 모자가 노란색이나 분홍색이 아니라는 것을 알 수 있고, 따라서 자신의 모자 색깔이 하늘색임을 알 수 있다.

33
정답 ③

B안의 가중치는 전문성인데 자원봉사제도는 (−)이므로 부당한 판단이다.

오답분석
① 전문성 면에서는 유급법률구조제도가 (+), 자원봉사제도가 (−)로 옳은 설명이다.
② A안에 가중치를 적용할 경우 접근용이성과 전문성에 가중치를 적용하므로 두 정책목표 모두에서 (+)를 보이는 유급법률구조제도가 가장 적절하다.
④ B안에 가중치를 적용할 경우 전문성에 가중치를 적용하므로 (+)를 보이는 유급법률구조제도가 가장 적절하며, A안에 가중치를 적용할 경우 ②에 의해 유급법률구조제도가 가장 적절하다. 따라서 어떤 것을 적용하더라도 결과는 같다.
⑤ 비용저렴성을 달성하려면 (+)를 보이는 자원봉사제도가 가장 유리하다.

34
정답 ⑤

- ㄴ. 갑과 을이 펼치는 쪽 번호는 (1, 2, 0)과 (1, 2, 1)로 동일하여 무승부가 된다.
- ㄹ. 을이 100쪽을 펼쳤다면 나오는 쪽은 100쪽과 101쪽이 되므로 을의 점수는 2점(1+1)이 된다. 만약 이 상황에서 을이 승리하기 위해서는 갑이 1점을 얻어야 하는데 각 자리의 숫자를 더하거나 곱한 것이 1점이 되는 경우는 1쪽뿐이다.

오답분석
- ㄱ. 갑의 경우 98쪽은 각 자리 숫자의 합이 17이고, 곱이 72인 반면, 99쪽은 합이 18이고, 곱이 81이므로 81을 본인의 점수로 할 것이다. 을의 경우 198쪽은 각 자리의 숫자의 합이 18이고, 곱이 72인 반면, 199쪽은 합이 19, 곱이 81이므로 역시 81을 본인의 점수로 할 것이다.
- ㄷ. 갑이 369쪽을 펼치면 나오는 쪽은 368쪽과 369쪽인데, 이 경우 갑의 점수는 369의 각 자리 숫자의 곱인 162가 된다. 그런데 예를 들어 을이 378쪽과 379쪽을 펼친다면 을의 점수는 189점이 되어 갑보다 크다.

35
정답 ④

기회는 외부환경요인 분석에 속하므로 회사 내부를 제외한 외부의 긍정적인 면으로 작용하는 것을 말한다. 따라서 ④는 외부의 부정적인 면으로 위협요인에 해당되며, ①·②·③·⑤는 외부환경의 긍정적인 요인으로 볼 수 있어 기회요인에 속한다.

36
정답 ③

- ㄱ. 5원까지는 펼친 손가락의 개수와 실제 가격이 동일하지만 6원부터는 펼친 손가락의 개수와 실제 가격이 일치하지 않는다.
- ㄴ. 펼친 손가락의 개수가 3개라면 숫자는 3 혹은 7이므로 물건의 가격은 최대 7원임을 알 수 있다.
- ㄷ. 물건의 가격이 최대 10원이라고 하였으므로, 물건의 가격과 갑이 지불하려는 금액이 8원만큼 차이가 나는 경우는 상인이 손가락 2개를 펼쳤을 때 지불해야 하는 금액이 10원인 경우와 손가락 1개를 펼쳤을 때 지불해야 하는 금액이 9원인 경우뿐이다.

오답분석
- ㄹ. 5원까지는 실제 가격과 지불하려는 금액이 일치하므로 문제가 되지 않으며, 그 이후인 6원부터는 펼친 손가락의 개수가 6개 이상인 경우는 없으므로 물건의 가격을 초과하는 금액을 지불하는 경우는 발생하지 않는다.

37　정답 ③

ⅰ) 월요일에 진료를 하는 경우 첫 번째 명제에 따라 수요일에 진료를 하지 않는다. 그러면 네 번째 명제에 따라 금요일에 진료를 한다. 또한 세 번째 명제의 대우에 따라 화요일에 진료를 하지 않는다. 따라서 월요일, 금요일에 진료를 한다.

ⅱ) 월요일에 진료를 하지 않는 경우 두 번째 명제에 따라 화요일에 진료를 한다. 그러면 세 번째 명제에 따라 금요일에 진료를 하지 않는다. 또한 네 번째 명제의 대우에 따라 수요일에 진료를 한다. 따라서 화요일, 수요일에 진료를 한다.

38　정답 ③

경아의 두 번째 발언과 다른 사람들의 첫 번째 발언은 양립할 수 없다. 따라서 경아의 두 번째 발언이 참인 경우와 거짓인 경우로 나누어 판단한다.

ⅰ) 경아의 두 번째 발언이 참인 경우
　　각각 참만을 말하거나 거짓만을 말하므로 경아를 제외한 나머지는 모두 거짓을 말한다. 이 경우에 범인이 여러 명이 되어 모순이 생긴다.

ⅱ) 경아의 두 번째 발언이 거짓인 경우
　　경아는 거짓을 말하고 나머지는 모두 참을 말한다. 따라서 바다, 다은, 경아는 범인이 아니고 은경이 범인이다.

ㄱ · ㄷ. 경아만 거짓을 말하고 나머지는 모두 참을 말한 경우 은경이 범인이므로 반드시 참이다.

오답분석

ㄴ. 경아가 거짓을 말하는 경우 다은과 은경 모두 참을 말하는 것이 된다.

39　정답 ①

3만 원 초과 10만 원 이하 소액통원의료비를 청구할 시 진단서 없이 보험금 청구서와 병원영수증, 질병분류기호(질병명)가 기재된 처방전만으로 접수가 가능하다.

40　정답 ③

발상의 전환은 사물과 세상을 바라보는 인식의 틀을 전환하여 새로운 관점에서 보는 사고를 의미하는 것이다. 제시된 사례에서 K사는 기존의 틀을 답습해 일반적으로 생각되는 이미지의 아이돌 그룹을 데뷔시켰고, 그 결과 크게 성공하지 못했다. 하지만 이와 달리 B사는 기존 인식의 틀을 전환해 새로운 관점에서 바라본 결과 독특한 개성파 아이돌 그룹을 데뷔시켰고, 그 결과는 성공적이다. 따라서 K사에게는 발상의 전환이 부족했고, B사는 발상의 전환을 통해 성공한 사례로 볼 수 있다.

오답분석

① 전략적 사고 : 현재 당면하고 있는 문제와 그 해결 방법에만 집착하지 말고, 그 문제와 해결안이 상위 시스템 또는 다른 문제와 어떻게 연결되어 있는지를 생각하는 것이다.

② 분석적 사고 : 전체를 각각의 요소로 나누어 그 요소의 의미를 도출한 다음 우선순위를 설정하고 구체적인 문제해결 방법을 실행하는 것이다. 또한 분석적 사고는 문제가 성과 지향, 가설 지향, 사실 지향의 세 가지 경우에 따라 다음과 같은 사고가 요구된다.

• 성과 지향의 문제 : 기대하는 결과를 명시하고 효과적으로 달성하는 방법을 사전에 구상하고 실행에 옮긴다.

• 가설 지향의 문제 : 현상 및 원인 분석 전에 지식과 경험을 바탕으로 일의 과정이나 결과, 결론을 가정한 다음 검증 후 사실일 경우 다음 단계의 일을 수행한다.

• 사실 지향의 문제 : 일상 업무에서 일어나는 상식, 편견을 타파하여 객관적 사실로부터 사고와 행동을 시작한다.

④ 성과 지향적 사고 : 기대하는 결과를 명시하고 효과적으로 달성하는 방법을 사전에 구상하고 실행하는 것으로, 위의 ②의 설명에서 보듯이 분석적 사고의 일부이다.

⑤ 내 · 외부 자원의 효과적 활용 : 문제를 해결하려 할 때 기술, 재료, 방법, 사람 등 필요한 자원의 확보 계획을 수립하고 내 · 외부 자원을 효과적으로 활용하는 것을 뜻한다.

41　정답 ④

조건의 주요 명제들을 순서대로 논리 기호화하여 표현하면 다음과 같다.

• 두 번째 명제 : 머그컵 → ~노트
• 세 번째 명제 : 노트
• 네 번째 명제 : 태블릿PC → 머그컵
• 다섯 번째 명제 : ~태블릿PC → (가습기 ∧ ~컵받침)

세 번째 명제에 따라 노트는 반드시 선정되며, 두 번째 명제의 대우(노트 → ~머그컵)에 따라 머그컵은 선정되지 않는다. 그리고 네 번째 명제의 대우(~머그컵 → 태블릿PC)에 따라 태블릿PC도 선정되지 않으며, 다섯 번째 명제에 따라 가습기는 선정되고 컵받침은 선정되지 않는다. 총 3개의 경품을 선정한다고 하였으므로, 노트, 가습기와 함께 펜이 경품으로 선정된다.

42　정답 ④

• 첫 번째 조건에 의해 A가 받는 상여금은 75만 원이다.
• 두 번째 · 네 번째 조건에 의해 B<C, B<D<E이므로 B가 받는 상여금은 25만 원이다.
• 세 번째 조건에 의해 C가 받는 상여금은 50만 원 또는 100만 원이다.

이를 정리하여 가능한 경우를 표로 나타내면 다음과 같다.

A	B	C	D	E
75만 원	25만 원	50만 원	100만 원	125만 원
75만 원	25만 원	100만 원	50만 원	125만 원

따라서 C의 상여금이 A보다 많다면, B의 상여금은 C의 25%일 것이다.

43
정답 ⑤

K건물의 비상대비 안내도를 참고했을 때, 물리치료실에서 대피할 경우 물리치료실 입구 앞에 있는 중앙계단을 이용하여 대피하는 것이 더 빠르다.

44
정답 ②

주어진 대화를 통해 알 수 있는 사실을 정리하면 다음과 같다.

ⅰ) 을의 방문 이후에 갑이 방문했다.

ⅱ)
구분	월	화	수
점심	을 × 병 ×	을 ×	을 ×
저녁	병 ×	병 ×	병 ×

을 - 갑(점심) - 병의 순서로 방문하였으며 을이 월요일 저녁, 갑이 화요일 점심, 병이 수요일 점심에 방문하였다.

오답분석

① 갑 - 을 - 병의 순서로 방문했으나, 갑이 월요일 점심, 저녁, 화요일 점심에 방문하는 3가지의 경우가 가능하여 방문 시점을 확정할 수 없다.

③ (을, 병) - 갑의 순서로 방문했으나, 을과 병의 순서를 확정할 수 없다.

④ 병이 맨 처음에 방문했는지, 중간에 방문했는지를 확정할 수 없다.

⑤ 을 - 갑 - 병의 순서로 방문했으나, 갑이 화요일 점심에 방문했는지 저녁에 방문했는지를 확정할 수 없다.

45
정답 ③

익년은 '다음 해'를 의미한다. 파일링시스템 규칙을 적용하면 2020년에 작성한 문서의 경우, 2021년 1월 1일부터 보존연한이 시작되어 2023년 12월 31일자로 완결된다. 따라서 폐기연도는 2024년 초이다.

46
정답 ①

과목별 의무 교육이수 시간은 다음과 같다.

구분	글로벌 경영	해외사무영어	국제회계
의무 교육 시간	$\frac{15점}{1점/h}$=15시간	$\frac{60점}{1점/h}$=60시간	$\frac{20점}{2점/h}$=10시간

이제까지 B과장이 이수한 시간을 계산해 보면, 글로벌 경영과 국제회계의 초과 이수 시간은 2+14=16시간이며, 해외사무영어의 부족한 시간은 10시간이다. 초과 이수 시간을 점수로 환산하면 3.2점이고, 이 점수를 부족한 해외사무영어 점수 10점에서 제외하면 6.8점이 부족하다. 따라서 미달인 과목은 해외사무영어이며, 부족한 점수는 6.8점임을 알 수 있다.

47
정답 ③

자동차 부품 생산조건에 따라 반자동 라인과 자동 라인의 시간당 부품 생산량을 구해보면 다음과 같다.

• 반자동 라인 : 4시간에 300개의 부품을 생산하므로 8시간에 300×2=600개의 부품을 생산한다. 하지만 8시간마다 2시간씩 생산을 중단하므로, 8+2=10시간에 600개의 부품을 생산하는 것과 같다. 따라서 시간당 부품 생산량은 $\frac{600}{10}$=60개/h이다. 이때 반자동 라인에서 생산된 부품의 20%는 불량이므로, 시간당 정상 부품 생산량은 60×(1−0.2)=48개/h이다.

• 자동 라인 : 3시간에 400개의 부품을 생산하므로 9시간에 400×3=1,200개의 부품을 생산한다. 하지만 9시간마다 3시간씩 생산을 중단하므로, 9+3=12시간에 1,200개의 부품을 생산하는 것과 같다. 따라서 시간당 부품 생산량은 $\frac{1,200}{12}$=100개/h이다. 이때 자동 라인에서 생산된 부품의 10%는 불량이므로, 시간당 정상 제품 생산량은 100×(1−0.1)=90개/h이다.

따라서 반자동 라인과 자동 라인에서 시간당 생산하는 정상 제품의 생산량은 48+90=138개/h이므로, 34,500개를 생산하는 데 걸리는 시간은 $\frac{34,500}{138}$=250시간이다.

48
정답 ④

ㄱ. 대도시 간 예상 최대 소요 시간의 모든 구간에서 주중이 주말보다 소요 시간이 적게 걸림을 알 수 있다.

ㄴ. 주중 전국 교통량 중 수도권에서 지방으로 가는 교통량의 비율은 $\frac{42}{380}$×100≒11.1%이다.

ㄹ. 서울 - 광주 구간 주중 예상 최대 소요 시간과 서울 - 강릉 구간 주말 예상 최대 소요 시간은 3시간 20분으로 같다.

오답분석

ㄷ. 지방에서 수도권으로 가는 주말 예상 교통량은 주중 예상 교통량보다 $\frac{51-35}{35}$×100≒45.7%p 많다.

49
정답 ③

코드 생성 방법에 따른 A∼E물품의 코드는 다음과 같다.

• A물품 : CTT - A - 23 - 11 - 1
• B물품 : GAT - E - 21 - 07 - 1
• C물품 : SLT - E - 20 - 10 - 1
• D물품 : PDT - H - 18 - 12 - 0
• E물품 : PST - S - 22 - 08 - 0

따라서 C물품의 경우 중고가 아닌 새 제품으로 구매하였으므로 SLT - E - 20 - 10 - 1이 되어야 한다.

50

처분 시 감가 비율과 중고 여부에 따라 A ~ E물품의 처분가를 구하면 다음과 같다.
- A물품 : 55만×(1-0.4)=33만 원
- B물품 : 30만×(1-0.2)=24만 원
- C물품 : 35만×(1-0.5)≒17만 원
- D물품 : 80만×(1-0.25)×0.5=30만 원
- E물품 : 16만×(1-0.25)×0.5=6만 원

따라서 A ~ E물품을 모두 처분할 경우 받을 수 있는 총금액은 33+24+17+30+6=110만 원이다.

51

정답 ⑤

유효기간이 10년 이상 남은 물품은 A, C, D이며, 이를 제휴 업체를 통해 처분할 경우 구매가격의 총합인 55+35+80=170만 원의 80%에 해당하는 170×0.8=136만 원을 받을 수 있다.

52

정답 ①

업체들의 항목별 가중치 미반영 점수를 도출한 후, 가중치를 적용하여 선정점수를 도출하면 아래 표와 같다.

(단위 : 점)

구분	납품 품질 점수	가격 경쟁력 점수	직원 규모 점수	가중치를 반영한 선정점수
A	90	90	90	(90×0.4)+(90×0.3) +(90×0.3)=90
B	80	100	90	(80×0.4)+(100×0.3) +(90×0.3)=89
C	70	100	80	(70×0.4)+(100×0.3) +(80×0.3)=82
D	100	70	80	(100×0.4)+(70×0.3) +(80×0.3)=85
E	90	80	100	(90×0.4)+(80×0.3) +(100×0.3)=90

따라서 선정점수가 가장 높은 업체는 90점을 받은 A업체와 E업체이며, 이 중 가격경쟁력 점수가 더 높은 A업체가 선정된다.

53

정답 ③

제시문은 물품 관리 시스템의 첨단 정보기술에 대해 설명하고 있다. 대량의 물품 관리에는 주로 바코드의 원리가 활용되고 있으며, 최근에는 RFID 기술의 확산으로 물품에 부착된 RFID 태그를 통해 무선으로 물품을 추적 관리하는 RFID 물품관리 시스템이 도입되었다. 그러나 생체 인식은 개인의 독특한 생체 정보를 추출하여 정보화시키는 인증 방식으로, 주로 보안 분야에서 활용된다. 따라서 ③이 글의 내용과 관련이 없다.

오답분석

① NFC : RFID 기술 중 하나로 10m 이내의 가까운 거리에서 데이터를 주고받는 통신 기술이다.
② RFID : 무선 주파수를 이용하여 물체에 직접 접촉하지 않고 데이터를 인식하는 시스템이다.
④ QR 코드 : 흑백 격자무늬 패턴으로 정보를 나타내는 매트릭스 형식의 바코드이다.
⑤ BAR 코드 : 데이터를 빠르게 입력하기 위하여 굵기가 다른 검은 막대와 하얀 막대를 조합시켜 문자나 숫자를 코드화한 것이다.

54

정답 ⑤

E씨의 자동차는 1종이고, 개방식 고속도로 10km를 운전했으므로 720+(44.3×10)≒1,160원의 통행요금을 냈다.

오답분석

① 900+(45.2×12)≒1,440원
② 900+(44.3×20)≒1,780원
③ 720+(62.9×30)≒2,600원
④ 900+(47.0×28)≒2,210원

55

정답 ②

조건에 따라 스캐너 기능별 가용한 스캐너를 찾으면 다음과 같다.
- 양면 스캔 가능 여부 – Q·T·G스캐너
- 50매 이상 연속 스캔 가능 여부 – Q·G스캐너
- 예산 420만 원까지 가능 – Q·T·G스캐너
- 카드 크기부터 계약서 크기까지 스캔 지원 – G스캐너
- A/S 1년 이상 보장 – Q·T·G스캐너
- 기울기 자동 보정 여부 – Q·T·G스캐너

따라서 모두 부합하는 G스캐너가 가장 우선시되고, 그 다음은 Q스캐너, 그리고 T스캐너로 순위가 결정된다.

56 정답 ④

배당금은 주당배당금의 100배이기 때문에 각각의 주당배당금만 계산하면 된다. 계산 방식은 크게 2가지로 나뉜다.

- 주당배당금 공식[(배당금 총액)÷(발행주식 수)]으로 구할 수 있는 사람은 정현, 수희, 진경이다.

구분	배당금 총액	발행주식 수	주당배당금
정현	20억×0.2 =4억 원	10만 주	4억÷10만 =4,000원
수희	40억×0.2 =8억 원	10만 주	8억÷10만 =8,000원
진경	20억×0.2 =4억 원	20만 주	4억÷20만 =2,000원

- 배당수익률 공식을 응용하면 $(주당배당금)=\dfrac{(배당수익률)}{100}\times$ (주가)이다. 현수와 희진의 경우에 이 공식을 이용한다.

구분	(배당수익률)/100	주가	주당배당금
현수	$\dfrac{10}{100}=0.1$	30,000원	30,000×0.1 =3,000원
희진	$\dfrac{20}{100}=0.2$	60,000원	60,000×0.2 =12,000원

따라서 배당금을 가장 많이 받는 사람의 순서는 '희진(12,000원)>수희(8,000원)>정현(4,000원)>현수(3,000원)>진경(2,000원)'이다.

57 정답 ②

선행작업이 완료되어야 이후 작업을 진행할 수 있기 때문에 가장 오래 걸리는 경로가 끝난 후에 프로젝트가 완료된다. 즉, 가장 오래 걸리는 경로인 'B-D-G-J'가 끝난 후에 프로젝트가 완료되므로 최단 작업기간은 21주(=5+6+6+4)가 소요된다.

오답분석
① 가장 오래 걸리는 경로에 작업 A와 C가 포함되어 있지 않으므로 전체 프로젝트 기간에는 영향을 주지 못한다.
③ 작업 D는 가장 오래 걸리는 경로에 포함되어 있으므로 전체 프로젝트 기간에 영향을 주어 전체 기간이 일주일 줄어든다.
④ 전체 프로젝트 기간에 영향을 주는 작업 B, D, G, J 중에서 단축 비용이 가장 적게 드는 것을 선택해야 합리적이다.

58 정답 ⑤

이런 문제 유형은 시간차이를 나라별로 따져서 실제 계산을 해도 되지만, 각각의 선지가 옳은지를 하나씩 검토하는 것도 방법이다. 이때 모든 나라를 검토하는 것이 아니라 한 나라라도 안 되는 나라가 있으면 다음 선지로 넘어간다.

- 헝가리 : 서머타임을 적용해 서울보다 6시간 느리다.
- 호주 : 서머타임을 적용해 서울보다 2시간 빠르다.
- 베이징 : 서울보다 1시간 느리다.

오답분석
① 헝가리가 오전 4시로 업무 시작 전이므로 회의가 불가능하다.
② 헝가리가 오전 5시로 업무 시작 전이므로 회의가 불가능하다.
③ 헝가리가 오전 7시로 업무 시작 전이므로 회의가 불가능하다.
④ 헝가리가 오전 8시로 업무 시작 전이므로 회의가 불가능하다.

59 정답 ⑤

A~D기관의 내진성능평가 지수와 내진보강공사 지수를 구한 뒤 내진성능평가 점수와 내진보강공사 점수를 부여하면 다음과 같다.

구분	A기관	B기관	C기관	D기관
내진성능 평가 지수	$\dfrac{82}{100}\times100$ =82	$\dfrac{72}{80}\times100$ =90	$\dfrac{72}{90}\times100$ =80	$\dfrac{83}{100}\times100$ =83
내진성능 평가 점수	3점	5점	1점	3점
내진보강 공사 지수	$\dfrac{91}{100}\times100$ =91	$\dfrac{76}{80}\times100$ =95	$\dfrac{81}{90}\times100$ =90	$\dfrac{96}{100}\times100$ =96
내진보강 공사 점수	3점	3점	1점	5점
합산 점수	3+3=6점	5+3=8점	1+1=2점	3+5=8점

B, D기관의 합산 점수는 8점으로 동점이다. 최종순위 결정조건에 따르면 합산 점수가 동점인 경우에는 내진보강대상 건수가 가장 많은 기관이 높은 순위가 된다. 따라서 최상위기관은 D기관이고 최하위기관은 C기관이다.

60

2번 이상 같은 지역을 신청할 수 없으므로, D는 1년 차와 2년 차 서울 지역에서 근무하여 3년 차에는 지방으로 가야 한다. 따라서 신청지로 배정받지 못할 것이다.

오답분석

규정과 신청 내용에 따라 정리하면 다음과 같다.

직원	1년 차 근무지	2년 차 근무지	3년 차 근무지	이동 지역	전년도 평가
A	대구	–	–	종로	–
B	여의도	광주	–	영등포	92
C	종로	대구	여의도	제주 / 광주	88
D	영등포	종로	–	광주 / 제주 / 대구	91
E	광주	영등포	제주	여의도	89

- A는 1년 차 근무를 마친 직원이므로 우선 반영되어 자신이 신청한 종로로 이동하게 된다.
- B는 E와 함께 영등포를 신청하였으나, B의 전년도 평가점수가 더 높아 B가 영등포로 이동한다.
- 3년 차에 지방 지역인 제주에서 근무한 E는 A가 이동할 종로와 B가 이동할 영등포를 제외한 수도권 지역인 여의도로 이동하게 된다.
- D는 자신이 2년 연속 근무한 적 있는 수도권 지역으로 이동이 불가능하므로, 지방 지역인 광주, 제주, 대구 중 한 곳으로 이동하게 된다.
- 이때, C는 자신이 근무하였던 대구로 이동하지 못하므로, D가 광주로 이동한다면 C는 제주로, D가 대구로 이동한다면 C는 광주 혹은 제주로 이동한다.
- 1년 차 신입은 전년도 평가 점수를 100으로 보므로 신청한 근무지에서 근무할 수 있다. 따라서 1년 차에 대구에서 근무한 A는 입사 시 대구를 1년 차 근무지로 신청하였을 것임을 알 수 있다.

제4회 모의고사 정답 및 해설

01	02	03	04	05	06	07	08	09	10
①	⑤	①	②	③	③	⑤	①	④	②
11	12	13	14	15	16	17	18	19	20
①	④	④	①	②	②	④	②	⑤	①
21	22	23	24	25	26	27	28	29	30
②	④	③	③	③	④	②	⑤	④	④
31	32	33	34	35	36	37	38	39	40
⑤	④	③	④	②	④	④	③	⑤	②
41	42	43	44	45	46	47	48	49	50
③	④	④	③	②	③	⑤	④	②	④
51	52	53	54	55	56	57	58	59	60
④	②	②	②	④	①	⑤	④	③	③

01
정답 ①

㉠ 조성(造成) : 무엇이 만들어져서 이룸
㉡ 명시(明示) : 분명하게 드러내 보임
㉢ 반영(反映) : 다른 것에 영향을 받아 어떤 현상이 나타남. 또는 어떤 현상을 나타냄

오답분석
• 조장(助長) : 바람직하지 않은 일을 더 심해지도록 부추김
• 암시(暗示) : 넌지시 알림. 또는 그 내용
• 투입(投入) : 사람이나 물자, 자본 따위를 필요한 곳에 넣음

02
정답 ⑤

네 번째 문단의 마지막 두 문장을 보면 편협형 정치 문화와 달리 최소한의 인식이 있는 신민형 정치 문화의 예로 독재 국가를 언급하고 있으므로 ⑤의 설명은 옳지 않다.

03
정답 ①

의사소통이란 상호 간의 정보, 감정, 사상, 의견 등을 전달하고 수용하는 과정으로, 감정 역시 의사소통의 대상 중 하나이다.

오답분석
• 최주임 : 의사전달 내용에 대한 이해는 사람마다 다양할 수 있지만, 정확한 의사소통을 위해서는 먼저 의사소통의 참여자들이 조직 문화 등 상호 공유되고 있는 점을 토대로 해당 내용에 대해 전반적으로 공통적인 내용을 유추할 수 있어야 한다.
• 박사원 : 의사소통은 의사 전달뿐만 아니라 폭넓은 상호 교류도 포함하는 개념이다.

04
정답 ②

완성된 최종적 결과물이 '작품'이라는 것은 전통적인 예술 관념에 따른 것이며, 생성 예술에서는 작품이 자동적으로 만들어져 가는 과정 자체를 창작활동의 핵심적 요소로 보고 있다. 또한 창작 과정에서 무작위적 우연이 배제될 수 없기 때문에 생성 예술에서는 작가 개인의 미학적 의도를 해석해 낼 수 없다고 하였다.

오답분석
① 작품이 만들어지는 과정 자체는 무작위적인 우연의 연속이라고 하였다.
③ 생성 예술에서는 작품이 자동적으로 만들어져 가는 과정 자체가 창작활동의 핵심적 요소이다.
④ 생성 예술에서 작품이 만들어지는 과정은 작가가 설계한 생성 시스템에서 시작되지만, 그것이 작동하면 스스로 작품 요소가 선택되고, 선택된 작품 요소들이 창발적으로 새로운 작품 요소를 만들어 낸다고 하였다.
⑤ 선택된 작품 요소들이 혼성·개선되면서 창발적으로 새로운 작품 요소를 만들어 낸다고 하였고 이런 과정은 생명체가 발생하고 진화하는 과정과 유사하다고 하였다.

05　정답 ③

ⓒ에는 관심이나 영향이 미치지 못하는 범위를 비유적으로 이르는 말인 '사각(死角)'이 사용되어야 한다.
- 사각(寫角) : 찍고자 하는 대상에 대한 카메라의 위치나 렌즈의 각도

오답분석
① 창안(創案) : 어떤 방안·물건 따위를 처음으로 생각하여 냄. 또는 그런 생각이나 방안
② 판정(判定) : 판별하여 결정함
④ 종사자(從事者) : 일정한 직업이나 부문, 일 따위에 종사하는 사람
⑤ 밀집(密集) : 빈틈없이 빽빽하게 모임

06　정답 ③

제시문은 말하는 사람과 듣는 사람이 각각 잘 전달했는지, 잘 이해했는지를 서로 확인하지 않고 그 순간을 넘겨버려 엇갈린 정보를 갖게 되는 상황에 대한 것이다. 따라서 이는 서로 간의 상호작용이 부족한 것으로 볼 수 있다.

오답분석
① 서로 엇갈린 정보를 가진 것은 맞지만, 책임과 관련한 내용은 제시문에서 찾을 수 없다.
② 의사소통에 대한 잘못된 선입견은 말하지 않아도 안다는 것으로, 제시문의 내용과 맞지 않다.
④ 서로 모순된 내용이 문제가 아니라 서로 상호작용이 부족한 것으로 인한 문제이다.
⑤ 많은 정보를 담는 복잡한 메시지로 인한 문제가 아닌 서로의 상호작용이 부족해 발생하는 문제이다.

07　정답 ⑤

제시문은 지방에 대해 사실과 다르게 알려진 내용을 지적하고 건강에 유익한 지방도 있음을 설명하고 있다.

08　정답 ①

'맹점'과 '무결', '괄시'와 '후대'는 반의 관계를 이룬다.
- 맹점(盲點) : 미처 생각이 미치지 못한, 모순되는 점이나 틈
- 무결(無缺) : '무결하다(결함이나 흠이 없다)'의 어근
- 괄시(恝視) : 업신여겨 하찮게 대함
- 후대(厚待) : 아주 잘 대접함. 또는 그런 대접

오답분석
②·③·④·⑤ 유의 관계이다.
② 긴축(緊縮) : 바짝 줄이거나 조임
- 절약(節約) : 함부로 쓰지 아니하고 꼭 필요한 데만 써서 아낌
③ 유의(留意) : 마음에 새겨 두어 조심하며 관심을 가짐
- 유념(留念) : 잊거나 소홀히 하지 않도록 마음속에 깊이 간직하여 생각함

④ · 선발(選拔) : 많은 가운데서 골라 뽑음
- 발탁(拔擢) : 여러 사람 가운데서 쓸 사람을 뽑음
⑤ · 조치(措置) : 벌어지는 사태를 잘 살펴서 필요한 대책을 세워 행함
- 대처(對處) : 어떤 정세나 사건에 대하여 알맞은 조치를 취함

09　정답 ④

제시문에서 '공범 원리'를 받아들이는 사람들은, 타인의 악행에 가담한 경우 결과에 얼마나 영향을 주었는지와 무관하게 '도덕적 책임'이 있다고 주장하므로 '갑훈에게 도덕적 책임이 있다는 점에서 첫 번째 약탈과 두 번째 약탈은 차이가 없다.'는 결론이 도출된다.

10　정답 ②

甲은 유권자들의 투표율을 높이기 위해 결선 투표제를 도입하자는 입장이며, 乙은 결선 투표제는 시간과 비용의 측면에서 비효율적이므로 기존의 단순 다수제를 유지해야 한다는 입장이다. 따라서 甲과 乙의 주장을 도출할 수 있는 질문으로 ②가 가장 적절하다.

11　정답 ①

'황량(荒涼)하다'는 '황폐하여 거칠고 쓸쓸하다.'를 의미한다.

오답분석
② 휘감다 : 어떤 물체를 다른 물체에 휘둘러 감거나 친친 둘러 감다.
③ 흐드러지다 : 매우 탐스럽거나 한창 성하다.
④ 대동(帶同)하다 : 어떤 모임이나 행사에 거느려 함께하다.
⑤ 성가시다 : 자꾸 들볶거나 번거롭게 굴어 괴롭고 귀찮다.

12　정답 ④

제시문에 따르면 신약 개발의 전문가가 되기 위해서는 해당 분야에서 오랫동안 연구한 경험이 필요하므로 석사나 박사 학위를 취득하는 것이 유리하다고 하였다. 그러나 석사나 박사 학위가 신약 개발 전문가가 되는 데 도움을 준다는 것일 뿐이므로 반드시 필요한 필수 조건인지는 알 수 없다. 따라서 ④는 제시문을 통해 추론할 수 없다.

오답분석
① 제약 연구원은 약을 만드는 모든 단계에 참여한다고 하였으므로 일반적으로 약을 만드는 과정에 포함되는 약품 허가 요청 단계에도 제약 연구원이 참여하는 것을 알 수 있다.
② 일반적으로 제약 연구원이 되기 위해서는 약학을 전공해야 한다고 생각하기 쉽다고 하였으므로 제약 연구원에 대한 정보가 부족한 사람이라면 약학을 전공해야만 제약 연구원이 될 수 있다고 생각할 수 있다.
③ 약학 전공자 이외에도 생명 공학·화학 공학·유전 공학 전공자들도 제약 연구원으로 활발하게 참여하고 있다고 하였다

⑤ 오늘날 제약 분야가 성장함에 따라 도전 의식, 호기심, 탐구심 등도 제약 연구원에게 필요한 능력이 되었다고 하였으므로 과거에 비해 요구되는 능력이 많아졌음을 알 수 있다.

13
정답 ④

화학 변화는 어떤 물질이 원래의 성질과는 전혀 다른 물질로 변화하는 현상으로, ④의 예가 가장 적절하다.

14
정답 ①

• (가), (나) : 바로 다음의 내용이 흑인이 과대평가되었고, 반대로 백인은 과소평가되었다는 것이므로 이곳에는 재범을 저지르지 않은 사람을 고위험군으로 잘못 분류했다는 내용이 들어가야 한다.
• (다), (라) : 위와 반대로 바로 다음의 내용이 흑인은 과소평가되었고, 반대로 백인은 과대평가되었다는 것이므로 이곳에는 재범을 저지른 사람을 저위험군으로 잘못 분류했다는 내용이 들어가야 한다.

15
정답 ②

기저 재범률이 동종 범죄에 기반한 것이든 이종 범죄에 기반한 것이든 문제가 되는 것은 자신과 상관없는 흑인들의 재범률이라는 것이다. 따라서 동종 범죄를 저지른 사람들로부터 얻은 기저 재범률이라고 할지라도 이 한계를 벗어나지 못하므로 ⓒ을 강화하지 못한다.

오답분석

ㄱ. 흑인의 위험 지수는 1부터 10까지 고르게 분포된 반면, 백인은 1부터 10까지 그 비율이 감소했다는 것이 문제이므로 10으로 평가된 사람의 비율이 같다고 해도 ⊙을 강화하지 못한다.

ㄴ. 예측의 오류 차이가 발생하는 것은 흑인과 백인의 기저 재범률 간 차이로 인한 것이지 어느 하나의 기저 재범률의 높고 낮음으로 판단하는 것이 아니므로 ⓛ을 약화하지 못한다.

16
정답 ②

ㄱ. 2013 ~ 2017년 중 Y선수의 장타율이 높은 순서와 4사구수가 많은 순서는 2013년, 2014년, 2016년, 2015년, 2017년으로 동일하다.

ㄷ. Y선수가 C구단에 소속된 기간은 2015년과 2016년인데 이 기간 동안 기록한 평균 타점은 92점이다. 그런데 나머지 기간 동안의 타점을 살펴보면 2012년(98점), 2014년(105점), 2018년(92점), 2019년(103점)이고 나머지 기간은 모두 92점에 미치지 못하므로 직접 계산하지 않고도 92점보다는 적을 것이라는 것을 알 수 있다.

오답분석

ㄴ. 2012 ~ 2022년 중 Y선수의 타율이 0.310 이하인 해는 2017년, 2020년, 2021년의 3번이다.

ㄹ. 2008 ~ 2014년 중 Y선수의 출전경기 수가 가장 많은 해는 2014년(131경기)이고 가장 많은 타점을 기록한 해도 2014년(105점)이다. 그러나 가장 많은 홈런수를 기록한 해는 2012년(30개)이다.

17
정답 ④

베트남 돈 1,670만 동을 환전하기 위해 수수료를 제외한 한국 돈은 $1,670 \times 483 = 806,610$원이다. 우대 사항에서 50만 원 이상 환전 시 70만 원까지 수수료에서 0.1%p 낮아진다고 하였다. 이를 바탕으로 총 수수료를 구하면 $(700,000 \times 0.004) + (806,610 - 700,000) \times 0.005 = 3,330$원이다. 따라서 수수료와 길동이가 원하는 금액을 환전하기 위해서 필요한 돈의 총액은 $806,610 + 3,330 = 809,940$원이다.

18
정답 ②

소금물 A의 농도를 x%, 소금물 B의 농도를 y%라고 하면

$$\frac{x}{100} \times 100 + \frac{y}{100} \times 100 = \frac{10}{100} \times 200 \cdots ⊙$$

$$\frac{x}{100} \times 100 + \frac{y}{100} \times 300 = \frac{9}{100} \times 400 \cdots ⓛ$$

⊙, ⓛ을 연립하면

$x + y = 20$

$x + 3y = 36$

따라서 $x = 12$, $y = 8$이므로 소금물 A의 농도는 12%이다.

19
정답 ⑤

오답분석

① 선 그래프 : 꺾은선 그래프라고도 하며, 시간에 따라 지속적으로 변화하는 것을 기록할 때 편리하다. 조사하지 않은 중간값도 대략 예측할 수 있다.

② 점 그래프 : 통계학에서 데이터들의 분포를 점으로 나타내는 도표 또는 그러한 도표로 나타내는 방법으로, 점의 개수로 양의 많고 적음을 나타내는 그래프이다.

③ 막대 그래프 : 세로 또는 가로 막대로 사물의 양을 나타내며, 크고 작음을 한눈에 볼 수 있기 때문에 편리하다.

④ 층별 그래프 : 합계와 각 부분의 크기를 백분율 또는 실수로 나타내고, 시간적 변화를 보고자 할 때 쓰인다.

20

정답 ①

주어진 자료를 계산하면 다음과 같다.

구분	공회전 발생률(%)	공회전 시 연료소모량(cc)	탄소포인트의 총합(P)
A	$\dfrac{20}{200}\times100=10$	$20\times20=400$	$100+0=100$
B	$\dfrac{15}{30}\times100=50$	$15\times20=300$	$50+25=75$
C	$\dfrac{10}{50}\times100=20$	$10\times20=200$	$80+50=130$
D	$\dfrac{5}{25}\times100=20$	$5\times20=100$	$80+75=155$
E	$\dfrac{25}{50}\times100=50$	$25\times20=500$	$50+0=50$

따라서 D>C>A>B>E 순으로 탄소포인트의 총합이 크다.

21

정답 ②

직원의 수를 x명이라 하면
- 50만 원씩 나누는 경우 : $50x+100$
- 60만 원씩 나누는 경우 : $60x-500$

어떤 경우라도 총금액은 같아야 하므로
$50x+100=60x-500 \rightarrow 10x=600$
$\therefore x=60$

22

정답 ④

먼저 두 번째 조건을 살펴보면, 2021년에 비해 2022년에 국방비와 연구개발비가 모두 증가한 국가는 미국과 B이므로 B와 러시아를 연결시킬 수 있다.

다음으로 세 번째 조건을 살펴보면, 연구개발 비율이 다른 네 개 국가들보다 낮은 것은 A와 E이므로 A와 E가 각각 스위스 또는 독일과 연결됨을 알 수 있다. 그리고 남은 C와 D는 각각 영국 또는 프랑스임도 알 수 있다.

다음으로 마지막 조건을 살펴보면, 2021년에 비해 2022년에 연구개발비가 감소했으나, 연구개발 비율이 증가한 것은 C와 E인데, 세 번째 조건과 결합하면 E가 독일과 연결되어 A는 스위스가 됨을 알 수 있으며, 차례로 C는 영국, D는 프랑스와 연결지을 수 있다. 여기까지 판단하면 정답은 ④로 확정지을 수 있으나 첫 번째 조건을 추가로 확인해 보면 C와 D가 조건을 만족하고 있음을 알 수 있다.

23

정답 ③

- 교환비율이 1인 기업은 A기업이고, 판매단가의 단위는 USD이다. 따라서 각 기업의 판매단가를 USD 단위로 바꾸어 비교한다.
- 어떤 기업의 판매단가를 a원, 교환비율을 b%, USD 단위로 바꾼 판매단가를 x원이라 하면

$a:b=x:1$
$bx=a$
$x=\dfrac{a}{b}$

각 기업 판매단가의 단위를 USD로 바꾸면 다음과 같다.

- A기업 : $\dfrac{8}{1}=8\text{USD}$
- B기업 : $\dfrac{50}{6}=8.3\text{USD}$
- C기업 : $\dfrac{270}{35}=7.7\text{USD}$
- D기업 : $\dfrac{30}{3}=10\text{USD}$
- E기업 : $\dfrac{550}{70}=7.9\text{USD}$

따라서 C기업의 판매단가가 가장 경쟁력이 높다.

24

정답 ③

조건에 의하면 한 번 D등급이 된 고객 신용등급은 5년 동안 D등급을 유지하므로 2023년에 D등급을 받으면 2024년에 B등급이 될 수 없다. 따라서 2024년의 신용등급이 B등급일 경우는 다음과 같다.

- 2023년에 A등급, 2024년에 B등급을 받을 경우
  - 2022년 B등급 → 2023년 A등급 : 0.14
  - 2023년 A등급 → 2024년 B등급 : 0.20

  즉, 2023년에 A등급, 2024년에 B등급을 받을 확률은 0.14×0.2=0.028이다.
- 2023년에 B등급, 2024년에 B등급을 받을 경우
  - 2022년 B등급 → 2023년 B등급 : 0.65
  - 2023년 B등급 → 2024년 B등급 : 0.65

  즉, 2023년에 B등급, 2024년에 B등급을 받을 확률은 0.65×0.65=0.4225이다.
- 2023년에 C등급, 2024년에 B등급을 받을 경우
  - 2022년 B등급 → 2023년 C등급 : 0.16
  - 2023년 C등급 → 2024년 B등급 : 0.15

  즉, 2023년에 C등급, 2024년에 B등급을 받을 확률은 0.16×0.15=0.024이다.

따라서 2024년의 신용등급이 B등급일 확률은 0.028+0.4225+0.024=0.4745≒47%이다.

25 정답 ③

존속성 기술을 개발하는 업체의 총수는 24개, 와해성 기술을 개발하는 업체의 총수는 23개로 옳은 판단이다.

오답분석

① 시장 견인과 기술 추동을 합하여 비율을 계산하면 벤처기업이 $\frac{12}{20}=0.6$, 대기업이 $\frac{11}{27}≒0.4$이므로 옳지 않은 판단이다.

② 존속성 기술은 12개, 와해성 기술은 8개로 옳지 않은 판단이다.

④ 10 : 10으로 동일한 비율이므로 옳지 않은 판단이다.

⑤ 17 : 10으로 시장 견인 전략을 취하는 비율이 높다.

26 정답 ④

최대수요와 최소수요의 차이는 구체적으로 계산하지 않아도 그래프의 상한과 하한의 거리차이를 통해 2022년이 2023년보다 작다는 것을 알 수 있다.

오답분석

① 공급예비력은 '(전력공급 능력)−(최대전력 수요)'이다. 따라서 2022년은 914만 kW이고, 2023년은 722만 kW이므로 2022년이 더 크다.

② 대략적인 크기 비교를 하면 2022년은 분자(91,400)가 분모(7,879)보다 10배 초과이고, 2023년 분자(72,200)가 분모(8,518)보다 10배 미만이다. 따라서 2022년이 더 크다.

③ 2023년과 2022년 1월에서 2월 사이만 비교해 봐도 2023년은 감소 방향이지만 2022년은 증가 방향이다.

⑤ 전년 동월 대비 증가율이 가장 높은 달은 해당월의 두 연도별 그래프 사이의 폭이 가장 큰 달이다. 따라서 8월의 증가율이 가장 크다.

27 정답 ②

(가) A유형의 시험체 강도 평균은 24.2MPa이며, 기준 강도는 24MPa이다. 그러므로 각 시험체 강도가 모두 기준 강도에서 3.5MPa을 뺀 값(20.5MPa) 이상이어야 한다. A유형의 3개의 시험체는 모두 이 조건을 충족하므로 판정 결과는 합격이다.

(나) C유형의 시험체 강도 평균은 35.1MPa이며, 기준 강도는 35MPa이다. 그러므로 각 시험체 강도가 모두 기준 강도에서 3.5MPa을 뺀 값(31.5MPa) 이상이어야 한다. C유형의 3개의 시험체는 모두 이 조건을 충족하므로 판정 결과는 합격이다.

(다) E유형의 시험체 강도 평균은 45.5MPa이며, 기준 강도는 45MPa이다. 그러므로 각 시험체 강도가 모두 기준 강도의 90%(40.5MPa) 이상이어야 한다. 그러나 E유형의 시험체 1은 이 조건을 충족하지 못하므로 판정 결과는 불합격이다.

28 정답 ⑤

일본의 활용 영역 원점수가 중국의 활용 영역 원점수인 73.6점(가중치 반영 점수는 18.4점)으로 변경되는 경우 가중치 반영 총점은 4.1점 높아져 45.58점이 되며 종전 1위, 2위의 점수보다는 낮고 종전 3위인 점수보다는 높아진다.

오답분석

① 한국의 종합순위는 10위이며 성과 영역 원점수는 6.7점이고 이것의 8배는 53.6점이다. 성과 영역 2위인 미국의 성과 영역 원점수는 54.8점이므로 성과 영역 1위는 종합순위 10위 안에 없다.

②

순위	4	5	8	9	10
국가	호주	캐나다	프랑스	핀란드	한국
종합점수	40.68	38.68	37.03	36.71	36.59

③ 영역별 순위가 가장 낮은 국가의 순위는 28위이므로 소프트웨어 경쟁력 평가대상 국가는 28개국 이상이다.

④ 한국의 혁신 영역점수는 10.375점, 환경 영역점수는 9.435점, 인력 영역점수는 5.5점, 성과 영역점수는 1.005점, 활용 영역점수는 10.275점이다.

29 정답 ④

실험오차가 절댓값이라는 점을 유의하여야 한다.
물질 2에 대한 4개 기관의 실험오차율은 다음과 같다.

• A기관의 실험오차율 : $\frac{|26-11.5|}{11.5}\times100=\frac{14.5}{11.5}\times100$

• B기관의 실험오차율 : $\frac{|7-11.5|}{11.5}\times100=\frac{4.5}{11.5}\times100$

• C기관의 실험오차율 : $\frac{|7-11.5|}{11.5}\times100=\frac{4.5}{11.5}\times100$

• D기관의 실험오차율 : $\frac{|6-11.5|}{11.5}\times100=\frac{5.5}{11.5}\times100$

→ A기관의 실험오차율과 나머지 기관의 실험오차율의 합과 비교

: $\frac{14.5}{11.5}\times100=\left(\frac{4.5}{11.5}+\frac{4.5}{11.5}+\frac{5.5}{11.5}\right)\times100$

따라서 두 비교대상이 같음을 알 수 있다.

30
정답 ④

A, B, E구의 1인당 소비량을 각각 a, b, $e$kg이라고 하자. 제시된 조건을 식으로 나타내면 다음과 같다.

- 첫 번째 조건 : $a+b=30$ … ㉠
- 두 번째 조건 : $a+12=2e$ … ㉡
- 세 번째 조건 : $e=b+6$ … ㉢

㉢을 ㉡에 대입하여 식을 정리하면

$a+12=2(b+6) \rightarrow a-2b=0$ … ㉣

㉠-㉣을 하면 $3b=30 \rightarrow b=10$, $a=20$, $e=16$

A~E구의 변동계수를 구하면 다음과 같다.

- A구 : $\dfrac{5}{20} \times 100 = 25\%$
- B구 : $\dfrac{4}{10} \times 100 = 40\%$
- C구 : $\dfrac{6}{30} \times 100 = 20\%$
- D구 : $\dfrac{4}{12} \times 100 \fallingdotseq 33.33\%$
- E구 : $\dfrac{8}{16} \times 100 = 50\%$

따라서 변동계수가 3번째로 큰 구는 D구이다.

31
정답 ⑤

다섯 번째 조건에 의해 나타날 수 있는 경우는 다음과 같다.

구분	1순위	2순위	3순위
경우 1	A	B	C
경우 2	B	A	C
경우 3	A	C	B
경우 4	B	C	A

- 두 번째 조건 : 경우 1+경우 3=11명
- 세 번째 조건 : 경우 1+경우 2+경우 4=14명
- 네 번째 조건 : 경우 4=6명

따라서 C에 3순위를 부여한 사람의 수는 14-6=8명이다.

32
정답 ④

- A직원 : 문제점을 제대로 파악하지 못한 채, 무계획적이고 과도하게 자료를 수집하였다. 이러한 경우 수집된 자료 역시 제대로 파악하기 어렵다.
- B직원 : 일반적으로 받아들여지는 고정관념에 얽매여 새로운 가능성을 무시하고 있다.
- C직원 : 누구나 쉽게 떠오르는 단순한 생각을 말하고 있다. 이는 문제를 해결하지 못하게 할 뿐만 아니라 오류를 범하게 할 수 있다.

33
정답 ③

ㄱ. 탐색형 문제란 눈에 보이지 않는 문제로, 이를 방치하면 뒤에 큰 손실이 따르거나 결국 해결할 수 없는 문제로 확대되게 된다. 따라서 지금 현재는 문제가 아니지만 계속해서 현재 상태로 진행할 경우를 가정하고 앞으로 일어날 수 있는 문제로 인식하여야 한다. 이에 해당되는 것은 ㄱ으로 지금과 같은 공급처에서 원료를 수입하게 되면 미래에는 원료의 단가가 상승하게 되어 회사 경영에 문제가 될 것이다. 따라서 이에 대한 해결책을 갖추어야 미래에 큰 손실이 발생하지 않을 것이다.

ㄴ. 발생형 문제란 눈에 보이는 이미 일어난 문제로, 당장 걱정하고 해결하기 위해 고민해야 하는 문제를 의미한다. 따라서 ㄴ은 신약의 임상시험으로 인해 임상시험자의 다수가 부작용을 보여 신약 개발이 전면 중단된 것으로 이미 일어난 문제에 해당한다.

ㄷ. 설정형 문제란 미래상황에 대응하는 장래 경영전략의 문제로, '앞으로 어떻게 할 것인가'에 대한 문제를 의미한다. 따라서 이에는 미래에 상황에 대한 언급이 있는 ㄷ이 해당된다.

34
정답 ④

판단의 준거가 되는 명제와 그에 대한 대우를 만들어 보면 다음과 같다.

- [명제] A가 채택되면 B도 채택된다.
  [대우] B가 채택되지 않으면 A도 채택되지 않는다.
- [명제] A가 채택되지 않으면 D와 E 역시 채택되지 않는다.
  [대우] D나 E가 채택되면 A가 채택된다.
- [명제] B가 채택된다면, C가 채택되거나 A는 채택되지 않는다.
  [대우] C가 채택되지 않고 A가 채택되면 B는 채택되지 않는다.
- [명제] D가 채택되지 않는다면, A는 채택되지만 C는 채택되지 않는다.
  [대우] A가 채택되지 않거나 C가 채택되면 D가 채택된다.

위와 같은 명제를 종합하면 'A업체'가 모든 사안과 연결되는 것을 알 수 있다.

A가 채택되는 경우와 되지 않는 경우를 보면 다음과 같다.

- A가 채택되는 경우 : A, B, C, D는 확실히 채택되고 E는 불분명하다.
- A가 채택되지 않는 경우 : 두 번째 명제에서 A가 채택되지 않으면 D와 E가 채택되지 않는다고 하였으나, 네 번째 명제에서는 D가 채택되지 않는다면 A는 채택된다고 하였으므로 모순이다.

따라서 A가 채택되어야 하고 이 경우 A, B, C, D 총 4곳은 확실히 채택된다.

35
정답 ②

제시된 자료에 따라 합계 점수를 구하면 다음과 같다.

위험인자 \ 지역	A	B	C	D	E
경사길이(m)	20	30	20	10	0
모암	10	0	30	20	30
경사위치	10	20	10	30	20
사면형	0	30	20	30	10
토심(cm)	30	20	10	20	10
경사도(°)	10	30	20	10	0
합계 점수	80	130	110	120	70

따라서 합계 점수가 가장 높은 지역은 B이고, 가장 낮은 지역은 E이다.

36
정답 ④

WT전략은 외부 환경의 위협 요인을 회피하고 약점을 보완하는 전략을 적용해야 한다. ④는 강점인 'S'를 강화하는 방법에 대해 이야기하고 있다.

37
정답 ④

각 도입 규칙을 논리기호로 나타내면 다음과 같다.
규칙 1) A
규칙 2) ~B → D
규칙 3) E → ~A
규칙 4) F, E, B 중 2개 이상
규칙 5) (~E and F) → ~C
규칙 6) 되도록 많은 설비 도입

규칙 1에 따르면 A는 도입하며, 규칙 3의 대우인 A → ~E에 따르면 E는 도입하지 않는다. 규칙 4에 따르면 E를 제외한 F, B를 도입해야 하고, 규칙 5에서 E는 도입하지 않으며, F는 도입하므로 C는 도입하지 않는다. D의 도입 여부는 규칙 1 ~ 5에서는 알 수 없지만, 규칙 6에서 최대한 많은 설비를 도입한다고 하였으므로 D를 도입한다. 따라서 도입할 설비는 A, B, D, F이다.

38
정답 ③

오답분석

① · ④ · ⑤ 혹시 있을지 모를 독거노인의 건강상 문제에 대한 소극적인 대처 방법이다.

② 자신의 업무에 대한 책임감이 결여된 성급한 대처 방법이다.

39
정답 ⑤

주어진 조건에 따라 첫째 돼지의 집의 면적은 $6m^2$, 둘째 돼지의 집의 면적은 $3m^2$, 셋째 돼지의 집의 면적은 $2m^2$이다. 지지대를 제외하고 소요되는 비용은 $1m^2$당 벽돌집은 9만 원, 나무집은 6만 원, 지푸라기집은 3만 원이다. 이를 바탕으로 아기 돼지 집의 종류별 총 소요비용을 구하면 다음과 같다.

집의 종류	첫째	둘째	셋째
벽돌집	54	27	18
나무집	56	38	32
지푸라기집	23	14	11

마지막 조건에 따라 둘째 돼지 집을 짓는 재료 비용이 가장 커야 하므로 첫째 돼지는 지푸라기집, 둘째 돼지는 나무집, 셋째 돼지는 벽돌집을 짓는다.

40
정답 ②

- A : 창의적 사고는 아무것도 없는 무에서 유를 만들어 내는 것이 아니라, 끊임없이 참신한 아이디어를 산출하는 힘이다.
- D : 필요한 물건을 싸게 사기 위해서 하는 많은 생각들도 창의적 사고에 해당한다. 즉, 위대한 창의적 사고에서부터 일상생활의 조그마한 창의적 사고까지 창의적 사고의 폭은 넓으며, 우리는 매일매일 창의적 사고를 하고 있다고 볼 수 있다.

41
정답 ③

K팀의 최종성적이 5승 7패이고, 나머지 팀들 간의 경기는 모두 무승부였다고 하였으므로 이를 토대로 팀들의 최종전적을 정리한 후 승점을 계산하면 다음과 같다.

구분	최종전적	기존 승점	새로운 승점
K팀	5승 0무 7패	10	15
7팀	1승 11무 0패	13	14
5팀	0승 11무 1패	11	11

따라서 K팀은 기존의 승점제에 의하면 최하위인 13위이며, 새로운 승점제에 의하면 1위를 차지한다.

42

내년 식사 순서의 규칙을 살펴보면, 첫 번째 규칙은 모든 부서가 올해 식사 순서와는 달리 새로운 순서로 식사를 하기로 했다는 것이다. 예를 들면, A부서는 첫 번째가 아닌 순서에 식사하고 B부서도 두 번째가 아닌 순서에 식사하여야 한다. 두 번째 규칙은 E부서 식사 후에는 C부서가 바로 이어서 식사한다는 것이다. 이러한 두 규칙을 적용하여 경우의 수를 살펴보면 다음과 같다.

• 식사 순서 경우의 수
 - B부서 → A부서 → D부서 → E부서 → C부서
 - B부서 → A부서 → E부서 → C부서 → D부서
 - B부서 → D부서 → A부서 → E부서 → C부서
 - B부서 → D부서 → E부서 → C부서 → A부서
 - D부서 → A부서 → B부서 → E부서 → C부서
 - D부서 → A부서 → E부서 → C부서 → B부서
 - E부서 → C부서 → A부서 → B부서 → D부서
 - E부서 → C부서 → B부서 → A부서 → D부서
 - E부서 → C부서 → D부서 → A부서 → B부서
 - E부서 → C부서 → D부서 → B부서 → A부서

D부서가 가장 먼저 식사를 한다고 가정하면, 두 번째 순서에는 B부서가 자신의 원래 순서이므로 위치하지 못한다. C부서는 E부서 뒤에 위치해야 하므로 두 번째 순서에 위치하지 못한다. 또한 E부서는 C부서가 세 번째 순서 즉, 자신의 원래 위치하게 되므로 적절하지 않다. 따라서 D부서가 첫 번째 순서라면 A부서만이 두 번째 순서에 위치할 수 있다.

43

제시된 명제들을 순서대로 논리 기호화하면 다음과 같다.
• 첫 번째 명제 : 재고
• 두 번째 명제 : ~설비투자 → ~재고 (대우)
• 세 번째 명제 : 건설투자 → 설비투자('~때에만'이라는 한정 조건이 들어가면 논리 기호의 방향이 바뀐다)
첫 번째 명제가 참이므로 두 번째 명제의 대우(재고 → 설비투자)에 따라 설비를 투자한다. 세 번째 명제는 건설투자를 늘릴 때에만이라는 한정 조건이 들어갔으므로 역(설비투자 → 건설투자) 또한 참이다. 이를 토대로 공장을 짓는다는 결론을 얻기 위해서는 건설투자를 늘린다면, 공장을 짓는다(건설투자 → 공장건설)는 명제가 필요하다.

44

• 안전기준 1 : 운전전환 작동 전에는 반드시 운전자 착석 여부 등을 감지하여 운전 가능 여부가 확인되어야 함을 설명하므로 'ⓒ 운전전환 작동 전 준수사항'이 이에 해당한다.
• 안전기준 2 : 최대속도 및 속도에 따른 앞 차량과의 최소안전거리를 제시하여야 안전한 자율주행이 가능함을 설명하므로 'ⓓ 자율주행 시 안전 확보가 필요한 경우'가 이에 해당한다.
• 안전기준 3 : 운전전환이 요구되는 상황에 따라 다른 경고 방법을 설명하므로 'ⓒ 운전전환 요구 시 경고 방법'이 이에 해당한다.
• 안전기준 4 : 충돌이 임박한 상황에서 운전전환 요구에 대응할 수 있는 시간이 충분하지 않은 경우의 대응 방안을 설명하므로 'ⓐ 긴급한 비상 상황의 경우'가 이에 해당한다.
• 안전기준 5 : 운전전환 요구에도 불구하고 운전자의 대응이 없는 경우의 시행 방안을 설명하므로 'ⓑ 운전자 대응이 필요한 상황에서 반응이 없는 경우'가 이에 해당한다.
• 안전기준 6 : 자율주행 시스템에 고장이 발생하더라도 위험을 끼치지 않도록 설계해야 함을 설명하므로 'ⓔ 시스템 고장에 대비하기 위한 방안'이 이에 해당한다.

45

먼저 E가 참석할 수 없다고 하였고 두 번째 조건에서 D 또는 E는 반드시 참석해야 해야 한다고 하였으므로 D는 반드시 참석한다. 다음으로 첫 번째 조건에서 A와 B가 함께 참석할 수는 없지만 둘 중 한 명은 반드시 참석해야 한다고 하였으므로 (A, D)와 (B, D)의 조합이 가능하다. 그리고 세 번째 조건을 대우 명제로 바꾸면 'D가 참석한다면 C도 참석한다.'가 되므로 (A, D, C)와 (B, D, C)의 조합이 가능하다.
그런데 마지막 조건에서 B가 참석하지 않으면 F도 참석하지 못한다고 하였으므로 (A, D, C)의 조합은 가능하지 않다(4명의 직원으로 팀을 구성해야 하기 때문). 따라서 가능한 팀의 조합은 (B, D, C, F)의 1개이다.

46 정답 ③

모든 유통과정에서 최소 이윤만을 반영한다면, $10,000$원$\times 1.2 \times 1.2 \times 1.1 \times 1.1 = 17,424$원의 가격으로 구매할 수 있다. 이 가격은 권장 소비자가격인 $25,000$원보다 $\frac{25,000 - 17,424}{17,424} \times 100 ≒ 43\%$ 정도 할인된 가격이다.

오답분석

① 도매상은 제조업체로부터 제품을 구매하는 것이므로 $10,000$원$\times 1.2 = 12,000$원의 판매가격을 지불한다.

② 중간도매상이 얻을 수 있는 최대 이윤은 도매가격의 20%이다. 또한 중간도매상이 최대 이윤을 얻기 위해서는 도매가격도 최대이어야 한다.
   - 도매상 판매가 : $12,000$원$\times 1.3 = 15,600$원
   - 중간도매상 판매가 : $15,600$원$\times 1.2 = 18,720$원
   - ∴ 중간도매상이 얻을 수 있는 최대 이윤 : $18,720 - 15,600 = 3,120$원

④ 소비자가 가장 비싸게 구매하는 경우는 각 유통과정에서 최대 이윤을 매겼을 때이다.
   - 소비자 구매가 : $10,000$원$\times 1.2 \times 1.3 \times 1.2 \times 1.2 = 22,464$원
   - ∴ $22,464$원$\div 12,000$원$= 1.872 \rightarrow$ 약 1.9배

⑤ 중간도매상을 거치지 않았을 때 소비자의 최소 구매가는 $12,000$원$\times 1.2 \times 1.1 = 15,840$원이고, 최대 구매가는 $12,000$원$\times 1.3 \times 1.2 = 18,720$원이다.

47 정답 ⑤

오답분석

- 윤아 : 시간이 촉박하면 다른 생각을 할 여유가 없기 때문에 집중이 잘 되는 것처럼 느껴질 뿐이다. 이런 경우 실제 수행 결과는 만족스럽지 못한 경우가 많다.
- 태현 : 시간 관리 자체로 부담을 과하게 가지면 오히려 수행에 문제가 생길 수 있지만 기본적으로 시간 관리는 꼼꼼히 해야 한다.
- 지현 : 계획한 대로 시간 관리가 이루어지면 보다 효율적으로 일을 진행할 수 있다.
- 성훈 : 흔히 창의와 관리는 상충된다고 생각하지만 창의성이 필요한 일도 관리 속에서 더 효율적으로 이루어진다.

48 정답 ④

입사예정인 신입사원은 총 600명이므로 볼펜 600개와 스케줄러 600권이 필요하다.

A, B, C 세 업체 모두 스케줄러의 구매가격에 따라 특가상품 구매 가능 여부를 판단할 수 있으므로 스케줄러의 가격을 먼저 계산한다.
- A도매업체 : 25만 원$\times 6 = 150$만 원
- B도매업체 : 135만 원
- C도매업체 : 65만 원$\times 2 = 130$만 원

즉, 세 업체 모두 특가상품 구매 조건을 충족하였으므로 특가상품을 포함해 볼펜의 구매가격을 구하면
- A도매업체 : 25.5만 원(볼펜 300개 특가)$+$(13만 원$\times$2SET)$= 51.5$만 원
- B도매업체 : 48만 원(볼펜 600개 특가)
- C도매업체 : 23.5만 원(볼펜 300개 특가)$+$(8만 원$\times$3SET)$= 47.5$만 원

따라서 업체당 전체 구매가격을 구하면 다음과 같다.
- A도매업체 : 150만 원$+$51.5만 원$= 201.5$만 원
- B도매업체 : 135만 원$+$48만 원$= 183$만 원
- C도매업체 : 130만 원$+$47.5만 원$= 177.5$만 원

즉, 가장 저렴하게 구매할 수 있는 업체는 C도매업체이며, 구매가격은 177.5만 원이다.

49 정답 ②

왕복 시간이 2시간, 배차 간격이 15분이라면 첫차가 재투입되는 데 필요한 앞차의 수는 첫차를 포함해서 8대이다(∵ 15분$\times$8대$=$2시간이므로 8대 버스가 운행된 이후 9번째에 첫차 재투입 가능). 운전사는 왕복 후 30분의 휴식을 취해야 하므로 첫차를 운전했던 운전사는 2시간 30분 뒤에 운전을 시작할 수 있다. 따라서 8대의 버스로 운행하더라도 운전자는 150분 동안 운행되는 버스 $150 \div 15 = 10$대를 운전하기 위해서는 10명의 운전사가 필요하다.

50 정답 ④

(나) 국내에서 파견할 근로자들을 선발하고, 현지 업체를 통해 현지 근로자들을 고용하는 것은 교량 건설을 위한 자원을 수집하는 단계에 해당한다.

(라) 기존 계획을 필요에 따라 수정하기도 하면서 교량 건설 계획을 시행하는 것은 '계획대로 수행하기' 단계에 해당한다. 실제 사업 환경에는 가변적인 요소가 많으므로 필요에 따라 적절히 계획을 수정하는 것이 바람직하다.

오답분석

(가) 근로자들의 순환 일정 및 공정 진행에 따른 설비 투입 계획을 세우는 것은 '자원 활용 계획 세우기' 단계에 해당한다.

(다) 교량 건설에 필요한 자재 및 인력을 동원하기 위한 비용을 조사하는 것은 첫 번째의 '필요한 자원의 종류와 양 확인' 단계에 해당한다.

51
정답 ④

B안마의자는 색상이 블랙이 아니므로 고려 대상에서 제외하고, C안마의자는 가격이 최대 예산을 초과하였을 뿐만 아니라 온열 기능이 없으므로 제외한다. 남은 A안마의자와 D안마의자 중 프로그램 개수가 많으면 많을수록 좋다고 하였으므로 K사는 D안마의자를 구매할 것이다.

52
정답 ②

지게차의 평균 속도가 6km/h이므로 분당 평균 이동거리는 100m(=6,000÷60)이다. 그러므로, 적재운반과 공차이동에 각각 2분(=200÷100)이 소요되고, 적재와 하역 시 소요되는 시간은 60초(=30+30), 즉 1분이므로 1대로 1회 작업에 필요한 시간은 총 5분이다. 따라서 1분당 1회의 운반을 위해서는 5대의 지게차가 필요하다.

53
정답 ②

1분기에 광고를 할 때는 H제품의 매출액이 50% 증가하여 표에서 H제품이 포함된 부분의 수익 구조가 변화하게 된다.

구분		B기업	
		M제품	H제품
K기업	M제품	(6, 1)=7	(−2, 12)=10
	H제품	(−1, 6)=5	(9, 6)=15

수익의 합이 가장 큰 경우는 K기업과 B기업이 모두 H제품을 광고할 때 '15억 원'으로 가장 크고, 가장 작은 경우는 K기업이 H제품을 광고하고 B기업이 M제품을 광고할 때 '5억 원'으로 최소가 된다. 따라서 두 기업의 수익의 합이 가장 클 때와 작을 때의 합은 20억이다.

54
정답 ②

3분기에 K기업의 수익이 최소가 되는 경우는 K기업이 H제품을 광고하고, B기업이 M제품을 광고하는 경우이며 이 경우 수익구조는 (−3, 6)이다. B기업의 수익이 최소가 되는 경우는 K기업이 M제품을 광고하고, B기업도 M제품을 광고하는 경우이며 이 경우 수익구조는 (6, 1)이다. 따라서 K기업은 H제품을, B기업은 M제품을 선택하지 말아야 한다.

55
정답 ④

인천 시간 기준으로 포럼 시작 일시는 10월 29일 05시이다. 뉴욕 공항에 도착한 후, 수속 시간과 포럼 장소로의 이동시간 40분을 고려한다면, A대리는 인천 시간 기준으로 10월 29일 03시 20분~04시 20분 사이에 뉴욕 공항에 도착하여야 한다. 따라서 이 시간대 사이에 도착하는 항공편인 QE9301을 탑승하여야 한다. 그렇다면, 뉴욕 공항에 인천 시간 기준으로 10월 29일 04시에 도착하여, 04:40에 포럼 장소에 도착한다. 이는 뉴욕 현지 시간으로 10월 28일 15:40이다.

56
정답 ①

한국의 업무 시간인 오전 8시 ~ 오후 6시는 파키스탄의 오전 4시 ~ 오후 2시이다. 화상 회의 시간인 한국의 오후 4 ~ 5시는 파키스탄의 낮 12시 ~ 오후 1시이며 점심시간에는 회의를 진행하지 않으므로 파키스탄은 회의 참석이 불가능하다.

57
정답 ⑤

가격, 조명도, A/S 등의 요건이 주어진 조건에 모두 부합한다.

오답분석
① 예산이 150만 원이라고 했으므로 예산을 초과하였다.
② 신속한 A/S가 조건이므로 해외 A/S만 가능하여 적절하지 않다.
③ 조명도가 5,000lx 미만이므로 적절하지 않다.
④ 가격과 조명도 적절하고 특이사항도 문제없지만 가격이 저렴한 제품을 우선으로 한다고 하였으므로 E가 적절하다.

58

ㄴ. B사가 지점총괄부를 지점인사관리실과 지점재정관리실로 분리한 것은 조직 전체 차원의 자원관리시스템을 부문별로 분할한 것이므로 전사적 자원관리의 사례로 볼 수 없다.

ㄹ. D사가 신규 직원 채용에 있어 인사직무와 회계직무를 구분하여 채용하는 것은 인적자원을 부문별로 구분하여 관리하려는 것으로 볼 수 있다. 또한 채용에서의 구분만으로는 사내 자원관리 방식을 추론하기 어려우므로 전사적 자원관리의 사례로 볼 수 없다.

오답분석

ㄱ. 총무부 내 재무회계팀과 생산관리부 내 물량계획팀의 통합은 재무와 생산 부문을 통합하여 사내 자원을 효율적으로 관리하기 위한 것이므로 전사적 자원관리에 해당한다.

ㄷ. 국내 생산 공장의 물류 포털과 본사의 재무관리 포털의 흡수·통합은 생산과 재무 부문을 통합하여 자원을 효율적으로 관리하기 위한 것이므로 전사적 자원관리에 해당한다.

59
정답 ③

남자는 조건에서 B등급 이상인 호텔을 선호한다고 하였으므로, P·M·W호텔이 이에 해당한다. M호텔은 2인실이 없으므로 제외되며, P·W호텔 숙박비와 식비(조식1, 중식2, 석식1)는 다음과 같다.
• P호텔 : (17만×3)+(1만×3×6)=69만 원
• W호텔 : (15만×3)+(0.75만×4×6)=63만 원
따라서 가장 저렴한 W호텔에서 숙박하며, 비용은 63만 원이다.
여자도 B등급 이상인 호텔을 선호한다고 했으므로 P·M·H호텔 중 M호텔은 2인실이 없으므로 제외되며, P·H호텔 중에서 역과 가장 가까운 P호텔에 숙박한다. 따라서 P호텔의 비용은 (17×2)+(1×3×4)=46만 원이다.

60
정답 ③

상별로 수상 인원을 고려하여, 상패 및 물품별 총수량과 비용을 계산하면 다음과 같다.

상패 혹은 물품	총수량 (개)	개당 비용(원)	총비용(원)
금 도금 상패	7	49,500원 (10% 할인)	7×49,500=346,500
은 도금 상패	5	42,000	42,000×4(1개 무료) =168,000
동 상패	2	35,000	35,000×2=70,000
식기 세트	5	450,000	5×450,000 =2,250,000
신형 노트북	1	1,500,000	1×1,500,000 =1,500,000
태블릿 PC	6	600,000	6×600,000 =3,600,000
만년필	8	100,000	8×100,000=800,000
안마의자	4	1,700,000	4×1700,000 =6,800,000
계	–	–	15,534,500

따라서 총비용은 15,534,500원이다.

NCS 핵심영역 영역통합형 답안카드

성 명

지원분야

문제지 형별기재란

(형)

Ⓐ Ⓑ

수 험 번 호

⓪	⓪	⓪	⓪	⓪	⓪	⓪
①	①	①	①	①	①	①
②	②	②	②	②	②	②
③	③	③	③	③	③	③
④	④	④	④	④	④	④
⑤	⑤	⑤	⑤	⑤	⑤	⑤
⑥	⑥	⑥	⑥	⑥	⑥	⑥
⑦	⑦	⑦	⑦	⑦	⑦	⑦
⑧	⑧	⑧	⑧	⑧	⑧	⑧
⑨	⑨	⑨	⑨	⑨	⑨	⑨

감독위원 확인

(인)

번호	1	2	3	4	5
1	①	②	③	④	⑤
2	①	②	③	④	⑤
3	①	②	③	④	⑤
4	①	②	③	④	⑤
5	①	②	③	④	⑤
6	①	②	③	④	⑤
7	①	②	③	④	⑤
8	①	②	③	④	⑤
9	①	②	③	④	⑤
10	①	②	③	④	⑤
11	①	②	③	④	⑤
12	①	②	③	④	⑤
13	①	②	③	④	⑤
14	①	②	③	④	⑤
15	①	②	③	④	⑤
16	①	②	③	④	⑤
17	①	②	③	④	⑤
18	①	②	③	④	⑤
19	①	②	③	④	⑤
20	①	②	③	④	⑤

번호	1	2	3	4	5
21	①	②	③	④	⑤
22	①	②	③	④	⑤
23	①	②	③	④	⑤
24	①	②	③	④	⑤
25	①	②	③	④	⑤
26	①	②	③	④	⑤
27	①	②	③	④	⑤
28	①	②	③	④	⑤
29	①	②	③	④	⑤
30	①	②	③	④	⑤
31	①	②	③	④	⑤
32	①	②	③	④	⑤
33	①	②	③	④	⑤
34	①	②	③	④	⑤
35	①	②	③	④	⑤
36	①	②	③	④	⑤
37	①	②	③	④	⑤
38	①	②	③	④	⑤
39	①	②	③	④	⑤
40	①	②	③	④	⑤

번호	1	2	3	4	5
41	①	②	③	④	⑤
42	①	②	③	④	⑤
43	①	②	③	④	⑤
44	①	②	③	④	⑤
45	①	②	③	④	⑤
46	①	②	③	④	⑤
47	①	②	③	④	⑤
48	①	②	③	④	⑤
49	①	②	③	④	⑤
50	①	②	③	④	⑤

※ 본 답안지는 마킹연습용 모의 답안지입니다.

NCS 핵심영역 영역통합형 답안카드

1	① ② ③ ④ ⑤	21	① ② ③ ④ ⑤	41	① ② ③ ④ ⑤
2	① ② ③ ④ ⑤	22	① ② ③ ④ ⑤	42	① ② ③ ④ ⑤
3	① ② ③ ④ ⑤	23	① ② ③ ④ ⑤	43	① ② ③ ④ ⑤
4	① ② ③ ④ ⑤	24	① ② ③ ④ ⑤	44	① ② ③ ④ ⑤
5	① ② ③ ④ ⑤	25	① ② ③ ④ ⑤	45	① ② ③ ④ ⑤
6	① ② ③ ④ ⑤	26	① ② ③ ④ ⑤	46	① ② ③ ④ ⑤
7	① ② ③ ④ ⑤	27	① ② ③ ④ ⑤	47	① ② ③ ④ ⑤
8	① ② ③ ④ ⑤	28	① ② ③ ④ ⑤	48	① ② ③ ④ ⑤
9	① ② ③ ④ ⑤	29	① ② ③ ④ ⑤	49	① ② ③ ④ ⑤
10	① ② ③ ④ ⑤	30	① ② ③ ④ ⑤	50	① ② ③ ④ ⑤
11	① ② ③ ④ ⑤	31	① ② ③ ④ ⑤		
12	① ② ③ ④ ⑤	32	① ② ③ ④ ⑤		
13	① ② ③ ④ ⑤	33	① ② ③ ④ ⑤		
14	① ② ③ ④ ⑤	34	① ② ③ ④ ⑤		
15	① ② ③ ④ ⑤	35	① ② ③ ④ ⑤		
16	① ② ③ ④ ⑤	36	① ② ③ ④ ⑤		
17	① ② ③ ④ ⑤	37	① ② ③ ④ ⑤		
18	① ② ③ ④ ⑤	38	① ② ③ ④ ⑤		
19	① ② ③ ④ ⑤	39	① ② ③ ④ ⑤		
20	① ② ③ ④ ⑤	40	① ② ③ ④ ⑤		

성 명

지원 분야

문제지 형별기재란

( ) 형   Ⓐ Ⓑ

수 험 번 호

⓪ ① ② ③ ④ ⑤ ⑥ ⑦ ⑧ ⑨
⓪ ① ② ③ ④ ⑤ ⑥ ⑦ ⑧ ⑨
⓪ ① ② ③ ④ ⑤ ⑥ ⑦ ⑧ ⑨
⓪ ① ② ③ ④ ⑤ ⑥ ⑦ ⑧ ⑨
⓪ ① ② ③ ④ ⑤ ⑥ ⑦ ⑧ ⑨
⓪ ① ② ③ ④ ⑤ ⑥ ⑦ ⑧ ⑨
⓪ ① ② ③ ④ ⑤ ⑥ ⑦ ⑧ ⑨

감독위원 확인

(인)

※ 본 답안지는 마킹연습용 모의 답안지입니다.

NCS 핵심영역 영역통합형 답안카드

성명

지원분야

문제지 형별기재란

( )형

Ⓐ Ⓑ

수험번호

감독위원 확인

(인)

1	① ② ③ ④ ⑤	21	① ② ③ ④ ⑤	41	① ② ③ ④ ⑤
2	① ② ③ ④ ⑤	22	① ② ③ ④ ⑤	42	① ② ③ ④ ⑤
3	① ② ③ ④ ⑤	23	① ② ③ ④ ⑤	43	① ② ③ ④ ⑤
4	① ② ③ ④ ⑤	24	① ② ③ ④ ⑤	44	① ② ③ ④ ⑤
5	① ② ③ ④ ⑤	25	① ② ③ ④ ⑤	45	① ② ③ ④ ⑤
6	① ② ③ ④ ⑤	26	① ② ③ ④ ⑤	46	① ② ③ ④ ⑤
7	① ② ③ ④ ⑤	27	① ② ③ ④ ⑤	47	① ② ③ ④ ⑤
8	① ② ③ ④ ⑤	28	① ② ③ ④ ⑤	48	① ② ③ ④ ⑤
9	① ② ③ ④ ⑤	29	① ② ③ ④ ⑤	49	① ② ③ ④ ⑤
10	① ② ③ ④ ⑤	30	① ② ③ ④ ⑤	50	① ② ③ ④ ⑤
11	① ② ③ ④ ⑤	31	① ② ③ ④ ⑤		
12	① ② ③ ④ ⑤	32	① ② ③ ④ ⑤		
13	① ② ③ ④ ⑤	33	① ② ③ ④ ⑤		
14	① ② ③ ④ ⑤	34	① ② ③ ④ ⑤		
15	① ② ③ ④ ⑤	35	① ② ③ ④ ⑤		
16	① ② ③ ④ ⑤	36	① ② ③ ④ ⑤		
17	① ② ③ ④ ⑤	37	① ② ③ ④ ⑤		
18	① ② ③ ④ ⑤	38	① ② ③ ④ ⑤		
19	① ② ③ ④ ⑤	39	① ② ③ ④ ⑤		
20	① ② ③ ④ ⑤	40	① ② ③ ④ ⑤		

NCS 핵심영역 영역통합형 답안카드

번호	1	2	3	4	5		번호	1	2	3	4	5		번호	1	2	3	4	5
1	①	②	③	④	⑤		21	①	②	③	④	⑤		41	①	②	③	④	⑤
2	①	②	③	④	⑤		22	①	②	③	④	⑤		42	①	②	③	④	⑤
3	①	②	③	④	⑤		23	①	②	③	④	⑤		43	①	②	③	④	⑤
4	①	②	③	④	⑤		24	①	②	③	④	⑤		44	①	②	③	④	⑤
5	①	②	③	④	⑤		25	①	②	③	④	⑤		45	①	②	③	④	⑤
6	①	②	③	④	⑤		26	①	②	③	④	⑤		46	①	②	③	④	⑤
7	①	②	③	④	⑤		27	①	②	③	④	⑤		47	①	②	③	④	⑤
8	①	②	③	④	⑤		28	①	②	③	④	⑤		48	①	②	③	④	⑤
9	①	②	③	④	⑤		29	①	②	③	④	⑤		49	①	②	③	④	⑤
10	①	②	③	④	⑤		30	①	②	③	④	⑤		50	①	②	③	④	⑤
11	①	②	③	④	⑤		31	①	②	③	④	⑤							
12	①	②	③	④	⑤		32	①	②	③	④	⑤							
13	①	②	③	④	⑤		33	①	②	③	④	⑤							
14	①	②	③	④	⑤		34	①	②	③	④	⑤							
15	①	②	③	④	⑤		35	①	②	③	④	⑤							
16	①	②	③	④	⑤		36	①	②	③	④	⑤							
17	①	②	③	④	⑤		37	①	②	③	④	⑤							
18	①	②	③	④	⑤		38	①	②	③	④	⑤							
19	①	②	③	④	⑤		39	①	②	③	④	⑤							
20	①	②	③	④	⑤		40	①	②	③	④	⑤							

성 명

지원 분야

문제지 형별기재란

형 ( ) A Ⓐ B Ⓑ

수 험 번 호

⓪	①	②	③	④	⑤	⑥	⑦	⑧	⑨
⓪	①	②	③	④	⑤	⑥	⑦	⑧	⑨
⓪	①	②	③	④	⑤	⑥	⑦	⑧	⑨
⓪	①	②	③	④	⑤	⑥	⑦	⑧	⑨
⓪	①	②	③	④	⑤	⑥	⑦	⑧	⑨
⓪	①	②	③	④	⑤	⑥	⑦	⑧	⑨
⓪	①	②	③	④	⑤	⑥	⑦	⑧	⑨

감독위원 확인

(인)

NCS 핵심영역 영역분리형 답안카드

1	①	②	③	④	⑤	21	①	②	③	④	⑤	41	①	②	③	④	⑤
2	①	②	③	④	⑤	22	①	②	③	④	⑤	42	①	②	③	④	⑤
3	①	②	③	④	⑤	23	①	②	③	④	⑤	43	①	②	③	④	⑤
4	①	②	③	④	⑤	24	①	②	③	④	⑤	44	①	②	③	④	⑤
5	①	②	③	④	⑤	25	①	②	③	④	⑤	45	①	②	③	④	⑤
6	①	②	③	④	⑤	26	①	②	③	④	⑤	46	①	②	③	④	⑤
7	①	②	③	④	⑤	27	①	②	③	④	⑤	47	①	②	③	④	⑤
8	①	②	③	④	⑤	28	①	②	③	④	⑤	48	①	②	③	④	⑤
9	①	②	③	④	⑤	29	①	②	③	④	⑤	49	①	②	③	④	⑤
10	①	②	③	④	⑤	30	①	②	③	④	⑤	50	①	②	③	④	⑤
11	①	②	③	④	⑤	31	①	②	③	④	⑤	51	①	②	③	④	⑤
12	①	②	③	④	⑤	32	①	②	③	④	⑤	52	①	②	③	④	⑤
13	①	②	③	④	⑤	33	①	②	③	④	⑤	53	①	②	③	④	⑤
14	①	②	③	④	⑤	34	①	②	③	④	⑤	54	①	②	③	④	⑤
15	①	②	③	④	⑤	35	①	②	③	④	⑤	55	①	②	③	④	⑤
16	①	②	③	④	⑤	36	①	②	③	④	⑤	56	①	②	③	④	⑤
17	①	②	③	④	⑤	37	①	②	③	④	⑤	57	①	②	③	④	⑤
18	①	②	③	④	⑤	38	①	②	③	④	⑤	58	①	②	③	④	⑤
19	①	②	③	④	⑤	39	①	②	③	④	⑤	59	①	②	③	④	⑤
20	①	②	③	④	⑤	40	①	②	③	④	⑤	60	①	②	③	④	⑤

※ 본 답안지는 마킹연습용 모의 답안지입니다.

(절취선)

NCS 핵심영역 영역분리형 답안카드

번호	답란	번호	답란	번호	답란
1	① ② ③ ④ ⑤	21	① ② ③ ④ ⑤	41	① ② ③ ④ ⑤
2	① ② ③ ④ ⑤	22	① ② ③ ④ ⑤	42	① ② ③ ④ ⑤
3	① ② ③ ④ ⑤	23	① ② ③ ④ ⑤	43	① ② ③ ④ ⑤
4	① ② ③ ④ ⑤	24	① ② ③ ④ ⑤	44	① ② ③ ④ ⑤
5	① ② ③ ④ ⑤	25	① ② ③ ④ ⑤	45	① ② ③ ④ ⑤
6	① ② ③ ④ ⑤	26	① ② ③ ④ ⑤	46	① ② ③ ④ ⑤
7	① ② ③ ④ ⑤	27	① ② ③ ④ ⑤	47	① ② ③ ④ ⑤
8	① ② ③ ④ ⑤	28	① ② ③ ④ ⑤	48	① ② ③ ④ ⑤
9	① ② ③ ④ ⑤	29	① ② ③ ④ ⑤	49	① ② ③ ④ ⑤
10	① ② ③ ④ ⑤	30	① ② ③ ④ ⑤	50	① ② ③ ④ ⑤
11	① ② ③ ④ ⑤	31	① ② ③ ④ ⑤	51	① ② ③ ④ ⑤
12	① ② ③ ④ ⑤	32	① ② ③ ④ ⑤	52	① ② ③ ④ ⑤
13	① ② ③ ④ ⑤	33	① ② ③ ④ ⑤	53	① ② ③ ④ ⑤
14	① ② ③ ④ ⑤	34	① ② ③ ④ ⑤	54	① ② ③ ④ ⑤
15	① ② ③ ④ ⑤	35	① ② ③ ④ ⑤	55	① ② ③ ④ ⑤
16	① ② ③ ④ ⑤	36	① ② ③ ④ ⑤	56	① ② ③ ④ ⑤
17	① ② ③ ④ ⑤	37	① ② ③ ④ ⑤	57	① ② ③ ④ ⑤
18	① ② ③ ④ ⑤	38	① ② ③ ④ ⑤	58	① ② ③ ④ ⑤
19	① ② ③ ④ ⑤	39	① ② ③ ④ ⑤	59	① ② ③ ④ ⑤
20	① ② ③ ④ ⑤	40	① ② ③ ④ ⑤	60	① ② ③ ④ ⑤

성명

지원 분야

문제지 형별기재란

형 ( )

Ⓐ
Ⓑ

수험번호

⓪ ① ② ③ ④ ⑤ ⑥ ⑦ ⑧ ⑨
⓪ ① ② ③ ④ ⑤ ⑥ ⑦ ⑧ ⑨
⓪ ① ② ③ ④ ⑤ ⑥ ⑦ ⑧ ⑨
⓪ ① ② ③ ④ ⑤ ⑥ ⑦ ⑧ ⑨
⓪ ① ② ③ ④ ⑤ ⑥ ⑦ ⑧ ⑨
⓪ ① ② ③ ④ ⑤ ⑥ ⑦ ⑧ ⑨
⓪ ① ② ③ ④ ⑤ ⑥ ⑦ ⑧ ⑨

감독위원 확인

(인)

2025 최신판 시대에듀 NCS 핵심영역
최종모의고사 10회분 + 무료NCS특강

개정6판1쇄 발행	2025년 02월 20일 (인쇄 2024년 09월 13일)
초 판 발 행	2020년 02월 10일 (인쇄 2019년 11월 19일)
발 행 인	박영일
책 임 편 집	이해욱
편 저	SDC(Sidae Data Center)
편 집 진 행	김재희
표지디자인	조혜령
편집디자인	최미림 · 장성복
발 행 처	(주)시대고시기획
출 판 등 록	제10-1521호
주 소	서울시 마포구 큰우물로 75 [도화동 538 성지 B/D] 9F
전 화	1600-3600
팩 스	02-701-8823
홈 페 이 지	www.sdedu.co.kr
I S B N	979-11-383-7823-9 (13320)
정 가	18,000원